D1997149

Aus dem Programm Huber: Psychologie Forschung

Wolfgang Klimesch

Struktur und Aktivierung des Gedächtnisses

Das Vernetzungsmodell: Grundlagen und Elemente einer übergreifenden Theorie

Verlag Hans Huber
Bern Stuttgart Toronto

Für Therese, Christine und meine Eltern

CIP-Titelaufnahme der Deutschen Bibliothek

Klimesch, Wolfgang:
Struktur und Aktivierung des Gedächtnisses: d. Vernetzungsmodell: Grundlagen u. Elemente e. übergreifenden Theorie / Wolfgang Klimesch. - 1. Aufl. - Bern; Stuttgart; Toronto: Huber, 1988
ISBN 3-456-81705-3

1. Auflage 1988

Gesamtherstellung: Lang Druck AG, Bern-Liebefeld
Printed in Switzerland

Vorwort

Die vorliegende Monographie ist das Ergebnis meiner langjährigen Forschungstätigkeit auf dem Gebiet der Gedächtnispsychologie und stellt den Versuch dar, eine Vielzahl verschiedener Befunde mit Hilfe einer komplexen, übergeordneten Theorie - der Vernetzungstheorie - zu erklären. Wesentlichen Anteil am Zustandekommen des Buches hatte ein Forschungsaufenthalt an der Universität Kalifornien in Davis, der durch ein Stipendium der Max Kade Foundation ermöglicht wurde. Es ist mir ein besonderes Anliegen, Neal Kroll für die Einladung nach Davis und die tatkräftige Unterstützung bei der Durchführung meiner Arbeiten, der Max Kade Foundation für die Finanzierung des Forschungsaufenthaltes und der Österreichischen Akademie der Wissenschaften für Ihre Hilfe bei der Vergabe des Stipendiums sehr herzlich zu danken. Für die finanzielle Unterstützung zur Durchführung von Experimenten und zur Fertigstellung des Manuskriptes danke ich dem Fonds zur Förderung der wissenschaftlichen Forschung (Projekt P5844) und der Stiftungs- und Förderungsgesellschaft der Paris-Lodron-Universität Salzburg.
Mein Dank gilt auch jenen Freunden und Kollegen, die sich die Mühe nahmen, das Buchmanuskript zu lesen und mit mir zu diskutieren: allen voran Robert Müller und Oswald Huber, aber auch Heinz Wimmer und Hannes Schimke. Frau Christa Pienert danke ich nicht nur für ihre Sorgfalt bei der Codierung und Durchsicht des Manuskriptes, sondern auch für Anregungen bei der Darstellung des Vernetzungsmodells in Kapitel 8.

Ganz besonders danke ich meiner Frau Therese. Sie hat mich während der Arbeiten am Manuskript von allen hinderlichen Verpflichtungen freigehalten. Dadurch konnte ich die inspirative Ruhe meines Arbeitszimmers in unserem Haus in Bad Ischl in vollem Umfang für eine zügige Fertigstellung des Buches nutzen.

Bad Ischl, Wolfgang Klimesch
Mai 1988

Inhaltsverzeichnis

Einleitung

Die genaue Dokumentation experimentell faßbarer und replizierbarer Phänomene ist ein wesentliches, aber bei weitem nicht das einzige Anliegen empirisch arbeitender Wissenschaftsdisziplinen. Ein anderes und zweifellos ebensowichtiges Anliegen betrifft die Erstellung von Theorien, die ein möglichst umfassendes Verständnis empirischer Phänomene und ihrer Zusammenhänge erlauben. Es wäre zweifellos falsch, den Fortschritt einer wissenschaftlichen Disziplin nur an der Anzahl ihrer experimentell dokumentierten Befunde zu messen. Wahrscheinlich gibt das Vorhandensein umfassender Theorien, die imstande sind, weitreichende Vorhersagen zu treffen, viel eher Auskunft über den Erfolg einer Forschungsrichtung. Der besondere Stellenwert übergeordneter theoretischer Konzepte mit weitreichendem Erklärungswert darf im Spannungsfeld zwischen Theorie und Experiment nicht übersehen werden.

Wenn wir die Gedächtnispsychologie betrachten, dann finden wir eine beinahe unüberschaubare Vielzahl experimentell gut abgesicherter Befunde und Phänomene, aber nur eine vergleichsweise kleine Anzahl elaborierter Theorien, die zudem nur einen bescheidenen Erklärungswert aufweisen. Es erscheint daher durchaus naheliegend zu vermuten, daß es nicht nur die Komplexität der Materie, sondern prinzipielle Schwierigkeiten sind, die der Erarbeitung übergeordneter Theorien und dem weiteren Fortschritt der Gedächtnispsychologie entgegenstehen.

Diese Vermutung ist der Ausgangspunkt für das vorliegende Buch. Wir wollen zeigen, daß es im wesentlichen zwei prinzipielle Schwierigkeiten gibt, die einem umfassenden Verständnis der Gedächtnistätigkeit entgegenstehen: die Vermeidung expliziter Repräsentationsannahmen und die explizite Annahme hierarchischer Gedächtnisstrukturen. Im ersten Kapitel gehen wir zunächst auf problemgeschichtliche Perspektiven ein und weisen darauf hin, daß man in der Frühzeit der Gedächtnispsychologie keineswegs an der expliziten Berücksichtigung und empirischen Untersuchung von Repräsentationsannahmen interessiert war und daß diese Fragen erst in der Kognitiven Psychologie zum zentralen Forschungsthema wurden. Wenn nun Repräsentationsannahmen tatsächlich eine so zentrale Rolle spielen, dann sollte auch gezeigt werden können, daß ihr Fehlen unweigerlich zu widersprüchlichen Gedächtnistheorien führt. In Kapitel 2 und 3 versuchen wir, die Tragfähigkeit dieser Behauptung an Hand von Theorien und Experimenten über Vergessen nachzuweisen. Als Ergebnis dieser Überlegungen zeigt sich der interessante Tatbestand, daß die Vermeidung expliziter Repräsentationsannahmen die implizite Annahme ganzheitlicher Codes zur Folge hat und daß ganzheitliche Codes zu irreführenden und widersprüchlichen Vorhersagen führen. Zur Lösung der aufgezeigten Widersprüche wird in Kapitel 4 ein Modell vorgeschlagen, das auf der Annahme von Komponentencodes beruht.

Was sind die Komponenten eines Codes und welche Eigenschaften weist die Strukur auf, die zwischen den Komponenten eines Codes besteht? Diese Fragen führen uns in Kapitel 5, 6 und 7 zu einer intensiven Auseinandersetzung mit den einflußreichsten Netzwerkmodellen, so vor allem mit dem ACT- und ACTstar-Modell von Anderson. Obwohl Netzwerktheorien von exakt definierten Repräsentationsannahmen ausgehen, kommen wir zu dem Schluß, daß sie der Gedächtnispsychologie ein neues Paradoxon – das «Abrufinterferenzparadoxon» – beschert haben. Es besteht darin, daß die Geschwindigkeit von Suchprozessen durch informationsreiche Codes stärker herabgesetzt wird als durch informationsarme Codes. Oder anders ausgedrückt, das Gedächtnis müßte umso langsamer arbeiten, je mehr Information in ihm gespeichert ist. Theoretische Überlegungen und experimentelle Befunde sprechen gegen die Allgemeingültigkeit dieser Hypothese.

Es ist eine herausfordernde Tatsache, daß herkömmliche Netzwerktheorien nicht imstande sind, den entgegengesetzten Zusammenhang – informationsreiche Gedächtnisstrukturen können rascher aktiviert und abgesucht werden als informationsarme Strukturen – zu erklären. In Kapitel 8 zeigen wir, daß die Annahme hierarchischer Strukturen und einer begrenzten Kapazität der Aktivierungsausbreitung die Ursachen für das Interferenzparadoxon sind.

Im Mittelpunkt des Buches steht das Vernetzungsmodell, eine neue Gedächtnistheorie, die wir zur Überwindung des Interferenzparadoxons und der Mängel herkömmlicher Netzwerkmodelle vorschlagen. Das Vernetzungsmodell – nicht zu verwechseln mit «konnektionistischen» Modellen, vgl. Abschnitt 10.1 – wird in Kapitel 8 vorgestellt und diskutiert. Es beruht im wesentlichen auf nur drei Annahmen, auf der Strukturannahme vernetzter Codes und auf den Prozeßannahmen der indirekten Aktivierung und der nicht begrenzten Kapazität der Aktivierungsausbreitung. Der entscheidende Gedanke dabei ist, daß vernetzte Strukturen inhaltlich zusammengehörende, im Langzeitgedächtnis «integrierte» Information repräsentieren und den Suchprozeß beschleunigen. Je vernetzter ein Code ist und je mehr Komponenten er aufweist, desto besser ist er im Langzeitgedächtnis integriert und umso rascher kann er aus dem Gedächtnis abgerufen werden. Im Gegensatz dazu repräsentieren hierarchische Strukturen isolierte und inhaltlich nicht zusammengehörende Strukturen. Sie führen zu einer Verlangsamung von Suchprozessen.

In Kapitel 9 beschäftigen wir uns mit den verschiedenen Vorhersagen des Vernetzungsmodells, die wir im wesentlichen auf Untersuchungen zum semantischen Gedächtnis anwenden. Zwei Gründe sind dafür ausschlaggebend. Zum einen ist es die Vermutung, daß vernetzte Strukturen nur für das Langzeit-, nicht aber für das Kurzzeitgedächtnis zutreffend sind und zum anderen ist es die Tatsache, daß semantische Gedächtnisexperimente die reinste Form von Langzeitgedächtnisanforderungen darstellen, die denkbar ist. Die Ergebnisse einer Vielzahl von Experimenten bestätigt den Erklärungswert des Vernetzungsmodells. Hier wollen wir nur ein Beispiel, die Überlegenheit des Bildgedächtnisses über das Wortgedächtnis, herausgreifen. Wenn wir von der plausiblen Vermutung ausgehen, daß die mentale Repräsentation von Bildern mehr Information umfaßt als jene für korrespondierende Wörter, dann folgt aus dem Vernetzungsmodell, daß Bilder besser gemerkt werden, gegen Vergessen resistenter sind und rascher abgerufen werden können als Wörter. Diese Vorhersagen entsprechen den seit langem bekannten und als «Bildeffekt» («picture effect» oder «pictorial superiority effect») bezeichneten Befunden.

Wo liegen die Mängel und wo die Grenzen des hier vorgeschlagenen Konzeptes? Im letzten Kapitel, Kapitel 10, wird unter anderem auf diese Frage eingegangen. Als größte Schwierigkeit, die unseren Bemühungen entgegensteht, ist die Tatsache anzusehen, daß die verschiedenen Repräsentationsannahmen einer Gedächtnistheorie kaum einzeln und getrennt voneinander überprüft werden können. Das eigentliche Geschick im Überprüfen von Gedächtnistheorien besteht demnach in der Gegenüberstellung verschiedener Gruppen von Modellannahmen, die einander ausschließende Vorhersagen treffen, wie dies z.B. beim Vernetzungsmodell im Vergleich zu hierarchischen Modellen der Fall ist. Auf diese Weise ist es möglich, verschiedene Kombinationen von Repräsentationsannahmen auf ihre Gültigkeit hin zu überprüfen. Trotz der genannten Einschränkung glauben wir aber, daß die Gedächtnispsychologie - und mit ihr die gesamte Psychologie der Informationsverarbeitung - ohne die explizite Berücksichtigung und Überprüfung von Repräsentationsannahmen nicht zielführend betrieben werden kann.

1. Das Repräsentationsproblem und sein problemgeschichtlicher Stellenwert

Wer sich mit der Geschichte der experimentellen Psychologie auseinandersetzt, wird wahrscheinlich zu dem Schluß kommen, daß es sehr ähnliche Themen sind, mit denen sich unser Fach seit seiner Gründung vor etwas mehr als 100 Jahren beschäftigt hat (vgl. dazu die Übersichtswerke von Boring, 1950; Flugel, o.J. und Lück, Miller und Rechtien, 1984). So gibt es z.B. in der Kognitiven Psychologie eine Vielzahl experimenteller Paradigmen und theoretischer Konzepte, die in sehr ähnlicher Form, aber unter abweichenden Namen in verschiedenen historischen Epochen behandelt wurden. Ein gutes Beispiel dafür ist das kognitionspsychologische Konzept einer begrenzten Kapazität des Kurzzeitgedächtnisses. Bereits am Leipziger Institut von Wilhelm Wundt hat James McKeen Cattell Untersuchungen über die Bewußtseinsspanne durchgeführt und dabei festgestellt, daß bei einer gleichzeitigen und tachistoskopischen Darbietung mehrerer Reize nur zwischen 4–6 Einheiten, gleichgültig ob es sich um Linien, Buchstaben oder Wörter handelt, verstanden und gemerkt werden können (Flugel, o.J.; S. 157f.). Die Begriffe «Kapazität des Kurzzeitgedächtnisses» und «Bewußtseinsspanne» (vgl. dazu auch Ebbinghaus, 1885) beziehen sich auf ein und dasselbe empirische Phänomen. Das, was sie unterscheidet, ist das problemgeschichtliche Umfeld und die unterschiedliche Einbettung in übergeordnete theoretische Bezüge (vgl. z.B. Bahrick, 1985).

Dieser Tatbestand der Wiederverwendung problemgeschichtlich älterer Konzepte oder empirischer Phänome könnte durch eine beinahe beliebig lange Reihe von Beispielen dokumentiert und ergänzt werden. Wir wollen uns hier mit einigen wenigen Hinweisen begnügen und dabei an folgende Zusammhenhänge erinnern:

- an die Ähnlichkeit der Donder'schen Subtraktionsmethode (Donders, 1886 zitiert nach Massaro, 1975, S. 44 ff. vgl. dazu auch die Übersichten in Sanders, 1971, S. 17 ff.) mit experimentellen Paradigmen der Kognitiven Psychologie, so vor allem mit dem Paradigma nach Posner (Posner, Boies, Eichelman und Taylor, 1969) und seinem bekannten Werk zur «Chronometrie des menschlichen Geistes» (Posner, 1978),
- an den wichtigen Stellenwert, den Reaktionszeitparadigmen seit den umfangreichen Versuchen am Leipziger Institut von Wilhelm Wundt in der experimentellen Psychologie einnehmen,
- an die unveränderte Bedeutung von verbalen Assoziationsparadigmen, die seit Ebbinghaus (Ebbinghaus, 1885) in der Gedächtnispsychologie verwendet werden (vgl. z.B. McGeoch, 1942; Slamecka, 1985a,b),
- an die experimentelle Dokumentation der Überlegenheit des Bildgedächtnisses über das Wortgedächtnis, die bereits seit Kirkpatrick (1894) und Calkins (1898) und nicht etwa erst seit Shepard (1967) oder Paivio (1971) bekannt ist und
- an den auf Cattell (1886) zurückgehenden und im Rahmen der Kognitiven Psychologie «wiederentdeckten» Befund, daß Wörter rascher benannt werden können als Bilder (Potter und Faulconer, 1975).

So gesehen kann es nicht überraschen, daß kritische Stimmen immer wieder behauptet haben, es gäbe in unserem Fach keinen wissenschaftlichen Fortschritt.

Wir wollen versuchen zu zeigen, daß diese pessimistische Sichtweise deswegen irreführend ist, weil sie wichtige Entwicklungen der jüngeren Psychologie außer Acht läßt. Aus dem Vergleich der wichtigsten problemgeschichtlichen Ansätze wird sich ergeben, daß die spezifische Beschäftigung mit dem Repräsentationsproblem der tatsächlich neue Beitrag der im angloamerikanischen Raum entstandenen Kognitiven Psychologie ist. Erst die gezielte und explizite Berücksichtigung des Repräsentationsproblems ist die Grundlage dafür, zu einer widerspruchsfreien Interpretation von Gedächtnisphänomenen zu kommen. In den nachfolgenden Kapiteln 2, 3 und 4 werden wir auf diese Frage noch im Detail eingehen.

Der Name «Kognitive» Psychologie hat häufig zu Mißverständnissen über das eigentliche Anliegen dieser vergleichsweise jungen Forschungsrichtung geführt. Eine zielführendere Bezeichnung wäre «Psychologie der Informationsverarbeitung». Jene Kritiker, die meinen, die «Kognitive Wende» werde bald in eine «Handlungs Wende» (Graumann, 1983, S. 68) oder «emotionale Wende» übergehen, berücksichtigen nicht, worin der spezifische Beitrag der Kognitiven Psychologie besteht. Ihre Aufgabe ist es zu untersuchen, wie Information encodiert, repräsentiert und verarbeitet wird. Um welche Art von Information es sich dabei handelt, ob sie «kognitiv», «emotional» oder «handlungsrelevant» ist, hat auf die Untersuchung des Repräsentationsproblems keinen unmittelbaren Einfluß. Kognitive Psychologie ist nicht das Gegenstück zu einer «Emotions-» oder «Handlungs-» Psychologie. Daß sich die Kognitive Psychologie trotzdem schwerpunktmäßig - aber nicht ausschließlich (vgl. z.B. Mandler, 1975; 1985) - mit kognitiven Inhalten beschäftigt, ist vielmehr auf die Tatsache zurückzuführen, daß emotionale Vorgänge aus methodischen Gründen viel schwieriger empirisch zu untersuchen sind als kognitive Prozesse.

Im folgenden Abschnitt wird auf jene Grundbegriffe eingegangen, die zur Erläuterung des Repräsentationsproblems notwendig sind. Die daran anschließenden Abschnitte sind der historischen Entwicklung des Repräsentationsproblems gewidmet. Darauf aufbauend sollen die nächsten Kapitel zeigen, daß die Verfolgung des Repräsentationsproblems zu neuen wichtigen Erkenntnissen führt.

1.1 Zur Definition des Repräsentationsproblems: Code, Codierung und Codierungsformat

Die Frage, welche Verarbeitungsprozesse die Vorraussetzung dafür schaffen, daß über die Sinnesorgane aufgenommene Information erkannt, gespeichert und wieder abgerufen werden kann, ist das zentrale Forschungsthema der Kognitiven Psychologie. Diese Frage kennzeichnet gleichzeitig auch das, was allgemein unter dem Encodierungs- oder Repräsentationsproblem verstanden wird. Encodierung oder Codierung ist der Vorgang der Transformation von Umweltreizen in ein bestimmtes Format einer Gedächtnisrepräsentation. Das Resultat dieses Vorganges heißt Code. Form, Aufbau und Struktur der internen Repräsentation hingegen werden als Codierungsformat bezeichnet. Eben dieses zentrale Interesse an der Frage, wie Information «repräsentiert» ist, d.h. wie Information im Gedächtnis gespeichert ist, führte zu einer Vorrangstellung der Gedächtnisforschung im Rahmen der Kognitiven Psychologie, die aber - im Vergleich zu problemgeschichtlich älteren Ansätzen - unter völlig veränderten Vorzeichen steht (vgl. dazu Kintsch, 1985 und Anderson

1985b). So wurde vor allem klar, daß die Leistungen des Gedächtnisses nur dann beschrieben werden können, wenn begründbare Annahmen über Aufbau und Funktionsweise des gesamten informationsverarbeitenden Systems getroffen werden können. Diese empirisch begründbare Annahme einer engen Wechselwirkung zwischen den Eigenschaften des Encodierungsformates und der Struktur des informationsverarbeitenden Systems wird in Kapitel 4 ausführlich behandelt werden.

Da die Beschreibung elementarer Eigenschaften von Codes ein wesentliches Anliegen des vorliegenden Buches ist, wird die Gedächtnisforschung in den Mittelpunkt des folgenden, kurzen problemgeschichtlichen Rückblickes gestellt.

1.2 Die Gedächtnisforschung: ein problemgeschichtlicher Exkurs

Es ist besonders interessant zu sehen, daß Ebbinghaus als Begründer der empirischen Gedächtnisforschung keineswegs an den hier für zentral erachteten Repräsentationsannahmen interessiert war. In seinem 1885 erschienenen Werk «Über das Gedächtnis» schreibt er im Anschluß an Darstellungen über die «Mangelhaftigkeit des Wissens über das Gedächtnis» dazu: «..... und weil unser ganzes Wissen so unbestimmt und wenig specialisiert ist, deshalb ist es auch für ein eigentliches Verständnis, eine Theorie der Gedächtnis-, Reproduktions- und Associationsvorgänge bisher so unfruchtbar geblieben. Bei unseren Vorstellungen z.B. über ihre körperlichen Grundlagen bedienen wir uns verschiedener Metaphern, von aufgespeicherten Vorstellungen, eingegrabenen Bildern, ausgefahrenen Geleisen usw., von denen nur das eine ganz sicher ist, daß sie nicht zutreffen» (Ebbinghaus, 1885, S.7).

Viel deutlicher hätte Ebbinghaus seine ablehnende Haltung zur Untersuchung des Repräsentationsproblems kaum ausdrücken können. Trotzdem aber wäre es falsch anzunehmen, daß die Gedächtnispsychologie in ihrer Frühzeit ohne Repräsentationsannahmen ausgekommen wäre. Sie waren vielmehr impliziter als expliziter Natur und beruhten auf grundlegenden Vorstellungen der Assoziationspsychologie, einer noch in der 2. Hälfte des vergangenen Jahrhunderts vorherrschenden psychologischen Richtung. Ebbinghaus sah das Ziel seiner Arbeiten keineswegs in dem Versuch, assoziationistische Repräsentationsannahmen empirisch zu überprüfen, sondern vielmehr darin, den naturwissenschaftlichen Anspruch seiner Untersuchungen und der experimentellen Psychologie zu untermauern. Welchen Stellenwert explizite und implizite Repräsentationsannahmen im Rahmen der Gedächtnispsychologie haben, werden wir in Kapitel 2 und 3 noch ausführlich diskutieren.

Um die Bedeutung der Arbeiten von Ebbinghaus richtig einschätzen zu können, ist es notwendig, auf die problemgeschichtlich bedingte Orientierung seines Werkes hinzuweisen. Es sind im wesentlichen die folgenden zwei Tatbestände, die hier zu berücksichtigen sind. Zum einen war es die ablehnende Haltung, die man damals der Psychologie als experimentell ausgerichteter Wissenschaft entgegenbrachte, und zum anderen war es die geringe Aussicht, zu einer empirisch begründbaren Gedächtnistheorie zu kommen. Ähnlich anderen empirisch arbeitenden Psychologen in dieser Frühzeit unseres Faches ging es auch Ebbinghaus primär darum zu zeigen, daß auch mentale Prozesse – ebenso wie physikalische oder biologische Prozesse – mit naturwissenschaftlichen Methoden untersucht und erfaßt werden können. Seine Problemstellung war daher primär methodisch und nicht inhaltlich fundiert und bestand in der klassischen naturwissenschaftlichen Vorgangsweise zu prüfen, welchen Effekt die gezielte Variation einer oder mehrerer unabhängigen Variablen auf eine oder mehrere abhängige Variablen ausübt bzw. ausüben. Die abhängige Variable war die Merkleistung bzw. das Ausmaß an Vergessen. Zu den wichtigsten unabhängigen Variablen zählte die Anzahl der Wiederholungen, die zwischen Darbietung und Test verstrichene Zeit sowie die Art und die Menge des zu lernenden Materials. Als Ergebnis erhielt Ebbinghaus eine Reihe von gesetzmäßigen Beziehungen zwischen den untersuchten Variablen, wobei die als Vergessenskurve bezeichnete Beziehung zwischen Zeit und Reproduktionsleistung nur eines der bekanntesten Beispiele ist.

Aus der Sicht der damals vorherrschenden Lehrmeinung gesehen, waren diese Ergebnisse ein durchschlagender Erfolg. Ebbinghaus war es damit gelungen nachzuweisen, daß auch die Untersuchung höherer mentaler Prozesse für eine mit naturwissenschaftlichen Methoden arbeitende Psychologie möglich ist. Neben Wilhelm Wundt gebührt daher auch Ebbinghaus das Verdienst, für die Begründung einer naturwissenschaftlich und experimentell ausgerichteten Psychologie einen entscheidenden Beitrag geleistet zu haben. In diesem Zusammenhang ist auch die Tatsache interessant, daß Wundt der Untersuchung von höheren mentalen Prozessen - wie sie auch Gedächtnisleistungen darstellen - sehr negativ gegenüberstand und daß Ebbinghaus bereits 7 Jahre nach dem Erscheinen der von Wundt gegründeten Zeitschrift «Philosophische Studien» im Jahre 1890 eine eigene Zeitschrift herausgab, die «Zeitschrift für Psychologie und Physiologie der Sinnesorgane«, die in gewisser Weise ein Forum unabhängiger Forscher außerhalb der Wundt'schen Schule darstellte (Flugel, o. J., S.167; Boring, 1950).

Der von Ebbinghaus eingeschlagene Weg wurde von Georg Elias Müller, Jost und auch Pilzecker weiter verfolgt (Jost, 1897; Müller und Pilzecker, 1900), stand aber auch hier voll und ganz in der assoziationspsychologischen Tradition, wie z.B. die 1917 erschienene Arbeit «Zur Analyse der Gedächtnistätigkeit und des Vorstellungsverlaufes» von Müller zeigt. Die ersten 30 Jahre empirischer Gedächtnisforschung lassen sich somit im wesentlichen durch zwei Faktoren kennzeichnen: zum einen durch die im Vordergrund stehende methodisch-naturwissenschaftliche Ausrichtung und zum anderen durch einfache assoziationspsychologische Vorstellungen über das Gedächtnis. Als Ergebnis dieser Bemühungen findet man eine Fülle wichtiger gesetzmäßiger Zusammenhänge, die bis heute noch kaum für eine angewandte Gedächtnispsychologie erschlossen wurden. Was allerdings fehlte, waren Ansätze zu übergreifenden Gedächtnistheorien. Im Rahmen der klassischen Gedächtnispsychologie stand somit nicht die Überprüfung von Repräsentationsannahmen im Vordergrund, sondern im wesentlichen nur die Frage, nach welchen Gesetzmäßigkeiten Assoziationen zwischen Gedächtnisinhalten zustandekommen.

Nach dieser ersten Periode der klassischen Gedächtnisuntersuchungen verlagerte sich der Forschungsschwerpunkt von Deutschland in den angloamerikanischen Raum, verblieb aber auch dort noch lange Zeit - bis in die Anfänge der 60er Jahre - im Rahmen assoziationspsychologischer und behavioristischer Ansätze. Allerdings gab es einige, dafür aber um so wichtigere Ausnahmen von dieser Entwicklung. So dürfte F. C. Bartlett - ein damals in Cambridge tätiger Psychologe - zu den ersten zählen, die bereits Anfang der 30er Jahre den Schemabegriff für die Gedächtnispsychologie erschlossen haben. Bartlett ging von der prinzipiellen Überlegung aus, daß die Aufnahme neuer Information durch Schemata gewährleistet wird, die im Langzeitgedächtnis gespeichert sind (Bartlett, 1932). Schemata sind typische, durch Abstraktion gewonnene Strukturen, die wesentliche Merkmale einer ganzen Klasse von Reizen zu einem Ganzen, zu einer Einheit ordnen. Die Ähnlichkeit zum Gestaltbegriff, aber auch zum Typikalitätsbegriff bei Rosch (vgl. z.B. Rosch, 1975) in der jüngeren Konzeptforschung ist dabei nicht zu übersehen. Mit Bartlett wurde die elementaristisch-assoziationspsychologische Sichtweise des Gedächtnisses als eines passiven Speichers aufgegeben und der aktiv-strukturierende Charakter des Gedächtnisses trat in den Vordergrund. Da Bartlett vermutet hat, daß Schemata nicht nur der Gedächtnis-, sondern auch der Wahrnehmungs- und Denktätigkeit zugrunde liegen, wurde gleichzeitig auch klargestellt, daß die Gedächtnistätigkeit nicht isoliert von anderen Phänomenen des menschlichen Geistes untersucht und verstanden werden kann.

Bartlett's Schemabegriff wurde unter anderem von Oldfield, einem ebenfalls britischen Psychologen, aufgegriffen und in der Folge von Evans und Mitarbeitern (Evans und Edmonds, 1966; Evans, 1967; Evans und Arnoult, 1967) auch für die jüngere Konzeptforschung (vgl. dazu die Arbeiten von Homa, z.B. Homa und Cultice, 1984) fruchtbar gemacht. Die Arbeiten von Bartlett nehmen aus unserer heutigen Sicht deswegen eine Sonderstellung ein, weil sie zu den ersten gehören, die nach fast 50 Jahren empirischer Gedächtnisforschung von klar gefaßten Repräsentationsannahmen ausgingen. Umso überraschender ist es, daß diese wichtigen Gedanken zu seiner Zeit – wenn man von den oben erwähnten Ausnahmen absieht – keine breite Beachtung fanden.

Mit der Begründung der Informationstheorie durch Shannon und der Kybernetik durch Wiener Ende der 40er Jahre am Massachusets Institute of Technology wurden für die Psychologie, ebenso wie für viele andere Wissenschaftszweige neue Impulse gesetzt (vgl. dazu die 1968 veröffentlichte deutsche Ausgabe zu dem ursprünglich 1948 erschienen Werk von Norbert Wiener). In der Hoffnung einen vielversprechenden und für die Untersuchung von Wahrnehmungs-, Gedächtnis- und Denkprozessen fruchtbaren Ansatz gefunden zu haben, begannen viele Psychologen und zumeist nur allzu unkritisch, die neuen informationstheoretischen und kybernetischen Ansätze zu übernehmen. Vor allem im angloamerikanischen Raum wurde die Menge der auf informationstheoretische Konzepte bezugnehmenden Arbeiten bald unübersehbar (vgl. dazu die Übersicht in Garner, 1962). Zu den bekanntesten Arbeiten dieser Zeit zählt die Untersuchung von Miller (1956) über die «magische Zahl 7». Er konnte zeigen, daß die menschliche «Kanalkapazität» bei 2 bis 3 bit liegt. Oder anders ausgedrückt, das Kurzzeitgedächtnis kann maximal zwischen 5 bis 9 isoliert dargebotene Informationseinheiten speichern. Wird diese Kapazitätsgrenze überschritten, dann geht Information verloren, das heißt Inhalte des Kurzzeitgedächtnisses werden vergessen. Miller betont zwar, daß seine Ergebnisse in engem Zusammenhang mit den «Versuchen über Abstraktion» von Külpe stehen, über die er im Jahre 1904 am 1. Kongreß für experimentelle Psychologie in Gießen – der übrigens von Ebbinghaus ins Leben gerufen wurde – berichtet hatte. Miller läßt aber unerwähnt, daß bereits James Mc Keen Cattel bei Wilhelm Wundt ähnliche Untersuchungen durchgeführt hatte und zur Feststellung kam, daß die unmittelbare Bewußtseinsspanne in etwa 4 bis 6 verschiedene Einheiten umfaßt.

Informationstheoretischen Arbeiten wurde häufig der Vorwurf gemacht, bereits längst bekannte Ergebnisse und Konzepte nur mit neuen klingenden Namen zu versehen. Diese Kritik hat sicher ihre Berechtigung. Auch aus unserer heutigen Sicht zeigt sich, daß der informationstheoretische Ansatz für psychologische Untersuchungsbereiche inadäquat war, da er weder zu einem besseren und tieferen Verständnis der bereits bekannten Ergebnisse noch zur Auffindung neuer experimenteller Paradigmen beigetragen hat. Es ist daher nicht überraschend, daß bereits Mitte der 60er Jahre der Höhepunkt der informationstheoretischen Psychologie überschritten war.

Es mag paradox klingen, wenn wir die Vermutung aussprechen, daß die Informationstheorie trotz ihrer negativen Auswirkungen ein wesentlicher Wegbereiter für die Kognitive Psychologie war. Zur Erläuterung dieser Auffassung ist es notwendig, auf den negativen und positiven Einfluß der Informationstheorie getrennt einzugehen.

Ihr negativer Einfluß ergibt sich aus der Tatsache, daß informationstheoretische Konzepte nur zur Deskription des Stimulusmaterials (vgl. Miller, 1956; Garner, 1962 und Klimesch, 1974) oder zur quantifizierenden Beschreibung der Relation zwischen Input und Output (vgl. dazu z.B. die informationstheoretischen Wahlreaktionsexperimente und den Begriff «Kanalkapazität»), nicht aber zur Beschreibung der menschlichen Informationsverarbeitung bzw. des Repräsentationsproblems herangezogen wurden. Die Anwendung der Informationstheorie in der Psychologie stand daher - ob gewollt oder ungewollt - in der besten behavioristischen Tradition.

Der positive Einfluß der Informationstheorie ist darauf zurückzuführen, daß man zum ersten Mal in der Geschichte der Psychologie ein Modell der Informationsverarbeitung in der Hand hatte und bald begann, über den Umweg der Kybernetik eine Parallele zwischen der technisch-maschinenbezogenen und der menschlichen - oder noch genereller, der biologischen - Informationsverarbeitung zu sehen. Bis zur Entwicklung einer neuen Disziplin, der Artificial Intelligence und später der Cognitive Science war es nur mehr ein kleiner Schritt. Im Rahmen dieser Disziplin, die etwas später entstand als die Kognitive Psychologie und die mit dieser immer aufs engste verbunden war, stand das Repräsentationsproblem als zentrales Konzept von Anfang an im Vordergrund (vgl. die bekannten Arbeiten von Newell und Simon, 1972 und Anderson und Bower, 1973).

Ende der 60er Jahre trat das ein, was allgemein als «Kognitive Wende» bezeichnet wurde: die Abkehr vom formal deskriptiven informationstheoretischen Ansatz und die Zuwendung auf inhaltlich orientierte Problemstellungen der menschlichen Informationsverarbeitung. Die Frage nach der internen Repräsentation von Information wurde zum zentralen Thema der Kognitiven Psychologie. Vier Arbeiten können als Meilensteine dieser neuen Entwicklung angesehen werden: Neisser's Buch «Cognitive Psychology», erschienen 1967, das historisch gesehen wahrscheinlich die wichtigste Arbeit war (Bahrick, 1984; Anderson, 1985a, S.9); Atkinson's und Shiffrin's Arbeit zu einer übergreifenden Gedächtnistheorie von 1968, die Einführung in die menschliche Informationsverarbeitung von Lindsay und Norman, erschienen 1972 sowie - last not least - das epochemachende Werk «human associative memory» von Anderson und Bower (1973). Die Bedeutung dieser neuen Richtung wurde auch im deutschen Sprachraum sehr bald beachtet und anerkannt (Wimmer und Perner, 1979). In den inzwischen verstrichenen zwei Jahrzehnten ist die Menge einschlägiger Publikationen so gut wie unübersehbar geworden.

1.3 Repräsentationsannahmen im Bereich der historischen Ansätze zur Wahrnehmungs- und Denkpsychologie: Würzburger Schule und Gestaltpsychologie

Es ist interessant festzustellen, daß sich die Wahrnehmungs und Denkpsychologie viel früher mit Repräsentationsannahmen auseinandergesetzt hat als die Gedächtnispsychologie. Der Grund dafür ist naheliegend: Die Strukturierung und der Ablauf von Wahrnehmungs- und Denkprozessen ist der Selbstbeobachtung noch um vieles leichter zugänglich als bei Gedächtnisprozessen.

So gehörte z.B. für die Würzburger Schule die Frage, wie Bewußtseinserlebnisse strukturiert sind und aus welchen Elementen sie bestehen zu den wichtigsten Untersuchungsthemen (vgl. z.B. Messer, 1924, S. 24 ff.). Durch die Analyse von Bewußtseinserlebnissen, die man sowohl mit experimentellen Methoden als auch mit der Methode der systematischen Selbstbeobachtung durchführte, versuchte man zu einer Klassifikation der Elemente der Bewußtseinstätigkeit zu gelangen. Als Ergebnis dieser Untersuchungen unterschied man zwei verschiedene Arten von Bewußtseinselementen, die Empfindungen und die intentionalen Akte (vgl. dazu auch die exzellente Übersicht in Humphrey, 1963, aber auch Munzert, 1984). In Abgrenzung zu einer elementaristischen Psychologie machte man aber die wichtige Einschränkung, daß Bewußtseinsvorgänge wie z.B. Wahrnehmen oder Denken durch die Zerlegung in einzelne Elemente nicht erklärt werden können. Die ausschließliche Beschäftigung mit Phänomenen, die unserem Bewußtsein zugänglich sind, ebenso wie die Annahme, daß Bewußtseinsvorgänge prinzipiell nicht durch die Kenntnis ihrer Elemente erklärt werden können, waren die offensichtlichen Gründe dafür, daß der Würzburger Schule der Zugang zu expliziten Repräsentationsannahmen verschlossen bleiben mußte. Wie in Kapitel 4 gezeigt werden soll, ist ein übergreifendes Verständnis für Wahrnehmungs-, Gedächtnis- und Denkprozesse ohne (Repräsentations-) Annahmen über die nicht bewußt ablaufenden informationsverarbeitenden Prozesse unmöglich.

Grundlegend anders ist die Situation im Rahmen der Gestaltpsychologie. Ähnlich wie bei Bartlett der Begriff «Schema» war auch für die Gestaltpsychologie der Begriff «Gestalt» ein Strukturierungs- und Ordnungsprinzip, das weit über die Wahrnehmung hinaus Bedeutung besaß (vgl. dazu die Übersicht in Wellek, 1955) und auch für Denkprozesse eine zentrale Rolle spielte, wie z. B. die bekannte 9-Punkte Aufgabe von Wertheimer zeigt. Wahrnehmungs- und Denkprozesse waren – ähnlich wie in der Kognitiven Psychologie – eng miteinander verbundene Phänomene. Das zwischen ihnen verbindende Moment sah man in den gemeinsamen Strukturierungsprinzipien, die im Rahmen der Gestaltgesetze beschrieben wurden und die aus unserer heutigen Sicht als explizite Repräsentationsannahmen bezeichnet werden können. Auch in der Kognitiven Psychologie waren es erst die Repräsentationsannahmen, die eine gemeinsame Betrachtungsweise von Wahrnehmungs-, Denk- und Gedächtnisprozessen erlaubt haben. Eine andere wichtige Gemeinsamkeit zwischen Gestaltpsychologie und Kognitiver Psychologie ist das Fehlen einer streng bewußtseinspsychologischen Abgrenzung, wie sie bei Wilhelm Wundt und der Würzburger Schule zu beobachten ist.

Die zentrale Rolle von Repräsentationsannahmen in der Gestaltpsychologie spiegelt sich auch in physiologisch orientierten Annahmen wieder, die unter dem Namen «Isomorphismus» bekannt geworden sind. Aus unserer heutigen Sicht zählt der Isomorphismus aber eher zu den Schattenseiten der Gestaltpsychologie. Der Grund dafür ist, daß man auf physiologische Annahmen zurückgriff, ohne aber ein diesbezüglich fundiertes Wissen zu besitzen, das ja auch heute erst in Ansätzen zur Verfügung steht (vgl. dazu Abschnitt 10.2).

Die Würzburger Schule und vor allem die Gestaltpsychologie sind dem derzeitigem Problemverständnis sehr nahe gekommen. In der Würzburger Schule waren es die streng bewußtseinspsychologischen Zielsetzungen, in der Gestaltpsychologie hingegen das zu frühe Übergehen auf eine physiologische Erklärungsebene und die Ablehnung elementaristischer Ansätze, die einer konsequenten empirischen Verfolgung des Repräsentationsproblems im Wege standen.

1.4 Schlußfolgerungen

Der kurze problemgeschichtliche Rückblick sollte zeigen, daß zur Gründerzeit der Gedächtnispsychologie andere Interessen als die gezielte Überprüfung von Repräsentationsannahmen im Vordergrund standen. Diese aus unserer heutigen Sicht so wichtigen Annahmen treten erst in den 30er Jahren - ungefähr 50 Jahre nach der Begründung einer empirischen Gedächtnisforschung - in Erscheinung, bleiben aber weitere 35–40 Jahre so gut wie unberücksichtigt. Im Bereich der Wahrnehmungs- und Denkpsychologie kommt es früher zur Beschäftigung mit Strukturierungsvorgängen, die dem «kognitiven Problemverständnis» bereits sehr nahe kommt. Hier ist es vor allem die Gestaltpsychologie, die einen wesentlichen Beitrag geleistet hat. Allerdings war es auch der Gestaltpsychologie noch nicht möglich, eine konsequente und empirisch fundierte Untersuchung des Repräsentationsproblems einzuleiten. Erst mit dem Einsetzen der «Kognitiven Wende» Ende der 60er Jahre gilt das zentrale Forschungsinteresse den vielfältigen Formen des Repräsentationsproblems.

Diese Auffassung, daß die explizite Beachtung des Repräsentationsproblems der eigentlich neue Beitrag der jüngeren Psychologie ist, wird zwar von wichtigen Vertretern der Kognitiven Psychologie geteilt (Kintsch, 1985; Anderson, 1985a;b), ist aber keineswegs allgemein akzeptiert (vgl. z.B. Slamecka 1985a,b). So gibt es z.B. auch heute noch Autoren, die in der Kognitiven Psychologie behavioristische Ansätze sehen (Bruder, 1984). Das folgende Zitat von Anderson (1985b, S. 436), das sich auf das Beispiel des Erlernens von Wortlisten bezieht, drückt unserer Auffassung nach alles aus, was zur Charakterisierung der derzeitigen Situation notwendig ist: «Slamecka's (1985a) discussion ..... misses the great thing that we have learned in modern cognitive psychology (not to deny it was known before): Lists are hierarchically organized in chuncks........ Without recognizing that *structure* there is a multitude of uninterpretable data.» Dieses Zitat von Anderson dient aber noch aus anderen Gründen als «Wegweiser» durch das vorliegende Buch. Wir stimmen Anderson zwar bezüglich der Bedeutung des Repräsentationsproblems zu, werden aber ab Kapitel 5 versuchen zu zeigen, daß die generelle Gültigkeit der Annahme hierarchischer Codierungsstrukturen falsch ist.

2. Vergessen aus der Sicht der traditionellen Gedächtnistheorien

Merkleistung und Ausmaß des Vergessens scheinen komplementäre Größen zu sein. Die Beschreibung eines einfachen Gedächtnisexperimentes zeigt, was mit dieser Behauptung gemeint ist. Wird zum Beispiel einer Versuchsperson die Aufgabe gestellt, sich 20 verschiedene Wörter zu merken und ist sie zum Testzeitpunkt imstande, 15 Wörter zu reproduzieren, dann gelten die nicht reproduzierten 5 Wörter - definitionsgemäß - als «vergessen». Was aber bedeutet Vergessen?

Für die gemerkten und auch tatsächlich reproduzierten Wörter ist es trivial zu behaupten, daß Gedächtnisrepräsentationen bzw. Codes existieren. Welche Annahmen aber sollen für die «vergessenen» Wörter gelten? Sind die vergessenen Wörter zerfallen, oder bedeutet Vergessen vielleicht nur, daß gespeicherte Information nicht mehr abgerufen werden kann? Auch die Alltagserfahrung zeigt, daß uns zum Beispiel ein Name «entfallen» sein kann, obwohl wir uns zu einem späteren Zeitpunkt mühelos an ihn erinnern können. Dieser Sachverhalt wird allgemein als Suchfehler (= Retrieval-Fehler) bezeichnet und auf nicht näher definierte Hemmungs- oder Interferenzprozesse beim Auffinden des gesuchten Gedächtnisinhaltes zurückgeführt. Die Frage, ob Vergessen durch Suchfehler oder durch den Verlust bereits gespeicherter Information erklärt werden kann, wird in diesem Kapitel untersucht.

Diese Frage nach den Ursachen und Auswirkungen von Vergessensprozessen wird zunächst auf der Grundlage von Experimenten und Theorien der traditionellen - primär assoziationspsychologisch orientierten - Gedächtnisforschung diskutiert, die keine expliziten Annahmen über das Encodierungsformat treffen (vgl. auch Slamecka und McElree, 1983; Loftus, 1985 und Slamecka, 1985c). Erst in den anschließenden Kapiteln 3 und 4 wollen wir zeigen, daß eine widerspruchsfreie Erklärung von Vergessen explizite Repräsentationsannahmen vorraussetzt.

2.1 Die wichtigsten Ursachen für Vergessen: Interferenz oder zeitbedingter Zerfall?

Die Gedächtnispsychologie kennt im wesentlichen zwei miteinander konkurrierende Gruppen von Vergessenstheorien: Zerfallstheorien (Brown, 1958; Reitman, 1974; Watkins, Watkins Craik und Mazuryk, 1974)) und Interferenztheorien (Underwood, 1964; Shiffrin, 1970b, 1973; Spring, 1968; Postman und Underwood, 1973; Runquist, 1983; vgl. dazu auch die Übersichten in Loftus und Loftus, 1976; Klimesch, 1979a,b; Stern, 1981 und Anderson, 1985a). Zerfallstheorien vermuten, daß Vergessen durch einen autonomen und zeitbedingten Prozeß verursacht wird, der zu einem mit zunehmender Zeit fortschreitenden Verlust der gespeicherten Information führt. Interferenztheorien hingegen nehmen an, daß Hemmungsprozesse den Vorgang des Auffindens (= retrieval) oder auch des Einspeicherns erschweren oder unterbinden. Als mögliche Hemmungsvorgänge werden z.B. Pro- und Retroaktive Interferenzen zwischen Gedächtnisinhalten (Peterson und Peterson, 1959), Kontexteffekte (Smith, Glenberg und Bjork, 1978; Smith, 1982 und Smith, 1984) oder eine länger andauernde Nichtverwendung («unlearning») gespeicherter Codes (vgl. dazu die klassische Arbeit von McGeoch, 1932) angesehen. Die

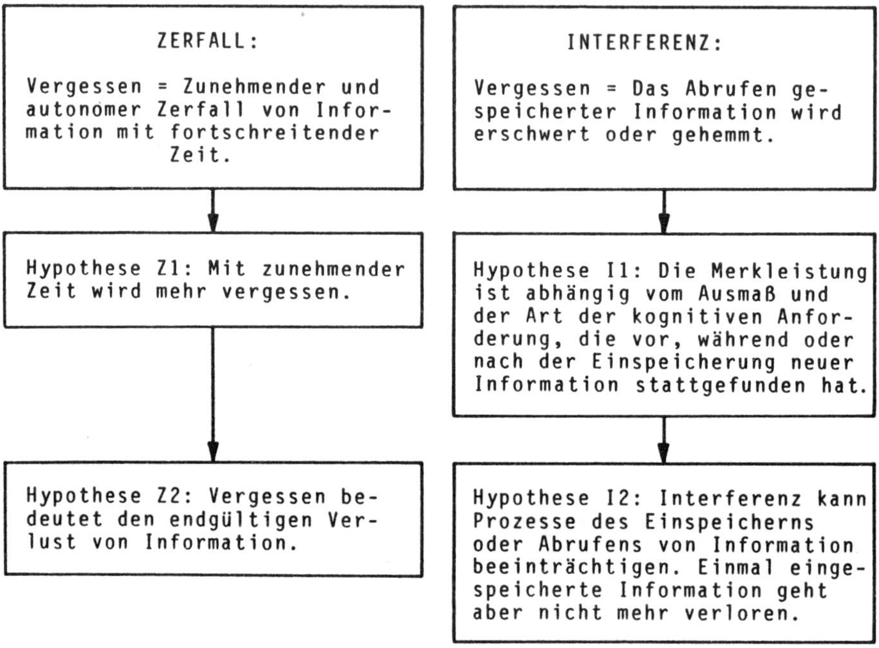

Abbildung 1: Hypothesen der Zerfalls- und Interferenztheorie.

wichtigsten Annahmen und Vorhersagen der beiden Theorien sind in Abbildung 1 zusammengefaßt.

Zur experimentellen Überprüfung der Interferenz- und Zerfallstheorie wurden vor allem das Brown-Peterson Paradigma (vgl. Brown, 1958 und Peterson und Peterson, 1959) und die daraus abgeleiteten Varianten (vgl. z.B. Reitman, 1971; Roediger, Knight und Kantowitz, 1977) verwendet. Aus Abbildung 2 ist der charakteristische Aufbau dieses aus mehreren Einzelversuchen bestehenden Paradigmas ersichtlich. Jeder Einzelversuch gliedert sich in die Darbietung einer Itemtriade (= eine Gruppe von 3 Items), in eine Distraktoraufgabe und in eine sich unmittelbar anschließende freie Reproduktionsaufgabe. Die Distraktoraufgabe soll verhindern, daß die vorher gezeigten Items wiederholt bzw. memoriert werden. Die so erfaßte Merkleistung

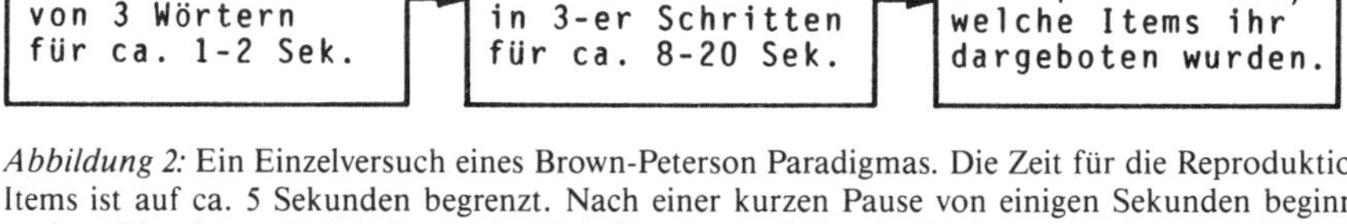

Abbildung 2: Ein Einzelversuch eines Brown-Peterson Paradigmas. Die Zeit für die Reproduktion der Items ist auf ca. 5 Sekunden begrenzt. Nach einer kurzen Pause von einigen Sekunden beginnt der nächste Einzelversuch. Die Länge des Behaltensintervalls ist durch die Dauer der Distraktoraufgabe festgelegt.

bezieht sich daher auf eine Situation, in der sich die Versuchsperson nur für wenige Sekunden auf das zu merkende Material konzentrieren kann.

2.1.1 Vergessen als zeitbedingter Zerfall: Zur empirischen Bewertung von Hypothese Z1

Die ersten Untersuchungen führten zu überraschenden Ergebnissen. Es zeigte sich, daß bereits nach einem Behaltensintervall von nur 18 Sekunden Dauer beinahe vollständiges Vergessen zu beobachten war (Peterson und Peterson, 1959). Der Prozentsatz richtiger Antworten lag bei etwas mehr als 10%. Wegen des unerwartet schnellen, in Sekundenbereichen erfolgenden Absinkens der Merkleistung erschien die Annahme gerechtfertigt, daß ein zeitlich bedingter Zerfallsprozeß die Ursache für Vergessen ist (Brown, 1958 und Peterson und Peterson, 1959). Abbildung 3 zeigt das für eine Zerfallstheorie typische Ergebnis: Mit zunehmender Zeit wird mehr Vergessen.

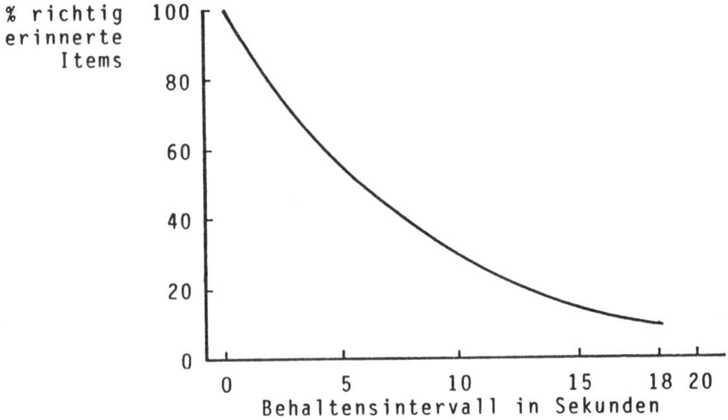

Abbildung 3: Die nach Peterson und Peterson (1959) idealisiert und schematisch dargestellten Ergebnisse zeigen einen raschen Abfall der Merkleistung mit zunehmender Dauer des Behaltensintervalls. Die wiedergegebenen Werte wurden durch die Mittelung der Ergebnisse aller Einzelversuche erhalten.

Die in Abbildung 3 wiedergegebenen Ergebnisse von Peterson und Peterson (1959) erwecken den Eindruck, daß die Anzahl vergessener Items nur von der zwischen Darbietung und Test verstrichenen Zeit abhängig ist. Dieser Eindruck entsteht allerdings nur deswegen, weil die Ergebnisse nicht für jeden Einzelversuch (= trial) getrennt, sondern über alle Einzelversuche gemittelt dargestellt und ausgewertet wurden. Es war das Verdienst von Keppel und Underwood (1962), auf diesen Umstand hinzuweisen und zu zeigen, daß eine getrennte Auswertung der Einzelversuche zu völlig anderen Ergebnissen führt, wie Abbildung 4 zeigt.

Die Ergebnisse von Keppel und Underwood (1962) belegen, daß die Zeit keineswegs der einzige Faktor ist, der das Ausmaß des Vergessens determiniert. Auch die Anzahl an Einzelversuchen, die eine Versuchsperson bereits durchgeführt hat, führt

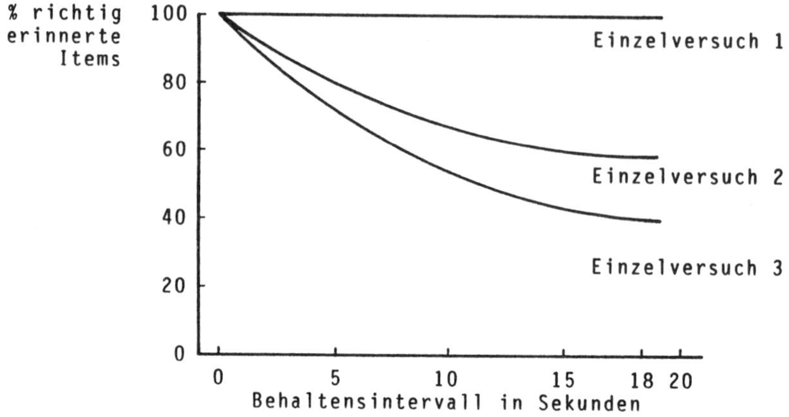

Abbildung 4: Die nach Keppel und Underwood (1962) idealisiert und schematisch dargestellten Ergebnisse eines Brown-Peterson Paradigmas. Nach Einzelversuchen getrennt ausgewertet zeigt sich, daß nicht nur die Länge des Behaltensintervalls, sondern auch die Anzahl der Einzelversuche die Merkleistung herabsetzt.

zu einer fortschreitenden und allgemein als «Proaktive Hemmung» oder «Proaktive Interferenz» bezeichneten Verschlechterung der Merkleistung. Wenn man Vergessen durch einen zeitbedingten Zerfall erklärt, dann ist zu erwarten, daß in jedem Einzelversuch gleich viel vergessen wird und daß das Ausmaß des Vergessens ausschließlich von der Länge des Behaltensintervalls abhängt.

Wäre die zwischen Darbietung und Test verstrichene Zeit tatsächlich der einzige Faktor für Vergessen, dann müßten bei gleich langen Behaltensintervallen konstante Reproduktionswahrscheinlichkeiten zu beobachten sein (vgl. Abbildung 5).

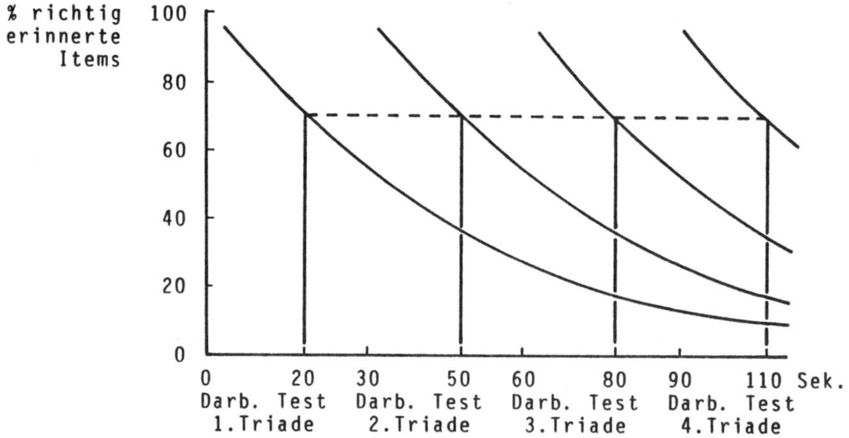

Abbildung 5: Hypothetische Ergebnisse, die unter der Annahme eines autonomen, zeitbedingten Zerfallsprozesses zu erwarten sind: Das Ausmaß der Merkleistung ist nur von der zwischen Darbietung und Test verstrichenen Zeit abhängig. Alle Itemtriaden weisen daher identische Zerfallsfunktionen auf (nach Klimesch, 1979a).

Die hypothetischen, aus der Zerfallstheorie abgeleiteten Ergebnisse von Abbildung 5 zeigen, daß jede Itemtriade in jedem Einzelversuch dem selben autonomen Zerfallsprozeß unterliegt und daß daher alle Itemtriaden gleich große Reproduktionswahrscheinlichkeiten aufweisen. Nach dieser Auffassung ist die zwischen Darbietung und Test verstrichene Zeit der einzige Parameter, der das Ausmaß des Vergessens determiniert. Eine Zerfallstheorie, die einen autonomen und ausschließlich von der Zeit abhängigen Zerfall annimmt, führt zu einer empirisch leicht überprüfbaren Vorhersage: Die Reproduktionswahrscheinlichkeiten sollten für alle Itemtriaden gleich groß und nur von der Dauer des Behaltensintervalls abhängig sein.

Ein Vergleich dieser Vorhersage mit den Ergebnissen von Keppel und Underwood (1962) zeigt aber, daß die Zerfallstheorie nicht imstande ist, die mit der Anzahl von Einzelversuchen fortschreitende Verschlechterung der Merkleistung (vgl. Abbildung 4) zu erklären. Ein autonomes Zerfallsmodell als ausschließliche Erklärungsgrundlage für Vergessen ist daher strikt abzulehnen.

Wir haben bei der empirischen Bewertung von Hypothese Z1 (vgl. Abbildung 1) auf die klassischen Befunde von Brown (1958), Peterson und Peterson (1959) und Keppel und Underwood (1962) zurückgegriffen. Pro- und Retroaktive Hemmungsprozesse sind experimentell so gut abgesichert (vgl. auch Melton und Martin 1972), daß sie in keinem der wichtigeren Lehrbücher fehlen (vgl. z.B. Anderson, 1985a, S. 155ff.) und daß wir auf eine über diese Befunde hinausgehende Beschreibung ähnlicher Ergebnisse verzichten können.

2.1.2 Vergessen als interferenzbedingte Verminderung der Merkleistung: Zur empirischen Bewertung von Hypothese I1

Vergessen ist nicht nur eine Funktion der Zeit, wie von der Zerfallstheorie angenommen wird, sondern ebenso auch eine Funktion der Anzahl bereits durchgeführter Einzelversuche bzw. der Art der kognitiven Belastung wie von der Interferenztheorie vermutet wird. Es ist daher das Ausmaß der sich mit zunehmender Anzahl von Einzelversuchen kumulierenden kognitiven Belastung, die – ebenso wie die Zeit – zu einer Verminderung der Merkleistung führt. Die beiden Variablen «zunehmende Zeit» und «zunehmende kognitive Belastung» sind miteinander konfundiert und experimentell kaum zu trennen. Da das Ergebnis einer fortschreitenden Verschlechterung der Merkleistung somit nicht nur die Vorhersagen der Zerfallstheorie, sondern auch jene der Interferenztheorie stützt (vgl. die Hypothesen Z1 und I1 in Abbildung 1), scheint es zunächst kaum möglich zu sein, auf der Basis experimenteller Befunde zwischen diesen Vorhersagen differenzieren zu können.

Die Ergebnisse von Abbildung 4 zeigen dieses grundsätzliche Dilemma, das sich bei der experimentellen Überprüfung von zerfalls- und interferenztheoretischen Hypothesen ergibt: Die beiden Faktoren «Zeit» und «Interferenz» können nicht isoliert voneinander betrachtet werden. Je länger das Behaltensintervall ist, desto eher können Zerfallsprozesse wirksam werden. Andererseits aber nimmt mit der Länge des Behaltensintervalls auch die Dauer der Distraktortätigkeit und somit auch das Ausmaß der Interferenz zu. Läßt man die Distraktortätigkeit weg, dann können die Versuchspersonen die zu merkende Information wiederholen und sich einwandfrei merken. Damit aber wird das Brown-Peterson Paradigma zu einer untauglichen Methode, Vergessen zu untersuchen.

Einen Ausweg aus diesem Dilemma bieten Versuchspläne, in denen die Ähnlichkeit des zu merkenden Materials systematisch variiert wird. Bei der Beschreibung dieser Versuchspläne werden wir uns mit den wichtigsten jener Ergebnisse vertraut machen, die üblicherweise als Hinweis für die Gültigkeit interferenztheoretischer Ansätze gewertet werden.

Keppel und Underwood (1962) sehen in den Ergebnissen von Abbildung 4 die Wirkungsweise einer Proaktiven Hemmung. Von lerntheoretischen Ansätzen ausgehend, vermuten die Autoren, daß es während des Behaltensintervalls zur spontanen Erholung älterer Items aus früheren Itemtriaden kommt. Dadurch wird die Verfügbarkeit der zuletzt gezeigten Itemtriade in dem Maße herabgesetzt, in dem die spontane Erholung älterer Items wirksam ist. Nach dieser interferenztheoretischen Interpretation ist Vergessen nicht auf den zunehmenden Zerfall, sondern auf eine zunehmende Verwechslung zwischen den gesuchten und im Gedächtnis gespeicherten Inhalten zurückzuführen. Die Stärke der Proaktiven Hemmung ist demnach Ausdruck der mit der Anzahl an Einzelversuchen zunehmenden Verwechslungsneigung zwischen den unmittelbar vorher und bereits früher dargebotenen Items.

Wenn nun Vergessen auf eine mangelnde Differenzierung zwischen gespeicherten Gedächtnisinhalten zurückzuführen ist, dann muß erwartet werden, daß die Ähnlichkeit des zu merkenden Materials einen entscheidenden Einfluß ausübt: je ähnlicher die zu merkenden Items sind, desto schwieriger wird es sein, zwischen ihnen zu differenzieren und desto mehr wird vergessen werden. Diese Vermutung wird durch eine Vielzahl verschiedener Arbeiten bestätigt (vgl. die Übersicht in Melton und Martin, 1972). Am eindrucksvollsten dazu sind die Ergebnisse von Wickens (1970, 1972), die mit Hilfe der «release of proactive intereference» Methode gewonnen wurden (vgl. dazu auch Kroll, Bee und Gurski, 1973). In dieser Variante eines Brown-Peterson Paradigmas wird die Ähnlichkeit der Items zwischen den Itemtriaden kontrolliert. Die ersten 3 Itemtriaden bestehen beispielsweise aus Buchstaben,

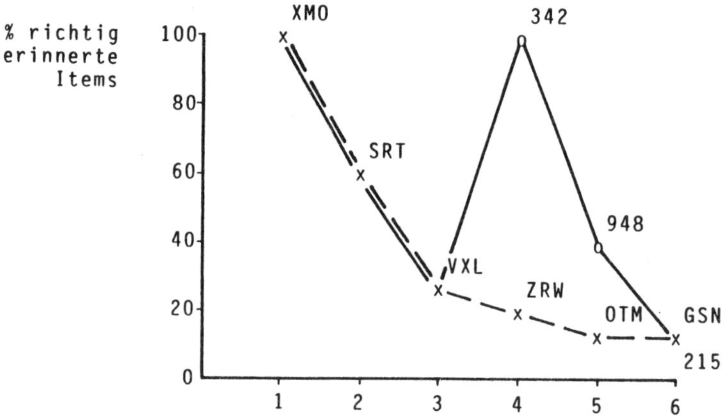

Abbildung 6: Das von Wickens modifizierte Brown-Peterson Paradigma. Die idealisiert und schematisch dargestellten Ergebnisse zeigen, daß es nur in der Experimentalgruppe (o), nicht aber in der Kontrollgruppe (x) zur Aufhebung der Proaktiven Hemmung kommt. Der Grund dafür ist, daß in der Experimentalgruppe ab dem 4. Einzelversuch Zahlen anstelle von Buchstaben verwendet werden.

die nächsten Itemtriaden aber aus Zahlen. Im Gegensatz zur Experimentalgruppe werden einer Kontrollgruppe nur Buchstabentriaden dargeboten, ohne daß ein Wechsel auf Zahlentriaden stattfindet. Ein Vergleich der beiden Gruppen zeigt den typischen Befund, daß das «shift trial» (= jener Einzelversuch, ab dem die «neuen» Items - hier Zahlen - dargeboten werden) zu einer Aufhebung der Proaktiven Hemmung führt, wie in Abbildung 6 dargestellt ist.

Die in Abbildung 6 idealisiert wiedergegebenen Resultate scheinen die Gültigkeit interferenztheoretischer Annahmen zu bestätigen: Vergessen ist nicht nur vom Ausmaß der kognitiven Belastung (hier: der Anzahl an Einzelversuchen) abhängig, sondern ebenso auch von der Art der kognitiven Anforderung (hier: das Merken ähnlicher oder unähnlicher Items), die vor dem kritischen Reproduktionsversuch stattgefunden hat (vgl. dazu Hypothese I1 in Abbildung 1).

Die Ergebnisse des «release of proactive interference» Paradigmas stützen die Interpretation von Keppel und Underwood (1962), die Vergessen durch eine mit der Anzahl an Einzelversuchen zunehmende Verwechslungsneigung erklären. Entsprechend dieser Auffassung ist anzunehmen, daß Vergessen in dem Ausmaß abnimmt, in dem die Verwechslungsmöglichkeiten zwischen den Items abnehmen. Es ist daher zu erwarten, daß mit dem «shift trial», mit dem völlig unerwartet andere Items (z.B. Zahlen anstelle von Buchstaben) dargeboten werden, die Verwechslungsneigung - und damit auch das Ausmaß an Vergessen - abnimmt.

Die Richtung der Wirksamkeit von Interferenz betrifft keineswegs nur Ereignisse, die in der Zukunft liegen, wie dies bei der Proaktiven Hemmung der Fall ist. Eine Vielzahl von Experimenten zeigt, daß ebenso auch bereits gelernte Inhalte durch eine erst später auftretende Interferenzwirkung gestört werden können (vgl. dazu die Übersicht in Klimesch, 1979a). Dieser Sachverhalt einer zeitlich «zurückwirkenden» Interferenz wird als «Retroaktive Hemmung» bezeichnet. Beide Formen von Interferenz, die Proaktive ebenso wie die Retroaktive Hemmung sind Ausdruck ein und desselben Phänomens. Beide Interferenzformen können mit derselben Experimentalgruppe erfaßt werden, wie Tabelle 1 zeigt. Entscheidend ist lediglich, ob die Merkleistung für die zuerst oder später erlernte Liste geprüft wird. Dadurch ist auch gleichzeitig festgelegt, welche Liste der Kontrollgruppe dargeboten werden muß.

Tabelle 1: Versuchspläne zur experimentellen Erfassung der Proaktiven und der Retroaktiven Hemmung. Wird die Merkleistung für Liste 1 geprüft und finden sich in der Experimentalgruppe mehr vergessene Items als in der Kontrollgruppe, dann spricht man von der Wirkungsweise einer Retroaktiven Hemmung (RH). Die Prüfung von Liste 2 und der Vergleich mit der entsprechenden Kontrollgruppe zeigt die Wirkungsweise einer Proaktiven Hemmung (PH). Im Gegensatz zu den Experimentalgruppen wird in den Kontrollgruppen nur eine Liste dargeboten.

	Versuchsanordnung:	zeitliche Abfolge:		geprüft wird:
RH:	Experimentalgruppe	Liste 1	Liste 2	Liste 1
	Kontrollgruppe	Liste 1	-------	Liste 1
PH:	Experimentalgruppe	Liste 1	Liste 2	Liste 2
	Kontrollgruppe	-------	Liste 2	Liste 2

So sehr nun die besprochenen Ergebnisse die Interferenztheorie zu stützen scheinen, so schwerwiegende Einwände sind gegen eine interferenztheoretische Interpretation anzuführen. Ein Teil dieser Einwände ist methodisch begründet und stützt sich auf die Überlegung, daß die Distraktoraufgabe nicht immer zu einer vollständigen Blockierung der Aufmerksamkeit bzw. zu einer Unterbindung der Wiederholung (= «rehearsal») des zu merkenden Materials führt. Roediger et al. 1977 nennen zwei Vorraussetzungen, die erfüllt sein müssen, damit die Ergebnisse von Vergessensexperimenten im Sinne der Interferenz- oder Zerfallstheorie interpretiert werden können:

- Es muß sichergestellt sein, daß die Distraktoraufgabe zu einer vollständigen Ablenkung der Aufmerksamkeit führt, und
- es muß ferner gewährleistet sein, daß «rehearsal» auch tatsächlich Aufmerksamkeit beansprucht und nicht etwa «automatisch» erfolgen kann.

Roediger et al. (1977) fanden, daß der Schwierigkeitsgrad der Distraktoraufgabe die Merkleistung nicht beeinflußt und schließen daraus, daß die oben genannten Vorraussetzungen zur Interpretation von Vergessensexperimenten nicht gegeben sind: Entweder erfüllt die Distraktoraufgabe nicht ihren Zweck und führt nicht zu einer vollständigen Blockierung der Aufmerksamkeit, oder aber es muß angenommen werden, daß zwischen Distraktor- und Merkaufgabe keine Interferenz besteht.

Diese Überlegungen führen uns zu einem weiteren und noch wichtigeren Einwand gegen die Verwendung von Distraktoraufgaben in Vergessensexperimenten: Das Absinken der Merkleistung ist Ausdruck einer «Überforderung» der Aufmerksamkeitsleistung, die dazu führt, daß neue Information erst gar nicht encodiert und eingespeichert wird.

Jüngere Untersuchungen zum «next in line effect» bestätigen diese Vermutung und zeigen, daß bei abgelenkter Aufmerksamkeit jene Information, auf die man sich nicht konzentriert, nicht oder nur teilweise abgespeichert wird (Bond und Kirkpatrick, 1982 und Bond, 1985). Nicht abgespeicherte Information kann aber auch nicht «vergessen» werden.

Das Ergebnis einer ähnlichkeitsbedingten Aufhebung der Proaktiven Hemmung (= «release of proactive inhibition») kann durch Interferenzvorgänge ebenso gut erklärt werden wie durch Aufmerksamkeitseffekte. Erscheinen z.B. nach einer Reihe von ermüdenden Aufgaben plötzlich Zahlen anstelle von Wörtern, dann führt dies zu einer Erhöhung der Aufmerksamkeit und folglich zu einer verbesserten Merkleistung.

2.1.3 Das Ergebnis der empirischen Bewertung von Hypothese Z1 und I1

Die bisherigen Erläuterungen haben sich auf die Ursachen von Vergessen bezogen. Wie die Diskussion gezeigt hat, war es nicht möglich, zu einer empirisch vertretbaren Differenzierung zwischen den Vorhersagen der Interferenz- und Zerfallstheorie zu kommen. Ausschlaggebend dafür war einerseits die Tatsache, daß die beiden Variablen «zunehmende Zeit» und «zunehmende Interferenz» konfundiert sind und daß andererseits die Auswirkung der Distraktoraufgabe auf die Aufmerksamkeit und die Einspeicherung neuer Information umstritten ist. Aufgrund dieser prinzipiellen Schwierigkeiten ist es nicht überraschend, daß Experimente über Vergessen in der jüngeren Literatur kaum mehr zu finden sind.

Das Versagen der Vergessenstheorien könnte – oberflächlich gesehen – somit auf methodische Schwierigkeit zurückgeführt werden. Bei näherer Betrachtung zeigt sich aber, daß das Repräsentationsproblem der eigentliche Grund für die genannten Schwierigkeiten ist. Wie wir einleitend erwähnt haben, ist es trivial anzunehmen, daß gemerkte Information im Gedächtnis repräsentiert ist. Hier fehlt die Motivation, nach dem genauen «Wie» der Repräsentation zu fragen. Für vergessene Information sieht die Situation jedoch völlig anders aus. Jetzt stellen sich viele Fragen, die sich alle auf die interne Repräsentation beziehen: Zerfällt ein im Gedächtnis gespeicherter Code, was bedeutet Hemmung bzw. Interferenz, welche Rolle spielt die Aufmerksamkeit usw.? Auf die Bedeutung des Repräsentationsproblems werden wir in den nachfolgenden Kapiteln 3 und 4 noch ausführlich eingehen.

2.2 Bedeutet Vergessen den endgültigen Verlust von Information? Zur Diskussion der Hypothesen Z2 und I2

Führen Zerfallsprozesse nicht nur zum teilweisen, sondern auch zum vollständigen Verlust von Gedächtnisinhalten? Diese Frage wird von Hypothese Z2 klar positiv beantwortet. Bei Interferenztheorien ist zu beachten, daß sich Hemmungs- bzw. Interferenzprozesse auf das Abrufen bereits gespeicherter Information ebenso auswirken können wie auf das Einspeichern neuer Information. Sind Prozesse des Abrufens betroffen, dann spricht man von Such- bzw. Retrievalfehlern und geht davon aus, daß die gesuchte Information zwar nicht gefunden werden kann, daß sie aber trotzdem im Gedächtnis vorhanden ist. Sind hingegen Prozesse des Einspeicherns betroffen, dann muß erwartet werden, daß Interferenz zum Verlust von Information führt. Wenn aber Information erst gar nicht gespeichert wird, dann ist es sinnlos, von «Vergessen» zu sprechen. Bei der Überprüfung von Hypothese I2 und Z2 muß daher darauf geachtet werden, daß die Merkleistung für einwandfrei abgespeicherte Gedächtnisinhalte untersucht wird.

Es gibt aber noch eine andere prinzipielle Schwierigkeit, die wir zu beachten haben: Die Annahme eines endgültigen Verlustes von Information kann nur indirekt und nur unter bestimmten experimentellen Kontrollbedingungen untersucht werden. Fehlen diese Kontrollbedingungen, dann wird es immer möglich sein zu behaupten, daß Vergessen nichts anderes ist als die Unfähigkeit, gespeicherte Information zu finden und/oder abzurufen. Die experimentelle Kontrolle von Suchprozessen bzw. des Suchbereiches ist daher eine entscheidende Vorraussetzung für die Überprüfung der Hypothesen Z2 und I2.

Diese Überlegungen zeigen deutlich, daß die Interferenz- und Zerfallstheorie auf völlig unterschiedliche Aspekte der Gedächtnistätigkeit Bezug nehmen. Die Interferenztheorie (bzw. Hypothese I2) bezieht sich nur auf den Vorgang des Auffindens eines Codes, die Zerfallstheorie (bzw. Hypothese Z2) hingegen nur auf den Code selbst.

2.2.1 Vergessen und Hypermnesie

Unsere Alltagserfahrung zeigt, daß in vielen Fällen Vergessenes doch wieder erinnert werden kann. Ein bekanntes Beispiel dafür ist das «tip of the tongue» Phänomen (Brown und McNeil 1966). Man will sich z.B. an einen Namen erinnern, kann ihn aber nicht gleich nennen und hat das Gefühl, als ob er «auf der Zunge liege».

Das Phänomen zeitweilig nicht verfügbarer Gedächtnisinhalte, die ursprünglich nicht reproduziert, zu einem späteren Zeitpunkt aber erinnert werden können, ist schon in der älteren Literatur beschrieben worden (vgl. z.B. das «Poetzel-Phänomen», Poetzel 1917) und wurde mit den unterschiedlichsten Bezeichnungen versehen: «trace storage versus trace utilization» bei Melton (1963), «availability versus accessibility» bei Tulving und Pearlstone (1966) oder Roediger (1974), «retrievability versus availability» bei Bower (1970) oder «cue dependent versus trace dependent forgetting» bei Tulving (1974), «hypermnesia» bei Erdelyi und Becker (1974) sowie «reminiscence» bei Madigan (1976). In der jüngeren Literatur (Roediger und Payne, 1985; Payne, 1986; 1987) wird unter «Hypermnesie» die - mit der Anzahl wiederholter Testungen - zunehmende freie Reproduktionsleistung für das selbe Itemmaterial verstanden. «Reminiszenz» bedeut, daß ein bestimmtes, zu einem früheren Testzeitpunkt vergessenes Item zu einem späteren Zeitpunkt wieder erinnert werden kann. Beide Begriffe beziehen sich daher nur auf verschiedene Aspekte ein und desselben Phänomens, wie Tabelle 2 zeigt. Von «Hypermnesie» oder «Reminiszenz» kann jedoch nur dann gesprochen werden, wenn die Versuchspersonen zu keinem Testzeitpunkt über die Richtigkeit ihrer Antworten informiert werden.

Tabelle 2: Bei wiederholter Testung der Merkleistung für ein bestimmtes Item können vier verschiedene Fälle unterschieden werden. Von Hypermnesie wird dann gesprochen, wenn Reminiszenz häufiger vorkommt als «intertest forgetting». Die Vpn werden zu keinem Testzeitpunkt darüber informiert, ob ihre Antworten richtig waren.

		2. Testdurchgang: reproduziert	2. Testdurchgang: nicht reprod.
1. Testdurchgang:	reproduziert	gemerkt	intertest forgetting
	nicht reprod.	Reminiszenz	vergessen

Die Hypermnesie ist dank der Arbeiten von Erdelyi und Mitarbeitern (Erdelyi und Becker, 1974; Erdely, Buschke und Finkelstein, 1977; Erdelyi und Kleinbard, 1978; vgl. die Übersicht in Erdelyi, 1982) ein inzwischen experimentell gut abgesichertes Phänomen (vgl. dazu auch die Arbeiten von Roediger, 1982; Roediger und Thorpe, 1978 und Roediger und Payne, 1982; 1985). Das Ausmaß der Hypermnesie kann - je nachdem wie oft die freie Reproduktionsleistung getestet und welches Stimulusmaterial verwendet wird - sehr stark ausgeprägt sein. Erdelyi und Kleinbard (1978) fanden z.B., daß bei der ersten Testung nach der Darbietung von 40 Dias (die einfache Gegenstände darstellten), durchschnittlich nur 19 Bilder gemerkt wurden. Nach der 18. Testung - 80 Stunden nach der Darbietung der 40 Dias - betrug die freie Reproduktionsleistung 33 gemerkte Bilder, stieg aber bei den nachfolgenden 6 Testungen nicht mehr weiter an. Dies entspricht einem Hypermnesie-Effekt bzw. einer relativen - auf die erste Testung bezogene - Merkleistungszunahme von 74%!

Die Stärke des Hypermnesie-Effektes wird nicht nur von der Anzahl der Wiederholungen, sondern auch von der Stimulusmodalität und der Art der Encodierung des dargebotenen Materials beeinflußt: Bilder zeigen stärkere Hypermnesie-Effekte als Wörter und Wörter mit Visualisierungsinstruktion (die Versuchspersonen werden aufgefordert, sich das durch ein Wort bezeichnete Objekt bildhaft vorzustellen), führen wiederum zu stärkeren Hypermnesie-Effekten als nicht visualisierte Wörter (Erdelyi, Finkelstein, Herrell, Miller und Thomas, 1976).

Die Hypermnesie ist ein interessantes gedächtnispsychologisches Phänomen. Sie zeigt, daß die Merkleistung mit zunehmender Länge des Behaltensintervalles nicht ab-, sondern überraschenderweise zunimmt. Dieses Phänomen erlaubt zwei verschiedene Interpretationen. Es kann einerseits angenommen werden, daß wiederholte Reproduktionsversuche die Rekonstruktion bereits teilweise zerfallener Codes erlauben. Es kann aber andererseits auch vermutet werden, daß die Versuchspersonen im Laufe der wiederholten Testungen lernen, effizientere Such- bzw. Retrievalstrategien zu verwenden und deswegen imstande sind, den Suchbereich von einer Testung auf die nächste zu erweitern. Beide Interpretationen zeigen, daß Befunde zur Hypermnesie zunächst keinen Aufschluß über die Gültigkeit der beiden Hypothesen Z2 und I2 geben. Der Nachweis von Hypermnesie ist für die Bewertung von Vergessenstheorien nur dann relevant, wenn ausgeschlossen werden kann, daß die Nichtverfügbarkeit eines Items auf das unvollständige Absuchen der im Gedächtnis gespeicherten Information zurückzuführen ist.

Bei der Erklärung von Suchstrategien in freien Reproduktionsaufgaben wird allgemein von der Überlegung ausgegangen, daß der Erinnerungsvorgang aus zwei verschiedenen Stadien besteht: Die Versuchsperson beginnt mit dem Generieren möglicher Alternativen und prüft erst in einem zweiten Schritt, ob diese auch tatsächlich im Gedächtnis gespeichert sind (vgl. z.B. Anderson und Bower, 1972; Shiffrin, 1970a,b). Da in einschlägigen Experimenten immer wieder festgestellt wurde, daß «Intrusion»-Fehler (= das Nennen von Wörtern, die nicht in der gelernten Liste vorkamen) relativ selten sind, wird im Rahmen dieser «generate-recognize» - Theorien angenommen, daß die Versuchspersonen sehr strenge Kriterien (sie werden als «recall criteria» bezeichnet) für die Auswahl der richtigen Antworten verwenden. Versucht man den Schwellenwert des Reproduktionskriteriums durch geeignete Instruktionen nach unten zu verschieben, dann sollte es möglich sein, den Suchbereich zu erweitern und das Ausmaß von Hypermnesie-Effekten zu vergrößern.

In einer Arbeit von Roediger und Payne (1985) wurde diese Frage mit Hilfe verschiedener Reproduktionsinstruktionen untersucht. Eine Gruppe von Versuchspersonen erhielt die für freie Reproduktions- (= free recall) Aufgaben üblichen Hinweise, einerseits so viele Wörter wie möglich und in beliebiger Reihenfolge niederzuschreiben, andererseits aber nicht zu raten. Eine zweite Gruppe von Versuchspersonen wurde explizit zum Raten aufgefordert und eine dritte Gruppe bekam zusätzlich die Instruktion, mindestens 50 Wörter anzugeben und dabei so oft wie notwendig zu raten. Jeder Gruppe wurden die selben 65 Wörter gezeigt.

Wie die Ergebnisse von Tabelle 3 zeigen, hat Raten keinen signifikanten Einfluß auf die Stärke der Hypermnesie. Wenn wir von der plausiblen Annahme ausgehen, daß Raten den Suchbereich erweitert und somit Suchfehler unwahrscheinlicher macht, dann kommen wir zu dem interessanten Schluß, daß Hypermnesie nicht auf effizienter werdende Suchprozesse zurückzuführen ist. Dies bedeutet aber

Tabelle 3: Die Ergebnisse von Roediger und Payne (1985) zeigen, daß Raten weder zu einer besseren Reproduktionsleistung noch zu stärkeren Hypermnesie-Effekten führt.

Art der Aufgabe	Durchschnittliche Anzahl reproduzierter Wörter: 1. Test	2.Test	3.Test	Hypermnesie in %
"free recall" ohne Raten "Standardsuchbereich"	25.1	26.6	28.2	12.4
"free recall" mit Raten erweiterter Suchbereich	24.3	26.4	28.4	16.9
"forced recall" mit Raten stark erweiterter Suchbereich	25.1	26.0	27.4	9.2

gleichzeitig, daß Hypermnesie durch bestimmte Eigenschaften der die gemerkten Wörter repräsentierenden Codes erklärt werden muß. Es könnte sich z.B. um eine leichtere Aktivierbarkeit der Codes handeln, die mit der Anzahl der Testwiederholungen zunimmt. Ebenso denkbar ist es aber auch, daß wegen der wiederholten Reproduktionsversuche teilweise zerfallene Codes wieder «rekonstruiert» werden können.

Die Befunde zur Hypermnesie legen die Vermutung nahe, daß Vergessen nicht den endgültigen und unwiederbringlichen Verlust von Information bedeuten muß. Für diese Interpretation spricht auch der seit Ebbinghaus bekannte Befund, daß vergessene Information leichter wiedererlernt werden kann als neue (vgl. auch Nelson, 1978). Wir müssen allerdings berücksichtigen, daß diese Interpretation nur für die nachgewiesenen Fälle von Reminiszenz bzw. Hypermnesie gilt. Die Fälle mit «intertest forgetting» können aber nach wie vor als Hinweis für den Verlust von Gedächtnisinformation gewertet werden. Die individuelle Auswertung der vier in Tabelle 2 gezeigten Fälle ist daher eine weitere Vorrausetzung für eine bessere Beurteilung der beiden Hypothesen Z2 und I2.

2.2.2 Der experimentelle Vergleich von Reminiszenz und «intertest forgetting» bei Kontrolle des Suchbereiches

Es liegt in der Natur der freien Reproduktionsmethode, daß der Suchbereich nur schwer und höchstens indirekt kontrolliert werden kann. Paarassoziationsparadigmen bieten hingegen die Möglichkeit, den Suchbereich in allen Testdurchgängen konstant zu halten. Der Suchbereich kann durch die Vorgabe des ersten Items eines Paares in allen Testdurchgängen einwandfrei definiert werden. Diese Methode liegt einem Experiment von Klimesch (1979c) zu Grunde, das wir im folgenden ausführlicher beschreiben werden.

Das Experiment bestand aus vier Teilen, einem Lerndurchgang, einem 1. Reproduktionstest, einer Distraktoraufgabe und einem abschließenden 2. Reproduktionstest. Im ersten Teil des Experimentes wurde den Versuchspersonen die Aufgabe gestellt, sich zu jedem von sechs verschiedenen, 7-spaltigen histogrammähnlichen Mustern eine zugehörige Bezeichnung zu merken. Nachdem ein 100%-iges Lernkriterium erreicht worden war, wurde mit dem 1. Reproduktionstest begonnen. Auf Vorgabe der erlernten Bezeichnungen mußten die entsprechenden Muster in ein Raster mit 7 Spalten und 9 Zeilen eingezeichnet werden. Zwischen dem 1. und 2. Reproduktionstest wurde eine Distraktoraufgabe durchgeführt, die durchschnittlich 36 Minuten dauerte. Sie bestand darin, verschiedene Mustervarianten mit den erlernten Mustern zu vergleichen. Im unmittelbar daran anschließenden 2. Reproduktionstest hatten die Versuchspersonen die selbe Aufgabe durchzuführen wie im 1. Test. Unter Vorgabe der entsprechenden Bezeichnung mußte jedes der 6 Muster wieder in ein Raster eingezeichnet werden.

Dieser Versuchsplan gewährleistet, daß auch in verschiedenen Reproduktionsdurchgängen identische Suchbereiche vorliegen. Im ersten wie im 2. Reproduktionstest wurde die erlernte Musterbezeichnung verwendet, um sicherzustellen, daß Suchfehler und Verwechslungen zwischen den Mustern vermieden werden. Aufgrund dieser Vorgangsweise darf angenommen werden, daß sich die hier erfaßte Merkleistung ausschließlich auf die Genauigkeit der Codes und nicht auf die Leistungsfähigkeit der Suchprozesse bezieht.

Das Ausmaß, in dem ein nachgezeichnetes Muster von der Vorlage abweicht, spiegelt die Genauigkeit der Gedächtnisrepäsentation wieder. Die Auswertung, die für jedes der 6 Muster und für jede der 68 Versuchspersonen getrennt durchgeführt wurde, beruht auf einem Vergleich der Reproduktionsgenauigkeit im 1. und im 2. Test. Dadurch konnten 6 x 68 = 408 individuelle Mustervergleiche der statistischen Auswertung zugrunde gelegt werden. Mit Hilfe einer Multinomialverteilung wurde geprüft, ob die Verteilung der Reproduktionsfehler im 2. Test unter Zugrundelegung der im 1. Test festgestellten Reproduktionsparameter so unwahrscheinlich ist, daß eine Veränderung dieser Parameter in Richtung einer verbesserten oder verschlechterten Reproduktionsleistung im 2. Test anzunehmen ist. Die Ergebnisse zeigen, daß bei 73 der insgesamt 408 Mustervergleiche ein hochsignifikanter Anstieg der Reproduktionsgenauigkeit im 2. Testdurchgang festzustellen war. Somit kann die Hypothese, daß Reminiszenz auch bei Kontrolle der Suchbereiche auftritt, eindeutig bestätigt werden. Die Ergebnisse zeigen allerdings auch, daß in 43 Fällen eine hochsignifikante Verschlechterung der Reproduktionsgenauigkeit zu beobachten war.

Die Bewertung von Hypothese Z2 (Vergessen bedeutet den endgültigen Verlust von Information) führt somit zu einer paradoxen Situation. Die 73 Fälle mit Reminiszenz sprechen gegen die Gültigkeit, die 43 Fälle von intertest forgetting hingegen für die Gültigkeit von Hypothese Z2. Die vorliegenden Befunde erlauben es daher nicht, die generelle Gültigkeit dieser Hypothese, wie sie im Rahmen einer Zerfallstheorie zu fordern wäre, anzunehmen. Eine ähnliche Argumentation - aber mit umgekehrten Vorzeichen - gilt für die Bewertung der entsprechenden interferenztheoretischen Hypothese. Da die Suchbereiche in beiden Reproduktionsdurchgängen konstant gehalten wurden, kommen Interferenzprozesse für die Erklärung von Reminiszenz ebenso wenig in Frage wie für intertest forgetting. Interferenztheorien müssen intertest forgetting ebenfalls durch geänderte Suchbereiche bzw. durch Interferenzen beim Abrufen der gesuchten Information erklären. Der Grund dafür beruht auf der grundlegenden Annahme von Interferenztheorien, wonach einmal eingespeicherte Information nicht mehr verloren geht. Intertest forgetting bei identischen Suchbereichen spricht jedoch klar für Zerfallsprozesse.

2.2.3 Das Ergebnis der empirischen Bewertung von Hypothese Z2 und I2

Die beschriebenen Ergebnisse dokumentieren ein Dilemma, das für die Bewertung der beiden Vergessenstheorien symptomatisch ist: Beide Theorien werden zum Teil bestätigt und zum Teil widerlegt. Die gefundenen Fälle von Reminszenz scheinen zunächst für die Gültigkeit der Interferenztheorie zu sprechen. Bei genauerer Betrachtung zeigt sich aber, daß Interferenztheorien Reminszenz nur dann erklären können, wenn unterschiedliche Suchbereiche vorliegen. Reminiszenz wurde aber auch bei identischen Suchbereichen nachgewiesen (Klimesch, 1979c). Die Zerfallstheorie wiederum scheint durch die Fälle von intertest forgetting bestätigt zu werden, steht aber in glattem Widerspruch mit den ebenfalls festgestellten Fällen von Reminiszenz. Ähnlich wie bei der Diskussion von Hypothese Z1 und I1 zeigt sich auch hier, daß selbst bei einer genauen experimentellen Analyse von Vergessensprozessen keine der beiden Theorien bestätigt werden kann.

3. Die Ursachen für das Versagen der traditionellen Vergessenstheorien: irreführende Annahmen über das Codierungsformat

Im vorangegangenen Kapitel haben wir gezeigt, daß weder die Interferenz- noch die Zerfallstheorie empirisch einwandfrei bestätigt werden kann. Die Vorhersagen beider Theorien werden zum Teil bestätigt und zum Teil widerlegt. Es ist deshalb auch nicht überraschend, daß Vergessenstheorien von der jüngeren Literatur praktisch nicht mehr berücksichtigt werden. Offensichtlich ist man von der Aussichtslosigkeit der Situation so überzeugt, daß man nicht einmal Modifikationen der bestehenden Ansätze anstrebt. Die aufgezeigten Widersprüche sind ganz offensichtlich prinzipieller Natur und legen den Schluß nahe, daß grundlegende Annahmen sowohl der Interferenz- wie der Zerfallstheorie falsch sind.

Welche Annahmen aber sind für das Versagen der traditionellen Vergessenstheorien verantwortlich? Im Rahmen des problemgeschichtlichen Rückblicks haben wir die Vermutung ausgesprochen, daß das Fehlen expliziter Repräsentationsannahmen für den mangelnden Erfolg der traditionellen Gedächtnispsychologie verantwortlich sein könnte. Trifft dieses Argument auch auf die Vergessenstheorien zu? Ist auch hier das Fehlen oder die unzureichende Berücksichtigung von Repräsentationsannahmen der Grund für die aufgezeigten Widersprüche?

3.1 Die Repräsentationsannahmen der traditionellen Vergessenstheorien: Ein Zweiparametermodell des Gedächtnisses

Prüft man, welche Repräsentationsannahmen den beiden Vergessenstheorien zu Grunde liegen, dann zeigt sich, daß strukturelle Gesichtspunkte nur in Ansätzen vorliegen und ausschließlich die Unterscheidung von Gedächtnisinhalten und Suchprozessen betreffen. Interferenz- und Zerfallstheorien können daher als Zweiparametermodelle des Gedächtnisses aufgefaßt werden: Das Ausmaß der Merkleistung ist nur von der Leistungsfähigkeit der Suchprozesse und der Genauigkeit der Speicherung abhängig. Es sind ausschließlich diese beiden Faktoren, die für die bisher geführte Diskussion relevant waren. Die Frage, in welcher Form Gedächtnisinhalte gespeichert und wie sie strukturiert sind, wird von den beiden Vergessenstheorien nicht behandelt, explizite Annahmen über das Codierungsformat fehlen zur Gänze.

Die Struktur des Zweiparametermodells ist in Abbildung 7 dargestellt. Als grundlegende Annahme gilt, daß das Ausmaß der Merkleistung durch das Produkt von zwei Wahrscheinlichkeiten, der Wahrscheinlichkeit des Auffindens der gesuchten Information und der Wahrscheinichkeit, daß der gesuchte Inhalt noch nicht zerfallen ist, beschrieben werden kann. Die Multiplikation der beiden Wahrscheinlichkeiten verdeutlicht, daß die Genauigkeit des Suchvorganges und die Genauigkeit der Speicherung zwei voneinander unabhängige Leistungskomponenten des Gedächtnisses sind.

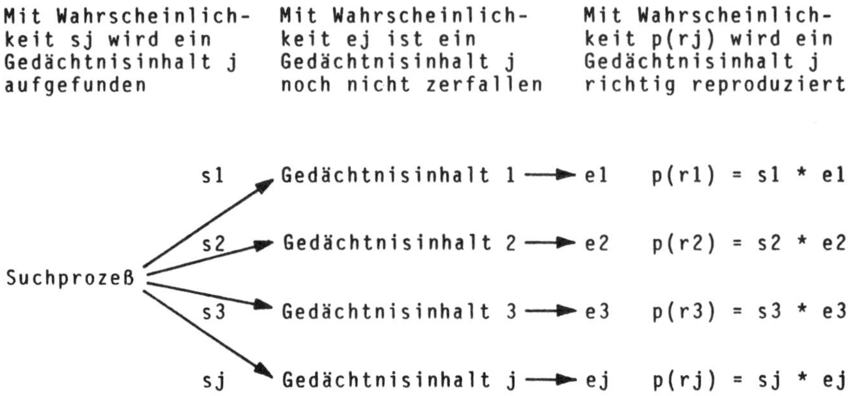

Abbildung 7: Ein Zweiparametermodell des Gedächtnisses nach Klimesch (1986a). Die Güte der Merkleistung ist von der Wahrscheinlichkeit des Auffindens (sj) und der Genauigkeit der Abspeicherung (ej) abhängig. Die Wahrscheinlichkeit einer richtigen Reproduktion (p(rj)) ist gleich dem Produkt dieser Wahrscheinlichkeiten.

3.2 Das Zweiparametermodell beruht auf der impliziten Annahme eines ganzheitlichen Gedächtniscodes

Das Zweiparametermodell trifft keine Annahmen über den Aufbau von Codes. Das Fehlen expliziter Repräsentationsannahmen führt aber unweigerlich dazu, daß implizite Annahmen in die Theorienbildung eingehen. Im vorliegenden Fall bedeutet dies, daß wegen des Fehlens expliziter Annahmen über das Codierungsformat, implizit ein ganzheitliches Encodierungsformat bzw. eine ganzheitliche Repräsentationsform angenommen werden muß.

Die Bedeutung dieser Behauptung können wir am besten dadurch veranschaulichen, in dem wir uns die Frage stellen, wie im Gedächtnis gespeicherte Information gefunden wird. Fehlen Annahmen über die Struktur des Gedächtnisses, dann müssen wir davon ausgehen, daß die «Adresse» der gesuchten Information bekannt ist, bevor der Suchprozeß beginnt. Oder anders ausgedrückt, der Suchvorgang kann nur dann zum Erfolg führen, wenn jeder Code durch einen spezifischen Zugriffspunkt (= Adresse) gekennzeichnet ist. Die Eigenschaften der Suchprozesse sind daher absolut unabhängig von der Repräsentationsform des Codes.

Annahmen über das Encodierungsformat sind im Rahmen des Zweiparametermodells bedeutungslos. Jede beliebige Annahme über das Codierungsformat führt zur gleichen Konsequenz: Gedächtnisinhalte bzw. Codes können nur in ihrer Funktion als ganzheitliche Größen in Erscheinung treten. Selbst dann, wenn wir einen in Komponenten zerlegbaren Code annehmen würden, die Vorhersagen des Zweiparametermodells würden sich dadurch nicht ändern.

Das Fehlen expliziter Repräsentationsannahmen führt zu einer Reihe wichtiger Konsequenzen, zur impliziten Festlegung auf ganzheitliche Codes und in der Folge zur Unabhängigkeit der beiden Parameter «Genauigkeit des Suchprozesses» und «Genauigkeit der Speicherung». Die Unabhängigkeit der beiden Parameter bedeutet, daß die Struktur der Codes keinen Einfluß auf die Eigenschaften der Suchprozesse hat. Im Rahmen des Zweiparametermodells kommen wir daher zu dem wenig plausiblen Schluß, daß die hohe Leistungsfähigkeit des menschlichen Gedächtnisses nur durch die Eigenschaften der Suchprozesse, nicht aber durch die Art der Repräsentation der Information erklärt werden kann. Alle entscheidenden Fragen nach Aufbau und Struktur des Gedächtnisses könnten daher nur durch Annahmen über Suchprozesse beantwortet werden.

3.3 Das Zweiparametermodell und die Computermetapher

Eine Gegenüberstellung des Zweiparametermodells mit Begriffen der Computermetapher läßt die große Verwandtschaft beider Konzeptionen erkennen. Es zeigt sich, daß der Suchparameter mit dem Begriff «Adresse» und der Encodierungsparameter mit dem Begriff «Lokation» korrespondiert. Die Adresse dient dem Auffinden jener Information, die an einer bestimmten Lokation gespeichert ist. Die gesuchte Information kann nur dann gefunden werden, wenn die Adresse bekannt ist. Die Eigenschaften der Adresse sind unabhängig vom Aufbau und Inhalt der Lokation. Daher ist auch hier der Suchvorgang völlig unabhängig vom Encodierungsformat. Seine Eigenschaften können den Suchvorgang in keiner Weise beeinflussen. Von der *Funktion* des Suchvorganges her gesehen, handelt es sich auch hier um ganzheitliche Codes. Der Grund dafür: Das Auffinden eines Speicherinhaltes unterliegt einem «Alles oder Nichts»-Prinzip: Entweder ist die Adresse bekannt und der gesuchte Inhalt wird gefunden oder die Adresse ist nicht bekannt und der gesuchte Inhalt wird nicht gefunden.

3.4 Zur Definition des Begriffes: «ganzheitlicher Code»

Wir haben bisher die Wechselwirkungen, die sich aus Annahmen über Suchprozesse und das Encodierungsformat ergeben, diskutiert. Es wurde betont, daß immer dann, wenn explizite Repräsentationsannahmen fehlen, die Leistungsfähigkeit des Suchprozesses unabhängig von den Eigenschaften des Encodierungsformates ist und somit ganzheitliche Codes angenommen werden müssen. Die Computermetapher zeigt die Plausibilität dieser Feststellung mit besonderer Deutlichkeit: Nur die Kenntnis der Adresse ist für das Auffinden eines Inhaltes von Bedeutung. In welcher Form der gesuchte Inhalt gespeichert ist, hat auf den Suchprozeß keine wie auch immer geartete Auswirkung.

Diese Überlegungen zeigen klar, daß die Annahme eines ganzheitlichen Codierungsformates zur Annahme definierter Zugriffspunkte (= Adressen) führt. Ohne Adresse ist es unmöglich, den gesuchten Inhalt zu finden. Für ganzheitliche Codes gilt folgende Definition (Klimesch, 1986a,b):

- Von einem ganzheitlichen Code wird gesprochen, wenn spezifische Repräsentationsannahmen fehlen, oder wenn die explizite Annahme eines nicht in Komponenten zerlegbaren Codes getroffen wird.

Die Annahme eines ganzheitlichen Codes führt zu den folgenden Konsequenzen:

(1a) Der Suchprozeß ist unabhängig von den Eigenschaften des (ganzheitlichen) Encodierungsformates.

(1b) Der Suchprozeß ist wegen (1a) auch unabhängig von dem Inhalt der durch einen Code repräsentiert wird.
(1c) Zum Auffinden der Information werden wegen (1a) und (1b) definierte Zugriffspunkte (= Adressen) benötigt.
(1d) Das Auffinden von Gedächtnisinhalten erfolgt wegen (1c) nach einem «Alles oder Nichts»-Prinzip: Ist die Adresse bekannt, dann kann die an der betreffenden Lokation gespeicherte Information abgerufen werden. Es ist nicht möglich, direkt auf Teile eines Codes zuzugreifen.
(1e) Wird Vergessen als Zerfallsprozeß aufgefaßt, dann muß – wenn nicht zusätzliche Annahmen getroffen werden – davon ausgegangen werden, daß alle Inhalte eines Codes gleich schnell zerfallen.

Diese Konsequenzen haben eine Reihe weiterer Festlegungen zur Folge. Auf der Grundlage von Konsequenz (1a) und (1b) ergibt sich, wie wir bereits betont haben, daß strukturelle Gesichtspunkte des Gedächtnisses nur im Rahmen von Annahmen über Suchprozesse erklärt werden können. Konsequenz (1d) hingegen hat zur Folge, daß die gesamte, in einem Code gespeicherte Information zur Verfügung stehen muß, sobald der Code aufgerufen wird. Es wird ausgeschlossen, daß nur Teile des betreffenden Codes abrufbar sind. Dies ergibt sich aus der Tatsache, daß einzig und allein das Vorhandensein der Adresse für das Auffinden eines gesuchten Gedächtnisinhaltes von Bedeutung ist: Ist die Adresse bekannt, dann kann die gesamte in einem Code gespeicherte Information abgerufen werden. Ist die Adresse hingegen nicht bekannt, dann kann keine Information aus dem Code abgelesen werden.

Es ist beeindruckend zu sehen, wie die Vermeidung expliziter Repräsentationsannahmen unweigerlich zu einer Kette von Festlegungen führt, die einschneidende und nur wenig plausible Annahmen über Aufbau und Funktion des Gedächtnisses zur Folge haben. Bei der Diskussion der Annahmen und Konsequenzen von Komponentencodes wird sich der entgegengesetzte Effekt zeigen: Die Berücksichtigung expliziter Repräsentationsannahmen führt zu einer um wesentliches weniger «restriktiven», dafür aber plausibleren Gedächtnistheorie.

3.5 Zur Definition des Begriffes: «Komponentencode»

Im Gegensatz zu ganzheitlichen, für Komponentencodes gilt die genau entgegengesetzte Definition:

- Von einem Komponentencode wird gesprochen, wenn explizite Repräsentationsannahmen festlegen, daß das Codierungsformat aus einer Struktur von Komponenten besteht.

Die in einem Komponentencode gespeicherte Information ist durch eine jeweils spezifische Anordung von Komponenten repräsentiert. Unterschiedliche Information kann sowohl durch unterschiedliche Komponenten, als auch durch unterschiedliche Anordnungen der Komponenten codiert werden. Die informationstragenden Teile eines Komponentencodes beziehen sich daher nicht nur auf die Komponenten selbst, sondern ebenso auch auf die Struktur, die zwischen den Komponenten besteht.

Aus der Annahme eines ganzheitlichen Codierungsformates ergab sich eine Kette zwingender Konsequenzen, wie oben gezeigt wurde. Im Gegensatz dazu aber führt die Definition von Komponentencodes zu keiner einzigen zwingenden Konsequenz, die bestimmte Eigenschaften des informationsverarbeitenden Systems festlegen würde. Komponentencodes ermöglichen es Annahmen zu treffen, die auf der Grundlage ganzheitlicher Codes zu Widersprüchen geführt hätten. So sind z.B. die folgenden Annahmen nur mit Komponenten-, nicht aber mit ganzheitlichen Codes vereinbar:

(2a) Der Suchprozeß ist von den Eigenschaften des Encodierungsformates abhängig.

(2b) Der Suchprozeß ist wegen (2a) auch von der Art der Information, die durch einen Code repräsentiert wird, abhängig.

(2c) Zum Auffinden von Information werden wegen (2a) und (2b) keine definierten Zugriffspunkte (= Adressen) benötigt.

(2d) Das Auffinden von Gedächtnisinhalten erfolgt wegen (2c) nicht nach einem «Alles oder Nichts»-Prinzip: Es ist möglich, direkt auf bestimmte Komponenten eines Codes zuzugreifen.

(2e) Wird Vergessen als Zerfallsprozeß aufgefaßt, dann ist es möglich, daß verschiedene Komponenten eines Codes unterschiedlich rasch zerfallen.

Die Annahmen (2a–2c) zeigen, daß Gedächtnisfunktionen auf der Grundlage einer Wechselwirkung beschrieben werden können, die zwischen den Eigenschaften des Suchprozesses und den Eigenschaften des Encodierungsformates besteht. Entscheidend dabei ist der Gedanke, daß jede im Gedächtnis gespeicherte Information durch ein jeweils spezifisches Format, d.h. durch eine jeweils spezifische Art und Anordnung von Codekomponenten repräsentiert ist. Annahme (2c) und (2d) weisen hingegen auf die Möglichkeit hin, daß auch dann, wenn noch keine Information zerfallen ist und der Suchvorgang zum Auffinden des richtigen Gedächtnisinhaltes geführt hat, nur Teile und nicht die gesamte durch einen Code gespeicherte Information zur Verfügung stehen kann.

Die unterschiedlichen Konsequenzen, die sich aus der Definition von ganzheitlichen und Komponentencodes ergeben, machen deutlich, daß Annahmen über das Codierungsformat unmittelbare Auswirkungen auf die hypothetische Struktur des gesamten informationsverarbeitenden Systems haben. Theorien, die diesen Sachverhalt nicht berücksichtigen, laufen daher Gefahr, von widersprüchlichen Modellannahmen auszugehen.

3.6 Experimentelle Befunde, die gegen die Annahme eines ganzheitlichen Encodierungsformates sprechen

Rückschlüsse über die Art des Codierungsformates können dann gezogen werden, wenn die vorhergesagten Auswirkungen eines ganzheitlichen oder Komponentencodes empirisch geprüft werden. Eine detaillierte Untersuchung der Annahmen (1a–e) und (2a–e) setzt eine genaue Definition der Struktur des Encodierungsformates bzw. der Eigenschaften von Suchprozessen voraus, die erst im Rahmen von Netzwerkmodellen (vgl. dazu Kapitel 5–9) möglich sein wird. In diesen Kapiteln werden wir unter anderem zeigen, daß sich die Eigenschaften von Suchprozessen unmittelbar aus den Annahmen über die Struktur eines hierarchischen oder vernetzten Codierungsformates ergeben.

Im folgenden werden wir nur jene Befunde berücksichtigen, die sich auf die Untersuchung von Vergessensprozessen beziehen. Wir werden dabei zeigen, daß das

Auffinden von Gedächtnisinhalten nicht nach einem «Alles oder Nichts»-Prinzip erfolgt (Konsequenz 2d) und daß verschiedene Komponenten eines Codes unterschiedlich rasch zerfallen können (Konsequenz 2e). Die für diese Fragestellung relevanten Experimente stammen im wesentlichen aus drei verschiedenen Untersuchungsbereichen, aus Untersuchungen über «multirate forgetting», zum «tip of the tongue»-Phänomen und zur Hypermnesie.

In einer für «multirate forgetting» Experimente typischen Untersuchung hat Jones (1979) seinen Versuchspersonen eine Reihe von Farbdias gezeigt, auf denen je ein Objekt in einer bestimmten Farbe und räumlichen Position abgebildet war. Die Versuchspersonen wurden instruiert, sich nicht nur die Form der Objekte, sondern auch ihre Farbe und räumliche Position zu merken. In einem anschließenden Wiedererkennungstest wurde dann geprüft, welche der drei Objekt-Komponenten (Form, Farbe und räumliche Position) am besten erinnert werden. Die Ergebnisse des Experimentes bestätigen Konsequenz (2e) und zeigen, daß die Versuchspersonen die einzelnen Komponenten eines Codes unterschiedlich rasch vergessen. Jones (1979) fand, daß die Farb- und Positionskomponenten doppelt so rasch vergessen werden als die Formkomponenten. Dieser Befund spricht somit klar gegen die Annahme ganzheitlicher Codes.

Das «tip of the tongue» (=TOT)-Phänomen dokumentiert besonders anschaulich, daß das Auffinden von Gedächtnisinhalten nicht nach einem «Alles oder Nichts»-Prinzip erfolgt. Das TOT-Phänomen bezeichnet einen Zustand, in dem man einerseits der festen Überzeugung ist, daß die zunächst vergeblich gesuchte Information im Gedächtnis vorhanden ist und in dem man andererseits Teile der gesuchten Information aus dem Gedächtnis abrufen kann: Jemand will sich z.B. an den Namen eines Bekannten erinnern, von dem er genau weiß, wann und wo er ihn zuletzt getroffen hat. Er weiß aber gleichzeitig auch, daß er den Namen sofort identifizieren könnte, wenn er ihn genannt bekäme. Brown und McNeill (1966) haben das «tip of the tongue»-Phänomen experimentell untersucht und festgestellt, daß es den Versuchspersonen möglich war, zutreffende Angaben über den gesuchten Namen zu machen. Die meisten Versuchspersonen waren imstande, den Anfangs- und Endbuchstaben sowie auch die Anzahl der Silben anzugeben. Wichtig ist aber auch, daß alle Versuchspersonen die Bedeutung (= semantische Information) des Wortes wußten. Diese Ergebnisse stützen Konsequenz (2d). Sie legen den Schluß nahe, daß direkt auf einzelne Komponenten eines Codes zugegriffen werden kann.

Auch Untersuchungen zur Hypermnesie zeigen, daß gespeicherte Information zeitweilig nicht verfügbar ist und daß es daher Situationen gibt, in denen zu einem späteren Zeitpunkt mehr erinnert wird als zu einem früheren Testzeitpunkt. Das Phänomen der Hypermnesie ist für die Bewertung der hier diskutierten Konsequenzen aber nur dann relevant, wenn ausgeschlossen werden kann, daß die Nichtverfügbarkeit von Gedächtnisinhalten zu einem früheren Testzeitpunkt auf das unvollständige Absuchen des entsprechenden Suchbereiches zurückzuführen ist. Die in Abschnitt 2.2.2 berichteten Ergebnisse von Klimesch (1979c) zeigen aber, daß Hypermnesie auch dann auftritt, wenn zu allen Testzeitpunkten identische Suchbereiche gegeben sind. Auch dieses Ergebnis stützt Annahme (2d). Es dokumentiert, daß auch dann, wenn noch keine Information zerfallen ist und der Suchvorgang zum Auffinden des richtigen Gedächtnisinhaltes geführt hat, keinesweges die gesamte in einem Code gespeicherte Information zur Verfügung stehen muß, wie von

Konsequenz (ld) postuliert wird. Dieses Phänomen kann dadurch erklärt werden, daß einzelne Komponenten eines Codes zu einem früheren Testzeitpunkt nicht aufgerufen werden konnten, zu einem späteren Testzeitpunkt aber zur Verfügung stehen.

3.7 Die Annahme ganzheitlicher Gedächtniscodes ist die Ursache für das Versagen der traditionellen Vergessenstheorien

Es war das Ziel dieses Kapitels zu zeigen, daß die Interferenz- und Zerfallstheorie auf den selben impliziten Repräsentationsannahmen beruhen, die am besten durch ein Zweiparametermodell des Gedächtnisses beschrieben werden können. Nach diesem Modell ist die Merkleistung von nur zwei und voneinander unabhängigen Parametern, der Leistungsfähigkeit des Suchprozesses und der Genauigkeit der Speicherung abhängig (vgl. dazu Abbildung 7).

In einem nächsten Schritt haben wir gezeigt, daß das Zweiparametermodell die Annahme ganzheitlicher Codes vorraussetzt. Der Grund für diese Schlußfolgerung ergibt sich aus der Tatsache, daß jede beliebige Annahme über das Codierungsformat zu keiner wie auch immer gearteten Konsequenz für die Vorhersagen des Zweiparametermodells führt. Mit anderen Worten: Annahmen über das Codierungsformat sind im Rahmen des Zweiparametermodells bedeutungslos. In allen Fällen, in denen das Encodierungsformat ohne jede Bedeutung ist, spricht man von ganzheitlichen Codes und meint damit, daß sie für die im Gedächtnis ablaufenden Funktionen - wie z.B. für Suchprozesse - nur als nicht unterteilbare Einheiten in Erscheinung treten können.

Beide Vergessenstheorien bauen auf den Annahmen des Zweiparametermodells auf und beruhen somit auch auf der impliziten Annahme ganzheitlicher Codes. Die bisher berichteten Ergebnisse zeigen aber, daß sich die aus ganzheitlichen Codes ergebenden Konsequenzen und Vorhersagen nicht bestätigt werden können. Es erscheint daher naheliegend, diese Annahme bzw. das Fehlen expliziter Repräsentationsannahmen für das Scheitern beider Theorien verantwortlich zu machen. Diese Vermutung wird sich auch im nächsten Kapitel bestätigen. Wir werden dort zeigen, daß sich die aufgezeigten Widersprüche auflösen, wenn anstelle ganzheitlicher Codes Komponentencodes angenommen werden.

4. Die hypothetische Struktur von KZG-Codes: Ihr Aufbau und Zerfall

Annahmen über das Encodierungsformat haben für kognitionspsychologische Theorien eine Schlüsselstellung. Sie sind von primärer Bedeutung für das Verständnis kognitiver Prozesse. Fehlen explizite Annahmen, dann liegen Theorien vor, die von der impliziten Annahme ganzheitlicher Codes ausgehen müssen und mit dem irreführenden Zweiparametermodell entweder identisch sind oder als Varianten dieses Modells aufzufassen sind.

Das vorliegende Kapitel beschäftigt sich mit der Struktur von KZG-Codes (= Kurzzeitgedächtnis-Codes). Wir gehen dabei von der prinzipiellen Überlegung aus, daß zielführende Annahmen über das Codierungsformat nur dann getroffen werden können, wenn die wichtigsten Eigenschaften des gesamten informationsverarbeitenden Systems berücksichtigt werden. Der nächste Abschnitt beginnt daher mit einer Diskussion der allgemeinen Grundlagen und Rahmenbedingungen der menschlichen Informationsverarbeitung. Daran anschließend wollen wir zeigen, daß das Encodierungsformat von KZG-Codes grundlegende Eigenschaften des gesamten informationsverarbeitenden Systems widerspiegelt.

4.1 Ein Rahmenmodell der menschlichen Informationsverarbeitung

Die Kognitive Psychologie hat sich vor allem in ihrer Frühzeit schwerpunktmäßig mit der Untersuchung verschiedener Stadien der Reizverarbeitung beschäftigt. Diese Untersuchungen haben unter anderem zur wichtigen Erkenntnis geführt, daß ein Reiz – bevor er bewußt erkannt und gezielt weiterverarbeitet werden kann – einer komplizierten Kette von Verarbeitungsprozessen unterliegt. Das in Abbildung 8 in Form eines Flußdiagrammes wiedergegebene Modell versucht diesen Gedanken zu veranschaulichen. Die Darstellung des Modells erfolgte aber auch mit dem Ziel, die Eigenschaften der menschlichen Informationsverarbeitung durch die Interaktion zwischen drei verschiedenen Gedächtnissystemen, dem sensorischen Register, dem Kurz- und dem Langzeitgedächtnis zu erklären.

Das Flußdiagramm von Abbildung 8 erweckt den irreführenden Eindruck, daß kontinuierlich ablaufende Prozesse diskontinuierliche Stadien der Reizverarbeitung bzw. diskrete «Encodierungsstufen» sind und daß verschiedene Encodierungsstufen durch eine linear-hierarchische Struktur miteinander verbunden sind. Diese Eigenschaften ergeben sich nur aus der Art der Darstellung des Modells. Wir werden sie zwar einer vereinfachten Darstellung wegen in Kauf nehmen, dürfen sie aber nicht mit inhaltlich motivierten Modellannahmen verwechseln.

Periphere Verarbeitungsstufen sind vor allem im Bereich der visuellen Informationsverarbeitung intensiv untersucht worden (vgl. dazu die umfangreiche Literatur über Maskierungsexperimente, z.B. in der Übersicht von Breitmeyer, 1984, aber auch Simulationsansätze, z.B. Marr, 1982). Sie haben aller Wahrscheinlichkeit nach die Aufgabe, elementare Merkmale wie z.B. Liniensegmente und Konturen zu extrahieren (Encodierungsstufe 1 in Abbildung 8). Besonders eindrucksvoll sind die Ergebnisse der bekannten Arbeiten von Hubel und Wiesel, die unter anderem gezeigt

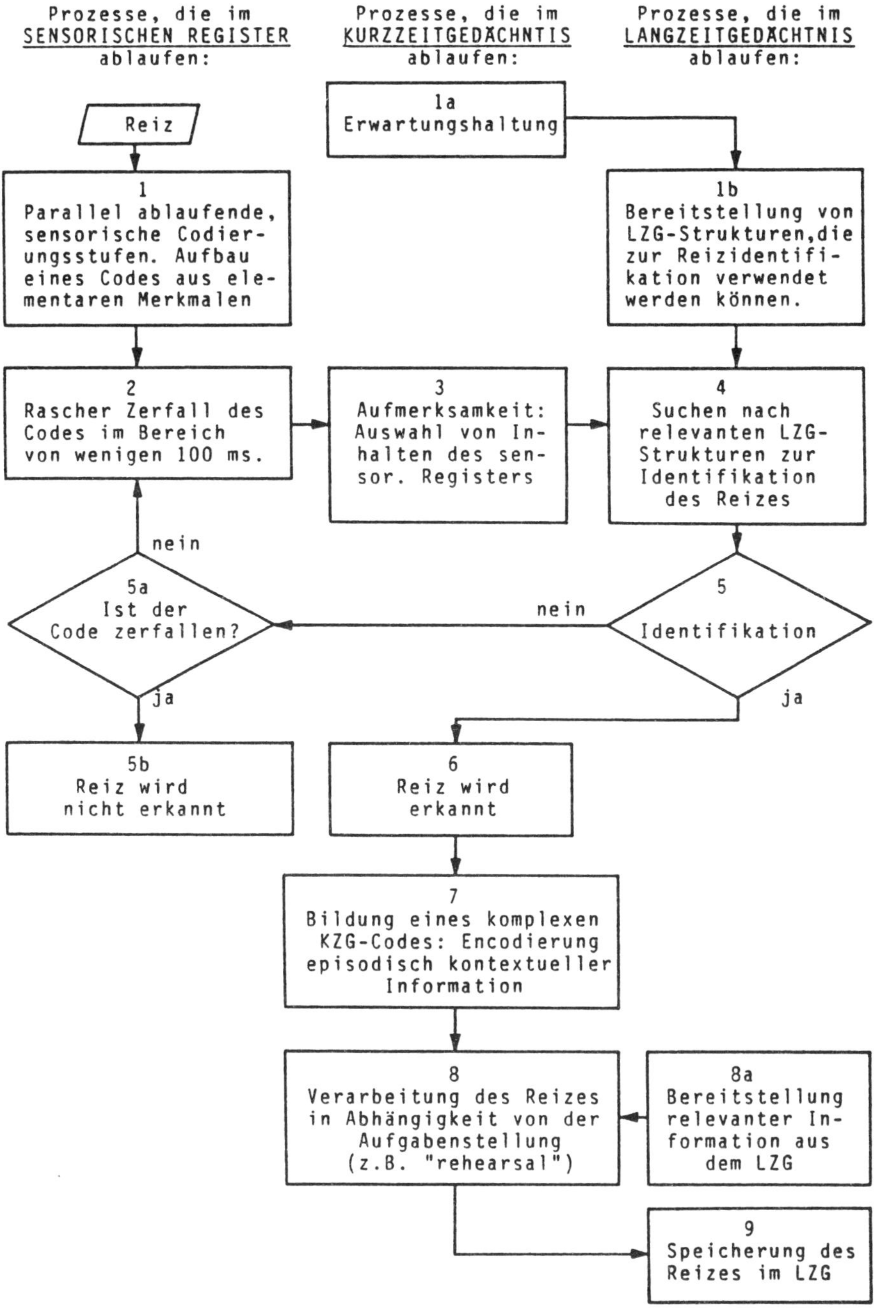

Abbildung 8: Der hypothetische Verlauf der Reizverarbeitung im menschlichen Gedächtnis, dargestellt als Sequenz verschiedener Encodierungsstufen. Zeitlich nacheinander ablaufende Codierungsstufen sind durch Zahlen, parallel ablaufende Verarbeitungsstufen sind hingegen zusätzlich durch Buchstaben gekennzeichnet.

haben, daß im visuellen Cortex die Winkellagen von Liniensegmenten als elementare Merkmale encodiert werden (vgl. z.B. Hubel, Wiesel und Stryker, 1978). Man ist sich weitgehend darüber einig, daß periphere Verarbeitungsstufen einerseits autonom - d.h. ohne die steuernde und kontrollierende Funktion von Aufmerksamkeit und Bewußtsein - und andererseits parallel ablaufen (Broadbent, 1958; Schneider und Shiffrin, 1977; Shiffrin und Schneider, 1977; 1984; Kahneman, Treisman und Burkell, 1983; Duncan, 1985; vgl. auch die Übersicht in LaBerge, 1981). Auch die Auffassung, daß das Ergebnis peripherer Codierungsstufen kurzfristig in einem speziellen Speicher festgehalten wird (Encodierungsstufe 2 in Abbildung 8), gilt als allgemein akzeptiert. Dieser Speicher wird für die visuelle Modalität als «ikonisches Gedächtnis» (Sperling, 1960) oder allgemein als «sensorisches Register» (Atkinson und Shiffrin, 1968, 1971) bzw. «Ultrakurzzeitgedächtnis» (Klix, 1977a) bezeichnet. Die wichtigste Aufgabe des sensorischen Registers dürfte darin bestehen, informationsreiche sensorische Information für die Weiterverarbeitung zu sammeln (Turvey, 1973) und für höhere kognitive Prozesse zur Verfügung zu stellen.

Das sensorische Register ist durch zwei wichtige Eigenschaften, durch eine besonders hohe Speicherkapazität und eine extrem kurze Speicherdauer von ca. 200–300 ms gekennzeichnet. Zu seiner Untersuchung wird die von Sperling (1960) und Averbach und Coriell (1961) eingeführte «partial report»-Technik verwendet, die die tachistoskopische Darbietung einer Serie von Reizpaaren erfordert. Jedes Reizpaar besteht aus einer Stimulusmatrix und einer Markierung, die nach einem definierten Interstimulusintervall dargeboten wird und die Position eines bestimmten Stimulus der vorher gezeigten Matrix angibt. Die Expositionszeiten für beide Reize sind extrem kurz und liegen in der Größenordnung von ca. 50 ms. Die Versuchsperson hat die Aufgabe, den markierten Stimulus zu nennen. Diese Aufgabe kann auch für sehr große Stimulusmatrizen praktisch fehlerfrei durchgeführt werden. Vorraussetzung dafür ist allerdings, daß die Markierung noch innerhalb der kurzen Speicherdauer des sensorischen Registers dargeboten wird (vgl. dazu die Übersichten in Crowder, 1978; Coltheart, 1980; Long, 1980 und Chow, 1985).

Diese Tatsache spricht für die Vermutung, daß nur jene Inhalte des sensorischen Registers identifiziert werden können, auf die sich die Aufmerksamkeit richtet (vgl. dazu die Encodierungsstufen 2, 3, 4, 5, 5a und 5b). Prozesse der Aufmerksamkeit und des KZG unterliegen massiven kapazitativen Beschränkungen und deshalb kann nur ein kleiner Teil der im sensorischen Register gespeicherten Information weiterverarbeitet werden. Befunde, die mit der «whole report»-Technik gewonnen wurden stützen diese Interpretation. Hier wird, im Gegensatz zur «partial report»-Technik und unter sonst identischen Bedingungen, keine Markierung dargeboten. Die Versuchspersonen haben die Aufgabe, so viele Stimuli wie möglich zu berichten. Jetzt zeigt sich, daß die Versuchspersonen nicht mehr imstande sind, alle Stimuli zu nennen. Die Reproduktionsleistung ist unabhängig von der Größe der Stimulusmatrix und liegt bei ca. 5 richtigen Nennungen. Diese und ähnliche Ergebnisse bestätigen uns in der Auffassung, daß dann, wenn das Stimulusangebot die zeitlich bedingten Kapazitätsgrenzen des sensorischen Registers und/oder die mengenmäßig begrenzte Kapazität des KZG überschreiten, Erwartungshaltung (Encodierungsstufe 1a) und Aufmerksamkeit (Encodierungsstufe 3) allein darüber entscheiden, welche Stimuli erkannt und gemerkt werden.

Der Übergang von peripheren Prozessen zu jenen, die durch Aufmerksamkeit gesteuert und kontrolliert werden können, ist seit den klassischen Arbeiten von

Sperling ein zentrales Thema der Kognitiven Psychologie. Der Unterschied zwischen den autonom und parallel ablaufenden peripheren (vgl. Encodierungsstufe 1 und 2) und den bewußt kontrollierbaren seriellen Prozessen (Sternberg, 1969; Schneider und Shiffrin, 1977; Shiffrin und Schneider, 1977; 1984) ist inzwischen gut dokumentiert. Jüngere Arbeiten beschäftigen sich daher mehr mit der Frage, welche Anforderungen und welche Stimulusmerkmale Aufmerksamkeit und KZG-Kapazität benötigen (Treisman und Gelade, 1980; Kahneman, Treisman und Burkell, 1983; Treisman und Paterson, 1984; Shiffrin und Schneider, 1984; Duncan, 1985; Treisman und Kahneman, 1985; Treisman, 1986a,b; Allport, Tipper und Chmiel, 1985). Die Arbeiten von Treisman und Mitarbeitern zeigen z.B., daß elementare visuelle Merkmale (wie z.B. die Farbe und Winkellage von Linien) offensichtlich ohne Kapazitätsbegrenzungen und parallel identifiziert werden, daß aber komplexe, aus elementaren Merkmalen zusammgesetzte Reize sehr wohl Verarbeitungskapazität beanspruchen und wahrscheinlich nur seriell identifiziert werden können.

Welche Encodierungsvorgänge führen zur Identifikation und zum Erkennen der Stimulusinformation? Bei der Beantwortung dieser Frage gehen wir von der Überlegung aus, daß es das in unserem LZG gespeicherte Wissen ist, das uns die Identifikation und das Erkennen von Umweltinformation gestattet (vgl. dazu die Encodierungsstufen 1a, 1b, 4 und 5). Demnach sind bestimmte, im LZG gespeicherte Strukturen Vorraussetzung dafür, daß Reize identifiziert und erkannt werden können (vgl. Encodierungsstufe 4). Das folgende Zitat von Shiffrin und Geisler (1973, S. 55) zeigt mit besonderer Deutlichkeit, was damit gemeint ist: «*The process of encoding is essentially one of recognition: the appropriate image or feature is contacted in LTM and then placed (i.e., copied) in STM.*»

Diese Auffassung der Codierung als Prozeß des Wiedererkennens, ist von fundamentaler Bedeutung. Sie führt zu der wichtigen Konsequenz, daß die Identifikation eines Reizes als Vorgang verstanden werden muß, der primär zwischen sensorischem Register und LZG - nicht aber zwischen sensorischem Register und KZG - abläuft: Neu aufgenommene und im sensorischen Register gespeicherte Information wird mit Strukturen (Schemata, Prototypen) verglichen, die im LZG gespeichert sind (Encodierungsstufe 4). Das Ergebnis dieses Vergleichsprozesses (Encodierungsstufe 5) wird in das KZG übertragen (Encodierungsstufe 6), und erst hier wird der Stimulus bewußt wahrgenommen und erkannt. Vorraussetzung dafür ist, daß der Stimulus lange genug dargeboten wurde und daß die Übereinstimmung zwischen Stimulusinformation und entsprechenden LZG-Strukturen ausreichend groß war. Sieht man von der Selektivität der Aufmerksamkeit und der Erwartungshaltung ab und vernachlässigt man auch Auswirkungen, die sich durch kapazitative Begrenzungen des KZG ergeben, dann zeigt sich, daß das KZG an der Identifikation eines Reizes nicht unmittelbar beteiligt ist. Die Identifikation eines Reizes erfolgt in enger Wechselwirkung zwischen sensorischem Register und LZG, nicht aber zwischen sensorischem Register und KZG. Nur das Resultat dieses Vorganges wird dem KZG zur Verfügung gestellt. Jetzt erst besteht die Möglichkeit, gezielte Operationen wie z.B. die Anwendung von Memorierungsstrategien mit dem wahrgenommenen Stimulus durchzuführen (Encodierungsstufe 8 und 9).

Es sind im wesentlichen die folgenden vier Eigenschaften, die zur Beschreibung des KZG herangezogen werden: seine begrenzte Kapazität (Miller, 1956; Brown, 1958; Broadbent, 1958; 1975; Murdock, 1964; Baddeley, Scott, Drynan und Smith,

1969 und MacGregor, 1987), seine primär serielle Verarbeitungsweise (vgl. dazu das «Förderbandmodell» von Murdock, 1974; 1980) seine Bedeutung als temporärer Arbeitsspeicher (Daneman und Carpenter, 1980; Baddeley, 1981) und die von ihm durchgeführten Kontrollprozesse (Atkinson und Shiffrin, 1968; Baddeley, 1981). Eine wichtige Kontrollfunktion des KZG besteht darin, episodisch-kontextuelle Information zu encodieren (vgl. Encodierungsstufe 7 in Abbildung 8). So umstritten die Frage ist, ob episodische Information getrennt von semantischer Information gespeichert wird, so wichtig ist die prinzipielle Berücksichtigung dieser beiden Informationsarten (vgl. Tulving, 1983 und die Tripelcodierungstheorie in Anderson, 1983a). In diesem Zusammenhang sei daran erinnert, daß episodische Information keineswegs immer stimulusbezogen bzw. «objektiv» sein muß. Emotional- und stimmungsbezogene Information ist nicht «objektiv» in dem Sinne, daß sie durch unsere Sinnesorgane wahrgenommen wird. Sie tritt im Rahmen unseres Modells primär durch Kontrollprozesse des KZG in Erscheinung (vgl. dazu auch Klimesch, 1988).

4.1.1 Wechselwirkungen zwischen der sensorischen Verarbeitungsstruktur und der Struktur des LZG

Das in Abbildung 8 dargestellte Modell beruht unter anderem auf der wichtigen Annahme, daß im LZG gespeicherte Strukturen dazu verwendet werden, um sensorische Information zu identifizieren. Auf Grund dieser engen Wechselwirkung zwischen dem LZG und dem sensorischen Register ist zu vermuten, daß sensorische Codes und jene LZG-Strukturen, die zur Reizidentifikation herangezogen werden, ähnliche und kompatible Encodierungsformate aufweisen müssen. Dies bedeutet jedoch nicht, daß LZG- und sensorische Codes generell das gleiche oder ein ähnliches Codierungsformat haben. Die weiter oben diskutierten Befunde zum sensorischen Register haben ja gezeigt, daß die informationsreichen sensorischen Codes extrem rasch zerfallen und daß es daher falsch wäre, sie mit LZG-Codes gleichzusetzen. Sensorische Codes sind das Ergebnis einer Kette peripherer Verarbeitungsstufen und die Notwendigkeit für die Übereinstimmung der Codierungsformate ergibt sich erst auf der «höchsten» sensorischen Codierungsstufe bzw. an der Nahtstelle zwischen sensorischem Register und LZG.

Auf die enge Wechselwirkung zwischen den Eigenschaften sensorischer Prozesse und der Struktur des LZG wurde wiederholt hingewiesen (Shepard und Podgorny, 1978; Finke, 1980 und Weber, Hochhaus und Brown, 1981). Für diese Annahme sprechen nicht nur theoretische Überlegungen, sondern auch experimentelle Befunde, die aus Untersuchungen zum Distanzeffekt und zu mentalen Rotations- und Imaginationsaufgaben gewonnen wurden.

Experimente zum symbolischen Distanzeffekt zeigen neben anderen Ergebnissen den interessante Befund, daß die aus der Psychophysik bekannte logarithmische Beziehung zwischen der physikalisch definierten und der subjektiv wahrgenommenen Stimulusintensität oder Stimulusgröße auch dann festgestellt werden kann, wenn die zu vergleichenden Stimuli nicht dargeboten, sondern nur im Gedächtnis vorgestellt und miteinander verglichen werden müssen (vgl. dazu die Arbeiten von Moyer und Landauer, z.B. Moyer und Landauer, 1967 sowie die Übersicht bei Shepard und Podgorny, 1978). In einem für diesen Untersuchungsbereich typischen

Experiment hat Moyer (1973) Paare von Tiernamen dargeboten und die Versuchspersonen aufgefordert, so rasch wie möglich anzugeben, welches der beiden Tiere das in der Realität größere ist. Anschließend hatten die Versuchspersonen in einem Ratingexperiment die tatsächliche Größe jedes Tieres einzuschätzen. Die Ergebnisse zeigen, daß die Reaktionszeiten für die Beurteilung der Größenunterschiede umso kürzer werden, je ausgeprägter die Größenunterschiede zwischen den zu vergleichenden Paaren von Tiernamen sind. Moyer (1973) konnte zusätzlich zeigen, daß die Verteilung der Reaktionszeiten als Funktion der Größenunterschiede der Tierpaare gut mit einer logarithmischen Beziehung - wie sie aufgrund des Gesetzes von Fechner zu erwarten ist - übereinstimmt (vgl. dazu auch Welford, 1960). Diese und ähnliche Experimente demonstrieren, daß Gesetzmäßigkeiten, die sonst nur für Wahrnehmungsprozesse gefunden wurden, auch dann beobachtet werden können, wenn die zu beurteilenden Stimuli nicht physikalisch vorgegeben sind, sondern «nur» aus dem LZG abgerufen werden müssen.

Auch die inzwischen umfangreiche Literatur zu mentalen Rotations- und Imaginationsaufgaben zeigt ein prinzipiell ähnliches Bild. Durch eine Vielzahl von Experimenten konnte immer wieder bestätigt werden, daß mentale Operationen mit nur vorgestellten Stimuli im wesentlichen so ausgeführt werden, als ob der Stimulus physikalisch präsent wäre (vgl. dazu die Arbeiten von Kosslyn, z.B. in der Übersicht von Kosslyn und Shwartz, 1981 sowie die ausgezeichnete Übersicht in Finke, 1986).

Diese und ähnliche Ergebnisse weisen auf die wichtige Tatsache hin, daß der Begriff «Codierung» keineswegs nur für den Vorgang der Aufnahme und Transformation von Umweltreizen anwendbar und gültig ist. Auch Prozesse, die ohne sensorischen Input ablaufen, wie z.B. die erwähnten mentalen Rotationsaufgaben oder der Größenvergleich von im Geiste vorgestellten Gegenständen, führen zum Aufbau von Codes im LZG. Codierung ist daher ein elementarer Vorgang, der nicht nur für die Wahrnehmung von Bedeutung ist. Im Gegenteil, Codierungs-, Wahrnehmungs-, Gedächtnis-, aber auch Denkprozesse sind eng miteinander verflochtene Phänomene, die in unmittelbarer Wechselwirkung zueinander stehen und nicht unabhängig voneinander beschrieben und verstanden werden können.

4.2 Das Encodierungsformat von Komponentencodes im KZG

Die Diskussion unseres Modells von Abbildung 8 hat gezeigt, daß das Format eines auf der Rezeptorebene gebildeten Codes durch nachfolgende Encodierungsstufen nach bestimmten Gesetzmäßigkeiten verändert wird. Dieser Sachverhalt macht deutlich, daß der Aufbau bzw. das Format eines im KZG gebildeten Codes wichtige Verarbeitungsprinzipien des gesamten Systems widerspiegelt. Unter Repräsentationsannahmen sind daher sowohl Annahmen über das Format bzw. die interne Struktur gespeicherter Inhalte, als auch - im weiteren Sinn - Annahmen über den Aufbau und die Struktur des informationsverarbeitenden Systems zu verstehen.

Ein Komponentencode besteht aus einer Struktur von Elementen. Was aber ist unter der Struktur und den Elementen bzw. Komponenten eines KZG-Codes zu verstehen? Einen einfachen Zugang zur Erläuterung dieser Frage bietet das Konzept der Encodierungstiefe von Craik und Lockhart (1972). Nach dieser Auffassung erfolgt die Verarbeitung von Reizen durch eine Reihe hierarchisch angeordneter

Verarbeitungs- (= Codierungs-) Stufen, die von sensorischen bis zu semantisch abstrahierenden Prozessen reichen (vgl. dazu auch Broadbent, 1977).

In Anlehnung an dieses Konzept und auf der Grundlage des im vorangegangenen Abschnitt beschriebenen Modells können die im KZG gebildeten Codes als das Ergebnis dieser Codierungsstufen aufgefaßt werden. Das Verarbeitungsergebnis jeder Codierungsstufe ist ein Element des entstehenden Codes. Die Anzahl der gebildeten Codierungselemente ist abhängig von der Kapazitätsauslastung des Kurzzeitgedächtnisses. Je mehr Aufmerksamkeit (bzw. Kapazität des KZG) der Wahrnehmung eines Reizes gewidmet wird, desto mehr Verarbeitungsstufen werden angesprochen, desto mehr Elemente wird der resultierende Code umfassen und desto genauer wird daher die Gedächtnisrepräsentation sein. Die Codierungselemente korrespondieren mit den Verarbeitungsergebnissen der einzelnen Codierungsstufen. Das Codierungsformat bzw. die Struktur eines Codes aber ist das Resultat jener Struktur, die zwischen den Verarbeitungsstufen existiert. Handelt es sich z.B. um seriell angeordnete Verarbeitungsstufen, so besteht auch die Struktur des resultierenden Codes aus einer seriellen Aneinanderreihung von Codierungselementen. Das Codierungsformat ergibt sich daher aus jener kognitiven Struktur, die während der Codierung den Ablauf der Verarbeitungsprozesse bestimmt hat. Diese Definition zeigt besonders deutlich, daß ein Code nicht nur von den physikalischen Eigenschaften des Stimulus, sondern ebenso von den Eigenschaften des kognitiven Systems und dem Verarbeitungsziel abhängig ist. In Abbildung 9 ist ein hypothetisches Beispiel für einen Komponentencode, der ein Wort repräsentiert, dargestellt.

Aus Abbildung 9 lassen sich noch weitere wichtige Eigenschaften eines Komponentencodes erkennen: Die einzelnen Codierungselemente beziehen sich auf verschiedene Aspekte des dargebotenen Reizes und sind in hohem Maß redundant. Aus dem semantischen Code kann der Wortcode rekonstruiert werden, aus dem

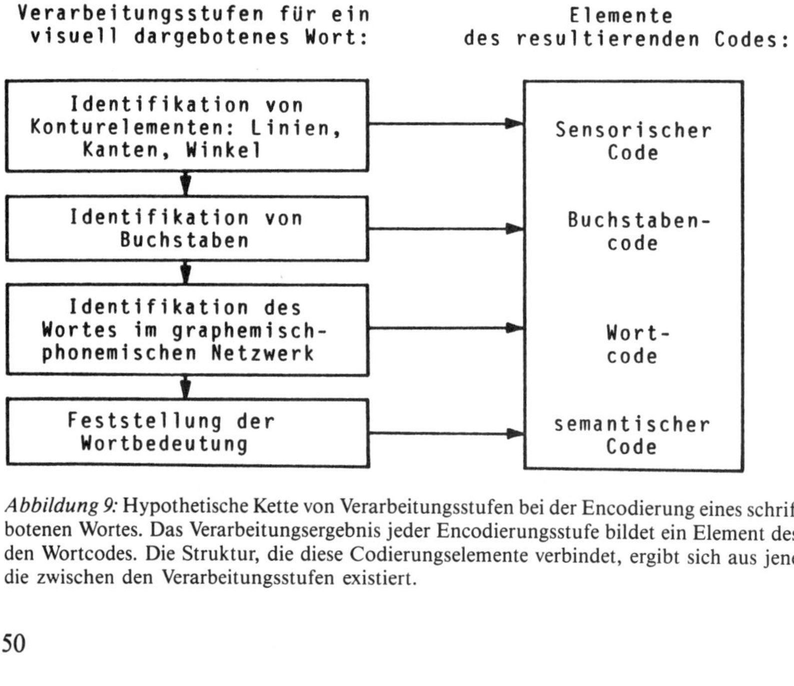

Abbildung 9: Hypothetische Kette von Verarbeitungsstufen bei der Encodierung eines schriftlich dargebotenen Wortes. Das Verarbeitungsergebnis jeder Encodierungsstufe bildet ein Element des entstehenden Wortcodes. Die Struktur, die diese Codierungselemente verbindet, ergibt sich aus jener Struktur, die zwischen den Verarbeitungsstufen existiert.

Wortcode kann der Buchstabencode und aus dem Buchstabencode kann der sensorische Code rekonstruiert werden. Solange alle Elemente eines Codes zur Verfügung stehen, kann auf jedes Element direkt zugegriffen werden, sind einzelne Elemente bereits zerfallen, so können sie rekonstruiert werden.

Die folgenden Annahmen präzisieren, was unter der Struktur und den Elementen eines Komponentencodes im KZG zu verstehen ist:

1.) Die Komponenten sind das Verarbeitungsergebnis verschiedener Encodierungsstufen.
2.) Die Struktur des Codes ergibt sich aus jener Struktur, die auch die Verarbeitungsstufen miteinander verbindet. Oder anders ausgedrückt: Die Struktur eines Codes ist gleich jener kognitiven Struktur, die schon bei der Verarbeitung des betreffenden Reizes wirksam war.

Im ersten Kapitel haben wir unter «Codierung» den Vorgang der Transformation eines Reizes in ein bestimmtes Format einer Gedächtnisrepräsentation verstanden. Wir sind jetzt in der Lage, diese Definition zu präzisieren. Die Transformation eines Umweltreizes erfolgt durch eine Struktur von Verarbeitungsstufen und das Format des Codes ist ein Abbild der Struktur der Verarbeitungsstufen. Diese erweiterte Definition macht deutlich, daß ein Verständnis für die elementaren Eigenschaften eines Codes nur dann erreicht werden kann, wenn die Struktur des gesamten informationsverarbeitenden Systems berücksichtigt wird.

4.3 Das Komponenten-Zerfallsmodell: Der Versuch einer widerspruchsfreien Interpretation von Vergessen

Wird vom Prinzip einer möglichst ökonomischen Speicherung ausgegangen, dann ist es nicht wünschenswert, alle und noch dazu in hohem Maße redundanten Codierungselemente zu speichern. Entscheidend ist, daß die jeweils relevante Information längerfristig erhalten bleibt. Das, was «relevant» und «wichtig» ist, ergibt sich aus dem «Verarbeitungsziel». Die relevante Information bezieht sich daher immer auf die jeweils tiefste Stufe der Encodierung, die durch das Verarbeitungsziel festgesetzt wird. Liest jemand einen Text, dann ist es zwar notwendig, Konturelemente, Buchstaben und Wörter zu identifizieren, für das Verarbeitungsziel ist aber nur das Erfassen der Bedeutung des Textes ausschlaggebend. Oder anders ausgedrückt: Für das Verarbeitungsziel «Lesen eines Textes» ist die gewünschte Ebene (oder «Tiefe») der Encodierung das Verstehen des Textes. Das, was gemerkt werden soll, ist die dem Text zu Grunde liegende semantische Information. Beim Korrekturlesen von Druckfahnen aber ist das gewünschte Verarbeitungsziel die Encodierung von Buchstaben und Wörtern, da ja geprüft werden soll, ob z.B. Schreibfehler vorliegen. In beiden Fällen muß zwar ein sensorischer Code gebildet werden, die Anzahl der Encodierungselemente des KZG-Codes wird aber beim Korrekturlesen geringer sein als beim normalen Lesen. Es ist daher auch zu erwarten, daß ein korrekturgelesener Text um wesentliches rascher vergessen wird als ein normal gelesener Text.

Wir nehmen an, daß im KZG jeder Code einem autonomen Zerfallsprozeß unterliegt und daß «seichte» Codierungselemente rascher zerfallen als «tiefe». Das oben angeführte Beispiel soll die Plausibilität dieser Annahme unterstreichen: der sensorische Wortcode zerfällt sehr rasch, der semantische Code hingegen bleibt am längsten erhalten. Wird ein Komponentencode abgerufen, dann scheint es naheliegend

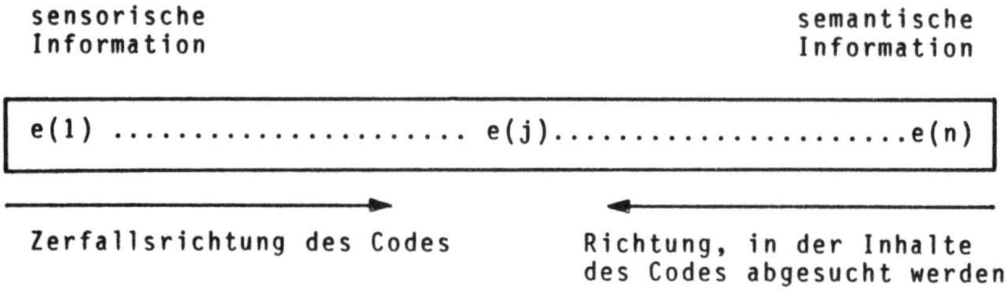

Abbildung 10: Ein Komponentencode, dargestellt als n-gliedriger Codierungsvektor. Die Zerfalls- und Suchrichtung sind einander entgegengesetzt (vgl. Klimesch, 1979b).

anzunehmen, daß der Suchprozeß an dem jeweils tiefsten Code-Element beginnt. Die hier besprochenen Annahmen sind in Abbildung 10 am Beispiel eines n-gliedrigen Codierungsvektors dargestellt.

Das Komponenten-Zerfallsmodell ist nicht nur imstande, die Vorhersagen der traditionellen Zerfallstheorie, sondern auch jene der Interferenztheorie zu erklären. Seine Besonderheit besteht darin, daß Interferenzprozesse als Folge von Zerfallsprozessen beschrieben werden können. Dadurch ist es möglich, die einander scheinbar widersprechenden Hypothesen I1 und Z2 zu einer Hypothese zusammenzufassen: Mit zunehmender Zeit zerfallen mehr Komponenten und deshalb erhöht sich auch die Interferenz- und Verwechslungsneigung beim Abrufen der Codes. Auch die Auswirkung der Ähnlichkeit läßt sich im Rahmen des Komponenten-Zerfallsmodells sehr einfach erklären: Je ähnlicher zwei Reize sind, desto ähnlicher sind auch die Komponenten der Codes. Solange noch keine Komponenten zerfallen sind, ist es möglich, ohne Schwierigkeiten zwischen den beiden Codes zu differenzieren. Mit beginnendem Zerfall wird es aber zunehmend schwieriger, beide Codes zu unterscheiden.

Da seichte Komponenten rascher zerfallen als tiefe, können auch Vorhersagen bezüglich der Art der Ähnlichkeit gemacht werden. Die beiden Wörter «Tisch» und «Fisch» weisen auf der vergleichsweise seichten phonemisch-graphemische Codierungsebene zum Teil identische Komponenten auf. Ein einziger Buchstabe entscheidet, um welches Wort es sich handelt. Auf der Ebene der Wortbedeutung hingegen liegen keine gemeinsamen Codierungskomponenten vor. Das eine Wort bezeichnet ein Möbelstück, das andere ein Tier. Wenn nun das Verarbeitungsziel im Erkennen der Wortbedeutung besteht, dann sollte die phonemisch-graphemische Ähnlichkeit der Wörter nicht zu Verwechslungsfehlern führen: Der sensorische Code kann bereits zerfallen sein, der semantische Code reicht aber vollständig aus, um eine Differenzierung zwischen den beiden Gedächtnisrepräsentationen zu gewährleisten.

Wie kann im Rahmen des Komponenten-Zerfallsmodells die Frage beantwortet werden, ob Vergessen den endgültigen Verlust von Information bedeutet (vgl. die Hypothesen Z2 und I2)? Man sollte zunächst meinen, daß unser Modell nur mit der traditionellen Zerfalls-, nicht aber mit der Interferenztheorie übereinstimmt. Diese Auffassung ist aber deswegen falsch, da einerseits angenommen werden kann, daß ein teilweise zerfallener Komponentencode rekonstruierbar ist und daß andererseits besonders wichtige und tief encodierte Komponenten gegen Zerfall weitgehend resistent sind.

Es ist zu beachten, daß Prozesse der Rekonstruktion verlorengegangener Information nur auf der Grundlage von Komponentencodes denkbar und möglich sind. Der Grund dafür: Die Elemente als auch die Struktur von Komponentencodes bieten die nötige Redundanz, die Vorraussetzung für eine Rekonstruktion ist. Nehmen wir zum Beispiel an, daß sich jemand an einen Namen erinnern will und daß der sensorische und Buchstabencode vollständig, der Wortcode zum größten Teil und der semantische Code nur teilweise zerfallen ist. Man erinnert sich z. B. noch an den Anfangs- und Endbuchstaben, an die ungefähre Länge des Wortes und weiß, daß der gesuchte Name eine norddeutsche Stadt bezeichnet. Diese Hinweise können genügen, um den gesuchten Namen zu reproduzieren.

Sind Teile eines ganzheitlichen Codes zerfallen, so gibt es - wenn keine zusätzlichen Annahmen getroffen werden - keine Möglichkeit einer Rekonstruktion. Das Codierungsformat eines ganzheitlichen Codes enthält keine Redundanz, die für die Rekonstruktion verlorengegangener Inhalte herangezogen werden könnte. Gradueller, zeitbedingter Zerfall bedeutet für ganzheitliche Codes somit den endgültigen Verlust der zerfallenen Information. Komponentencodes hingegen erlauben es, zerfallene Information zu rekonstruieren. Deswegen bedeutet hier Zerfall nicht unbedingt den endgültigen Verlust von Information.

Um Mißverständnissen vorzubeugen: Die Behauptung, daß nur Komponenten-, nicht aber ganzheitliche Codes rekonstruiert werden können, gilt nur dann, wenn nicht gedächtnisunabhängige Information zur Verfügung steht. Oder anders ausgedrückt, unter den Bedingungen einer Wiedererkennungsaufgabe - in denen zwei Stimuli vorliegen, von denen einer der «Richtige», der andere aber der «Falsche» ist - könnte auch ein ganzheitlicher Code rekonstruiert werden. Ein Vergleich der beiden Stimuli mit dem entsprechenden ganzheitlichen, teilweise bereits zerfallenen Gedächtniscode (vgl. dazu den Begriff «template matching», z.B. bei Lindsay und Norman, 1972), kann zu dem Resultat führen, daß die noch nicht zerfallenen Teile des Codes eine richtige Identifikation und in der Folge auch eine Rekonstruktion des Codes erlauben. Die Rekonstruktion ist hier aber nur deswegen möglich, weil eine externe (= gedächtnisunabhängige) Informationsquelle in Form der «richtigen» Stimulusalternative vorliegt. Im Gegensatz zu ganzheitlichen Codes können Komponentencodes aber auch dann rekonstruiert werden, wenn keine externe, d.h. gedächtnisunabhängige Information zugänglich ist.

Die Feststellung, daß es vom Codierungsformat abhängt, ob Zerfall den endgültigen Verlust von Information bedeutet, unterstreicht den Stellenwert von Repräsentationsannahmen. Im Rahmen traditioneller Vergessenstheorien wäre es nicht möglich gewesen zu behaupten, daß Zerfall nicht mit dem Verlust von Information gleichzusetzen ist.

5. Netzwerktheorien: Grundlegende Annahmen zur Struktur des LZG

Durch welche Annahmen der Aufbau und Zerfall von Codes beschrieben werden kann, wurde im vorangegangenen Kapitel diskutiert. Diese Fragestellung bildet nach der traditionellen Auffassung das zentrale Thema zur Untersuchung des KZG. Für KZG-Codes wurde angenommen, daß die Verarbeitungsergebnisse der einzelnen Encodierungsstufen die Komponenten des Codes sind und daß die Struktur, die während der Verarbeitung eines Reizes die Abfolge der Encodierungsstufen bestimmt hat, auch jene Struktur ist, die die einzelnen Komponenten eines KZG-Codes miteinander verbindet. Diese Auffassung wurde an Hand des in Abbildung 8 dargestellten Modells besprochen.

Hier geht es um die Frage, welche Eigenschaften das LZG und die in ihm repräsentierten Codes aufweisen. Dabei sind zwei verschiedene Aspekte, ein formal-mathematischer und ein inhaltlicher, zu unterscheiden. Der formale Aspekt bezieht sich auf die strukturellen Eigenschaften des LZG, der inhaltliche Aspekt hingegen auf die Frage, welche Arten von Information (z.B. semantische, visuelle, verbale, episodische, etc.) im LZG gespeichert sind bzw. aus welchen Speicherkomponenten das LZG aufgebaut ist. Netzwerkmodelle beziehen sich in ihren Annahmen fast ausschließlich auf den formalen Aspekt, inhaltliche Aspekte werden - von wenigen Ausnahmen abgesehen - nur am Rande behandelt. Eine Ausnahme ist die Tripelcodierungstheorie (= «tri-code theory») von Anderson (1983a, S. 45f.). Sie nimmt an, daß die Wissensrepräsentation im LZG auf drei verschiedenen Arten von Codes beruht: auf zeitlichen Codes («temporal strings»), die den Ablauf von Ereignissen festhalten, auf räumlich-bildhaften Codes («spatial images»), die vor allem - aber nicht ausschließlich - der visuellen Wissensrepräsentation zugrunde liegen, und auf abstrakten Propositionen («abstract propositions«), die der Repräsentation des semantischen Wissens dienen. Da sich die verschiedenen Abschnitte dieses Kapitels primär mit dem formal-theoretischen Aspekt auseinandersetzen, erscheint es sinnvoll im folgenden zu klären, auf welche inhaltlichen Aspekte sich die meisten Netzwerkmodelle beziehen.

Bei der Diskussion von Untersuchungen zum KZG hat das Konzept der Encodierungstiefe und die Unterscheidung verschiedener Codierungsstufen eine wichtige Rolle gespielt. Untersuchungen zum LZG beziehen sich hingegen schwerpunktmäßig auf die Eigenschaften nur einer, nämlich der semantischen Encodierungsstufe. Der Grund dafür ist leicht einzusehen, wenn man bedenkt, daß der Vorgang der Reizaufnahme immer auf ein bestimmtes Verarbeitungsziel gerichtet ist, das in so gut wie allen Fällen das Verstehen wahrgenommener Information und somit die semantische Encodierung ist. Die semantische Encodierung darf daher nicht als marginaler Prozeß oder als Spezialfall neben anderen Encodierungsprozessen aufgefaßt werden. Es handelt sich hier aller Wahrscheinlichkeit nach um eine Repräsentationsform, die es uns erlaubt, Information aus den verschiedenen Sinneskanälen zu integrieren und zu verstehen. Nach dieser Auffassung ist die semantische Encodierung die «tiefste» Encodierungsform der menschlichen Informationsverarbeitung. Es ist daher naheliegend anzunehmen, daß unser im LZG gespeichertes Wissen im wesentlichen durch semantische Encodierungsstrukturen geprägt ist.

Der Begriff «semantische Information» im Sinne der «tiefsten» Encodierungsform des Gedächtnisses entspricht einem Definitionsvorschlag von Smith (1978, S. 1): «At the broadest level, semantic memory is assumed to be our store for meaningful material, be it our permanent knowledge of the meaning of words or our transient memory of a particular sentence that was presented to us in a laboratory experiment». Nach dieser sehr weit gefaßten Definition können alle Netzwerktheorien als semantische Gedächtnistheorien bezeichnet werden. Um Mißverständnissen vorzubeugen, muß aber betont werden, daß der Begriff «semantische Information» in der Literatur sehr uneinheitlich verwendet wird. Es sind im wesentlichen zwei weitere Definitionen, die einen sehr großen Einfluß erlangt haben. Zum einen ist es die Unterscheidung zwischen semantischer und episodischer Information (Tulving, 1972; 1983; 1984; 1986) und zum anderen ist es die Auffassung, daß mit semantischer Information nur die der Wortbedeutung zugrunde liegende begriffliche Information bezeichnet werden soll (vgl. z.B. Kintsch, 1980).

Semantische Information umfaßt nach Tulving unser permanentes Wissen über Sprache und unser «Weltwissen». Episodische Information bezieht sich hingegen auf unser autobiographisch relevantes und nach dem Kontext geordnetes Wissen (vgl. dazu die «temporal strings» von Anderson, 1983a). Diese Definition ist restriktiver als die oben vorgeschlagene. Semantische Information im Sinne der tiefsten Encodierungsform ist daher allgemeiner und weniger spezifisch als der Begriff «semantische Information» von Tulving. Die engste und restriktivste Auffassung ergibt sich aus der Gleichsetzung semantischer mit begrifflicher Information. Die Relation zwischen diesen drei verschiedenen Definitionen semantischer Information ist in Abbildung 11 dargestellt.

Im vorliegenden Kapitel wird die Frage nach der Struktur des LZG nur von der formal-theoretischen Seite behandelt. Nach der Definition grundlegender Begriffe soll gezeigt werden, daß die in der Gedächtnispsychologie verwendeten Netzwerk-

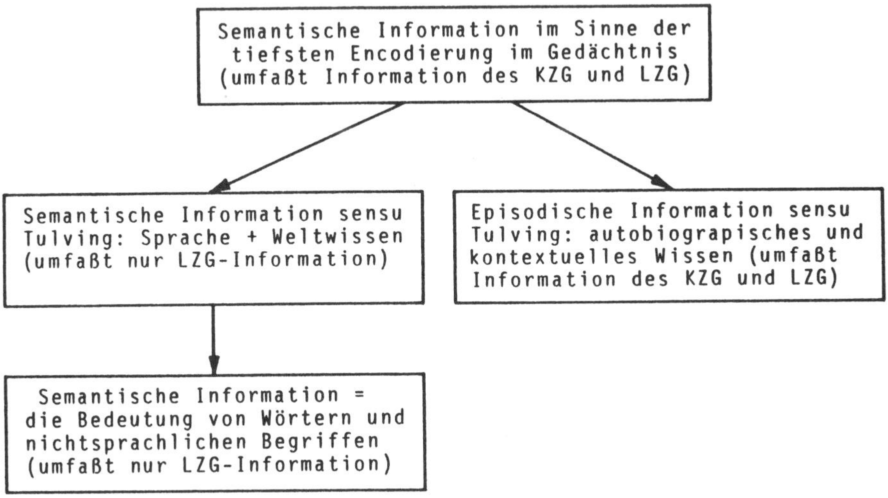

Abbildung 11: Unterschiedlich restriktive Definitionen des Begriffes «semantische Information».

modelle - von einigen, wenigen Ausnahmen abgesehen - hierarchische Encodierungsstrukturen annehmen.

5.1 Grundlegende Begriffe

Netzwerktheorien (= Netzwerkmodelle) beruhen auf zwei verschiedenen Arten von Annahmen: Strukturannahmen und Prozeßannahmen. Strukturannahmen beziehen sich auf die geometrischen Eigenschaften von Gedächtnisnetzwerken. Sie spezifizieren, wie Information im Gedächtnis gespeichert bzw. repräsentiert wird. Prozeßannahmen machen Aussagen darüber, wie Information aufgefunden und abgerufen wird. Netzwerktheorien sind nur dann vollständig, wenn sie nicht nur von Struktur-, sondern auch von Prozeßannahmen ausgehen. Nur so ist es möglich, auf die Wechselwirkung hinzuweisen, die zwischen diesen beiden Arten von Annahmen existiert (vgl. dazu die Definition von ganzheitlichen und Komponentencodes in Abschnitt 3.4 und 3.5)

Prozeßannahmen und ihre Wechselwirkung mit Strukturannahmen werden wir erst im Rahmen ausgewählter Netzwerktheorien ausführlicher besprechen. Die folgenden Definitionen beziehen sich auf grundlegende Aspekte von Strukturannahmen, die bei Netzwerkmodellen zu berücksichtigen sind.

5.1.1 Was sind Gedächtnisnetzwerke?

Gedächtnisnetzwerke sind hypothetisch angenommene Strukturen, die erklären sollen, wie Information im Gedächtnis gespeichert und abgerufen wird. Sie bestehen aus verschiedenen Elementen (graphisch als «Knoten» dargestellt) und aus Relationen zwischen Elementen (graphisch als «Kanten» dargestellt). Die Elemente und die Relationen zwischen ihnen bilden eine Struktur, die als Gedächtnisnetzwerk bezeichnet und zumeist graphisch dargestellt wird. Die graphische Darstellung ist aber keineswegs ein definierendes Merkmal von Netzwerktheorien. Komplexe Zusammenhänge können oft besser durch ein mathematisches Kalkül (z.B. die Relationenlogik) oder durch eine Simulationssprache ausgedrückt werden. Da sich aber die meisten Netzwerkmodelle graphisch sehr einfach und anschaulich darstellen lassen, werden wir im folgenden diese Darstellungsform bevorzugen.

In einem Gedächtnisnetzwerk können nicht nur die Knoten, sondern auch die Kanten zur Repräsentation von Information herangezogen werden. Oder anders ausgedrückt: Sowohl die Knoten als auch die Kanten können informationstragende Bausteine des Netzwerkes sein. Ob die Kanten im Vergleich zu den Knoten redundante oder nicht redundante Information speichern, hängt von den Codierungsregeln ab. Der in Abbildung 12 wiedergegebene «Huffmann-Baum», eine seit der klassischen Informationstheorie bekannte binäre Codierungsstruktur, ist ein gutes Beispiel für ein redundantes Netzwerk: Die vom Ausgangsknoten zu einem beliebigen anderen Knoten hinführenden Kanten geben bereits jene Information an, die an dem betreffenden Knoten gespeichert ist.

In dem binären Netzwerk von Abbildung 12 werden zwei Arten von Kanten unterschieden: Kanten, in denen die Information «0» und Kanten, in denen die Information «1» gespeichert ist. Durch jeden Knoten ist eine andere Zahl repräsentiert. Je

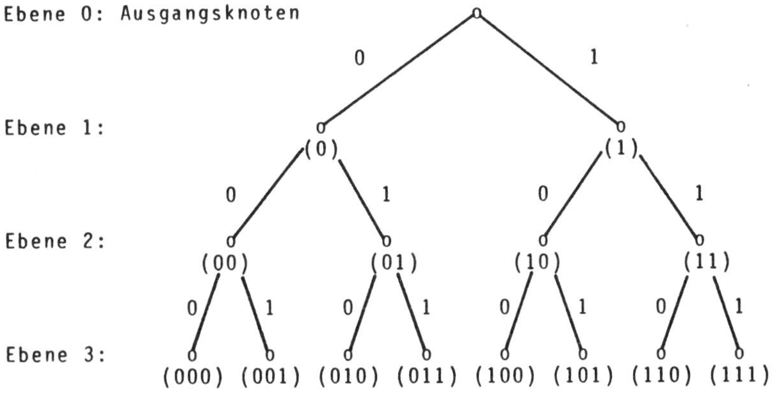

Abbildung 12: Der «Huffmann-Baum» als Beispiel für ein binäres und strikt hierarchisches Speichernetzwerk.

mehr Encodierungsebenen durchschritten werden, desto komplexere Information kann gespeichert werden. Wohingegen auf Ebene 1 nur Binärzahlen repräsentierbar sind, können auf Ebene 3 bereits Oktalzahlen gespeichert werden.

Obwohl heute keine der gängigen psychologischen Theorien mehr von einer binären Codierung ausgeht (vgl. dazu aber HAM von Anderson und Bower, 1973), läßt das Beispiel in Abbildung 12 doch alle wesentlichen Merkmale eines Gedächtnisnetzwerkes erkennen. Es zeigt, daß Information nicht nur durch Knoten, sondern auch durch Kanten repräsentiert werden kann und daß die Anzahl der Verzweigungen zunimmt, je mehr Information gespeichert wird. Je komplexer das Netzwerk, desto mehr Information kann gespeichert werden.

Das Prinzip einer hierarchischen Encodierung, wie es in Abbildung 12 dargestellt ist, bildet die elementare Grundlage von Computersprachen. Wie sehr psychologische Gedächtnistheorien an diesem Prinzip orientiert sind, kann am Beispiel der ACT-Theorie (Anderson, 1976) gezeigt werden («ACT» ist die Abkürzung für «Adaptive Control of Thoughts»). Die ACT-Theorie – als jüngere modifizierte Version von HAM (Anderson und Bower, 1973) – beschäftigt sich mit der Frage, wie Aussagen (Propositionen) als grundlegende Wissenseinheiten im menschlichen Gedächtnis repräsentiert und verarbeitet werden. Diese Frage wird in ACT vor allem anhand von komplexen sprachlichen Aussagen bzw. Sätzen untersucht. Abbildung 13 zeigt, wie nach ACT ein Satz im Gedächtnis repräsentiert ist. Vergleicht man die beiden Netzwerke von Abbildung 12 und 13, dann ergeben sich zwei wesentliche Unterschiede: Das Netzwerk von Abbildung 13 weist, im Gegensatz zum «Huffmann-Baum», weder eine binäre noch eine redundante Codierung auf. Knoten und Kanten repräsentieren hier unterschiedliche Information.

ACT geht von der Annahme aus, daß Sätze durch Subjekt – Prädikat Relationen repräsentiert werden. Der Knoten, der die Subjekt- und Prädikatkanten miteinander verbindet, heißt Tatsachenknoten. Er repräsentiert die Aussage (= Tatsache), die durch einen Satz ausgedückt wird. Das Prädikat wird durch weitere Kanten spezifiziert. Im Simulationsprogramm von ACT entspricht der Tatsachenknoten einer Funktion mit den zwei Argumenten: «Subjekt» und «Prädikat». Die Spezifizierung

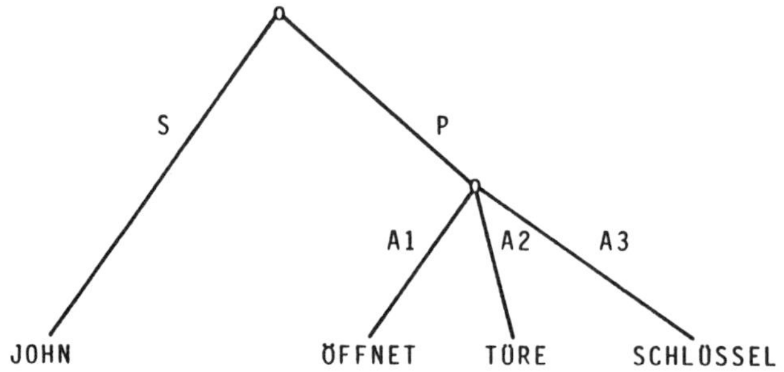

Abbildung 13: Gedächtnisnetzwerk für den Satz «John öffnet die Türe mit einem Schlüssel», dargestellt nach ACT (Aderson, 1976, S. 161). S = Subjekt, P = Prädikat; A1, A2 und A3 sind die Argumente des Prädikates; S und P sind die Argumente des Tatsachenknotens (= oberster Knoten).

des Prädikates (als Argument der Tatsachenfunktion) erfolgt durch eine Funktion, die wieder - je nach Bedeutung des Satzes - zwei oder mehrere Argumente aufweisen kann. Im vorliegenden Beispiel bezeichnet Argument A2 das Objekt (= Tür), A3 das Instrument (= Schlüssel) und A1 eine spezifische Relation, die zwischen Subjekt und Objekt (hier das Subjekt «öffnet» das Objekt) besteht.

Wie uns dieses Beispiel zeigt, kann die graphische Darstellung eines Netzwerkes auch dazu verwendet werden, die Struktur eines Simulationsprogrammes zu veranschaulichen. Ein Knoten in der graphischen Darstellung entspricht einer Funktion der Simulationssprache, eine Kante entspricht einem Argument der Funktion.

5.1.2 Gedächtnisnetzwerke, Codes, Codierungsformat

In seiner bisherigen Verwendung könnte der Begriff «Codierung» den Eindruck erweckt haben, daß Codes voneinander unabhängige Einheiten sind. An Hand der differenzierten Repräsentationsannahmen von Netzwerktheorien kann aber leicht gezeigt werden, daß Codes nicht nur als eng miteinander verknüpfte, sondern auch als sich teilweise überlappende Strukturen beschrieben werden können. Codes sind demnach funktionale Einheiten, die in Abhängigkeit von der Zielsetzung kognitiver Prozesse aus verschiedenen Teilen einer umfassenderen Gedächtnisstruktur zusammengesetzt werden.

Diese Auffassung läßt sich an Hand des in Abbildung 13 gezeigten Satzcodes: «John öffnet die Tür mit einem Schlüssel» wie folgt erklären. Der Code des Satzes kann selbst wieder Teil einer komplexeren Gedächtnisstruktur sein. Dies trifft dann zu, wenn mit dem Code weitere Aussagen - z.B. über «John» (welchen Beruf er hat, wo er wohnt, usw.) oder über «Schlüssel» oder «Tür» - verknüpft sind. Umgekehrt aber beruht der den Satz repräsentierende Code auf einer Anzahl weiterer Codes, die sich z.B. auf die lexikalische und semantische Information der im Satz vorkommenden Wörter beziehen. Welche dieser Codes bzw. welche Teile des Netzwerkes abgesucht werden, hängt ausschließlich von der Zielsetzung des Suchprozesses ab.

Codes können als Teile einer Gedächtnisstruktur aufgefaßt werden. Aus welchen Teilen sie bestehen, wird durch die Art der kognitiven Operationen bestimmt, die im Gedächtnis ablaufen. Die innerhalb eines Codes gegebene Struktur wird als Codierungsformat bezeichnet.

5.1.3 Die Eingrenzung der Aktivierungsausbreitung und des Suchbereiches

Netzwerktheorien beschreiben Suchprozesse durch Prozesse der Aktivierungsausbreitung. Diese so offensichtlich plausible Annahme führt aber zu einem grundlegenden Problem, das von keiner Gedächtnistheorie umgangen werden kann: Wie soll erklärt werden, daß der Prozeß der Aktivierungsausbreitung auf den relevanten Teil des Netzwerkes beschränkt bleibt? Oder herausfordernder formuliert: Welche Annahmen verhindern, daß ein Suchprozeß einen «epileptischen Anfall» im Gedächtnis auslöst? Um dieses Problem in den Griff zu bekommen, gibt es im wesentlichen zwei Möglichkeiten. Man kann entweder von der Annahme einer «lokalen» oder einer «zentralen» Kontrolle der Aktivierungsausbreitung ausgehen.

Die meisten Netzwerktheorien (wie z.B. ACT oder auch ACTstar - eine überarbeitete Version von ACT - Anderson, 1983a,c) verwenden das Konzept einer «lokalen» Kontrolle. Demnach wird die Aktivierungsausbreitung durch zwei Faktoren kontrolliert, durch eine mit zunehmender Anzahl aktivierter Netzwerkkomponenten abnehmende Aktivierungsstärke und durch eine Zerfalls- oder Dämpfungsfunktion, die das Aktivierungsausmaß jedes Knotens mit zunehmender Zeit abklingen läßt. Diese Annahmen haben jedoch zur Folge, daß der Suchprozeß - mit zunehmender Länge des aktivierten Pfades und mit zunehmender Zeit - sehr rasch an Aktivierung verliert. Die Erklärung von sehr komplexen Suchprozessen, die weite Teile des Netzwerkes aktivieren müssen, um die gesuchte Information auffinden zu können, ist auf der Basis des Konzeptes einer «lokalen» Kontrolle kaum möglich (vgl. dazu Kapitel 8 und hier vor allem Abschnitt 8.6.3).

Die interessantere Erklärungsmöglichkeit besteht in der Annahme zentraler Kontrollmechanismen, die sich auf die Konzepte der «Voraktivierung» und «Hemmung» beziehen. Unter «Voraktivierung» wird verstanden, daß - vor dem Auffinden der gesuchten Information - relevante Netzwerkteile in einen Zustand überdurchschnittlicher Aktivierung versetzt wurden. «Hemmung» bedeutet den entgegengesetzten Effekt: nicht relevanten Netzwerkteilen werden negative «Aktivierungswerte» zugeordnet. Mechanismen der Voraktivierung und Hemmung können erklären, wie der Suchprozeß zentral gesteuert und gelenkt wird. Das Problem, das sich hier stellt, betrifft die Frage, welche Wechselwirkung zwischen dem Suchprozeß und der Rückmeldung aus dem Suchprozeß besteht. Das Auffinden relevanter Information kann durch die Konvergenz verschiedener «Äste» des Suchprozesses beschrieben werden. Wie aber wird die Konvergenz zurückgemeldet und wie wird der Suchprozeß abgebrochen? In Kapitel 8 werden wir uns ausführlich mit der Beantwortung der hier aufgeworfenen Fragen beschäftigen. Es wird sich dabei zeigen, daß die Annahme zentraler Kontrollmechanismen (vgl. dazu Annahme C3 in Abschnitt 8.6.2 und 8.6.3) ein wichtiger Bestandteil von Gedächtnistheorien ist.

5.2 Verschiedene Formen von Gedächtnisnetzwerken

Aus einer größeren Anzahl von Knoten und Kanten kann eine praktisch beliebig große Menge unterschiedlicher Netzwerktypen hergestellt werden. Umso überraschender ist es, daß in der Gedächtnispsychologie nur eine sehr kleine Zahl verschiedener Netzwerktypen vorliegt. Die Eigenschaften dieser Netzwerktypen werden wir in den nächsten Abschnitten definieren. Sie bilden die Grundlage für die inhaltliche Diskussion verschiedener Theorien, auf die wir in Kapitel 6 und 7 eingehen werden.

5.2.1 Strikt hierarchische und der Sonderfall linearer Strukturen

Strikt hierarchische Strukturen lassen sich durch eine sehr einfache Eigenschaft definieren, die zwischen der Anzahl an Kanten und Knoten existiert: In einem strikt hierarchischen Netzwerk gibt es immer einen Knoten mehr als Kanten. So weist z.B. die Struktur in Abbildung 12 insgesamt 15 Knoten, aber nur 14 Kanten auf. In Abbildung 13 sind es 6 Knoten und 5 Kanten. Diese Eigenschaft definiert eine strikt hierarchische Struktur. Wird mit «m» die Anzahl der Kanten und mit «n» die Anzahl der Knoten bezeichnet, dann gilt für eine strikt hierarchische Struktur: $m = n - 1$.

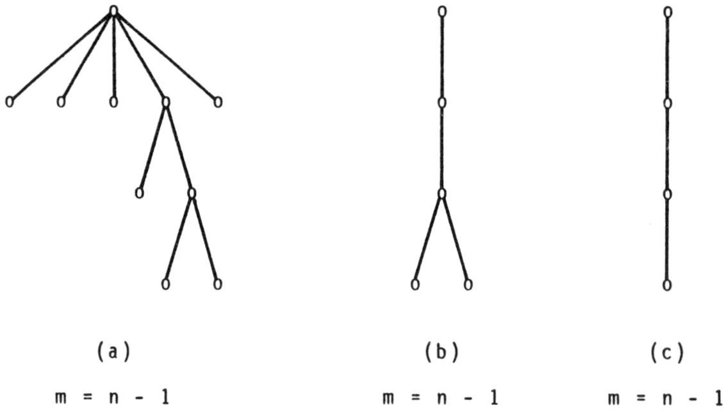

Abbildung 14(a–c): Zwei Beispiele für strikt hierarchische Strukturen (a) und (b) sowie ein Beispiel für eine lineare Struktur (c), die als Sonderfall eines strikt hierarchischen Netzwerkes angesehen werden kann. In allen drei Fällen gilt: $m = n - 1$; n = Anzahl der Knoten, m = Anzahl der Kanten.

Lineare Strukturen können als Spezialfall strikt hierarchischer Strukturen aufgefaßt werden. Sie entstehen, wenn von jedem Knoten einer hierarchischen Ebene nur eine Kante ausgeht. Auch in linearen Strukturen gibt es genau eine Kante weniger als Knoten. Es gilt: $m = n - 1$. Strikt hierarchische und lineare Netzwerke sind daher durch eine fixe Relation zwischen der Anzahl an Knoten und Kanten definiert (vgl. Abbildung 14).

5.2.2 Nicht strikt hierarchische Strukturen

Als «nicht strikt hierarchisch» bezeichnen wir Netzwerke, die zwar wesentliche Merkmale von hierarchischen Strukturen aufweisen, in denen aber die Beziehung $m = n - 1$ nicht mehr gilt. Nicht strikt hierarchische Strukturen entstehen durch zusätzliche Kanten, die entweder innerhalb einer Codierungsebene oder zwischen verschiedenen Codierungsebenen neue Verbindungen schaffen. Abbildung 15 zeigt zwei Beispiele für nicht strikt hierarchische Strukturen.

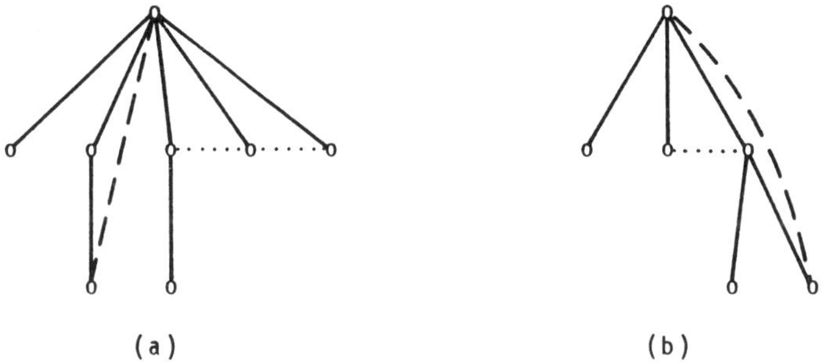

Abbildung 15 (a,b): Beispiele für nicht strikt hierarchische Strukturen. Diese Strukturen entstehen aus strikt hierarchischen Netzwerken, wenn zusätzliche Kanten (strichlierte und punktierte Linien) eingeführt werden. Strichlierte Linien kennzeichnen zusätzliche Kanten, die Knoten verschiedener Ebenen verbinden, punktierte Linien hingegen markieren zusätzliche Kanten, die Knoten einer Ebene miteinander verbinden.

5.2.3 Vernetzte Strukturen

Vernetzte Strukturen stellen eine besondere Gruppe von Netzwerken dar. Sie weisen keine jener Eigenschaften auf, die für hierarchische Strukturen charakteristisch sind. Es fehlt das Prinzip der «Verschachtelung» und die Anzahl der Kanten ist mindestens gleich groß wie die Anzahl der Knoten ($m \geq n$). Abbildung 16 zeigt ein Beispiel für eine vollständig vernetzte Struktur (jeder Knoten ist mit jedem anderen Knoten verbunden) und zwei Beispiele für teilweise vernetzte Strukturen (es gilt $m \geq n$, aber es ist nicht jeder Knoten mit jedem anderen verbunden).

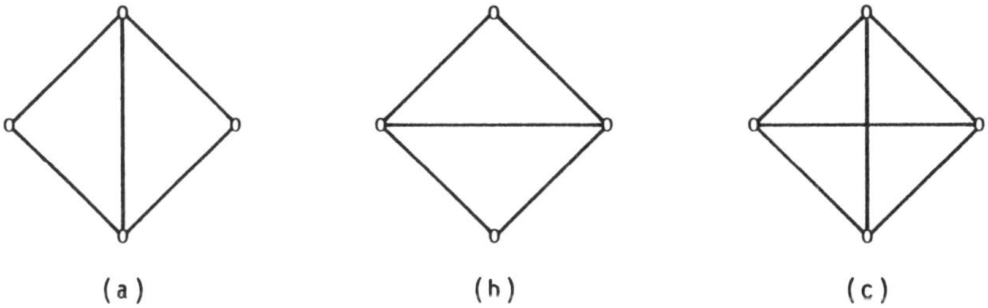

Abbildung 16(a–c): Beispiele für teilweise (a und b) und vollständig vernetzte Strukturen (c).

5.3 Zwei Arten von Netzwerkmodellen: Modelle mit strikt und nicht strikt hierarchischen Strukturen

Netzwerkmodelle können nach sehr unterschiedlichen Kriterien klassifiziert werden, so z.B. nach der Frage, ob sie sich auf semantische oder auf episodische Encodierungsprozesse beziehen (Tulving, 1983) oder auch nach der Frage, ob sie von modalitätsspezifischer (Paivio, 1971; Bleasdale, 1983) oder nicht modalitätsspezifischer Information (Anderson, 1978; Kosslyn, 1981) ausgehen. Hier soll aber auf die wichtige Tatsache aufmerksam gemacht werden, daß die überwiegende Mehrzahl an Netzwerkmodellen strikt hierarchische Strukturen annehmen. Dies gilt für so bekannte und einflußreiche Modelle wie das HAM-Modell von Anderson und Bower (1973), das ACT-Modell von Anderson (1976) und im wesentlichen auch für das ACTstar Modell von Anderson (1983a,c), das Modell der «LNR» Forschungsgruppe (Norman und Rumelhart, 1975) und das Modell von Collins und Quillian (1969; 1970). Wir wollen in den nächsten Kapiteln zeigen, daß hierarchische Gedächtnisstrukturen - im Gegensatz zur herkömmlichen Auffassung - nur einen Sonderfall darstellen und keineswegs imstande sind, eine Reihe wichtiger Befunde zu erklären.

Warum erfreuen sich hierarchische Netzwerktheorien einer so großen Beliebtheit? Ein Grund dafür dürfte in der Tatsache zu sehen sein, daß hierarchische Strukturen ein sehr effizientes Ordnungsprinzip darstellen, das sich nicht nur in natürlichen Sprachen (z.B. in Form von Ober- und Unterbegriffsrelationen), sondern auch in vielen wissenschaftlichen Klassifikationssystemen findet. Es gibt aber noch einen anderen und für uns viel interessanteren Grund. Er hat mit der Tatsache zu tun, daß Netzwerkmodelle entweder schon von vornherein als Simulationsmodelle konzipiert oder durch diese zumindest stark beeinflußt wurden. Die Verwendung hierarchischer Modellstrukturen wird durch die Eigenschaften der Syntax von Computersprachen nicht nur erleichtert, sondern regelrecht impliziert. Hierarchische Netzwerke entstehen durch das Prinzip der «Verschachtelung» von Computerfunktionen: Funktionen weisen Argumente auf, die wiederum als Funktionen verwendet werden können. Nach diesem Prinzip ist es möglich, hierarchische Strukturen mit unterschiedlicher Anzahl an Verzweigungen und Komplexität zu erstellen (vgl. dazu die Erläuterungen zu Abbildung 13).

Hierarchische Netzwerkmodelle gehen von Repräsentationsannahmen aus, die in vergleichbarer Form bei Computersprachen vorliegen. Es ist aber mehr als fraglich, ob Repräsentationsannahmen, die der Syntax von Computersprachen entsprechen, geeignet sind, die Eigenschaften des menschlichen Gedächtnisses zu erklären. Die folgenden Kapitel werden jedenfalls zeigen, daß durch die Annahme hierarchischer Strukturen gleichzeitig wichtige Eigenschaften von Suchprozessen festgelegt werden: Mit zunehmender Komplexität hierarchischer Strukturen nimmt die Geschwindigkeit der Suchprozesse ab. Es gibt aber eine Reihe von experimentellen Befunde, die zeigen, daß Suchprozesse auch schneller ablaufen können, wenn komplexere Strukturen abgesucht werden (vgl. Kapitel 9). Dieser Befund kann weder durch strikt noch durch nicht strikt hierarchische Modelle erklärt werden.

Welche Netzwerkmodelle für unsere Fragestellung relevant sind und welche Modelle von strikt und welche von nicht strikt hierarchischen Repräsentationsannahmen ausgehen, zeigt Abbildung 17.

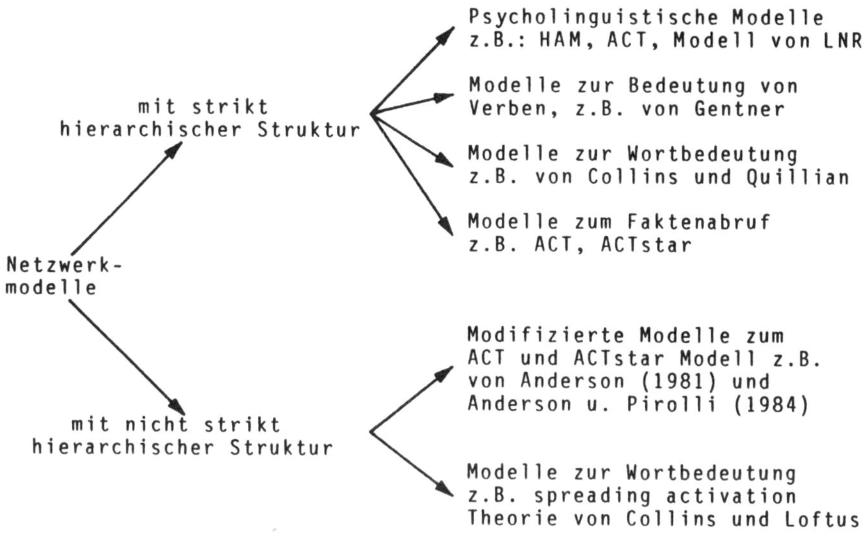

Abbildung 17: Verschiedene Netzwerkmodelle und ihre Anwendungsbereiche, unterteilt in strikt und nicht strikt hierarchische Modelle.

Es ist nicht unser Ziel, eine vollständige Übersicht zu den verschiedenen Netzwerktheorien zu geben. Dazu gibt es eine Reihe ausgezeichneter Arbeiten (Kintsch, 1980, Smith, 1978, Smith und Medin, 1981 und Wender, Colonius und Schulze, 1980), auf die der interessierte Leser verwiesen werden kann. In den folgenden Kapiteln werden wir nur auf jene Theorien näher eingehen, die den folgenden zwei Kriterien entsprechen: sie müssen einerseits für die Gegenüberstellung von strikt und nicht strikt hierarchischen Repräsentationsannahmen direkt relevant sein und andererseits experimentell überprüfbare Aussagen über die Geschwindigkeit von Aktivierungs- und Suchprozessen ermöglichen. Psycholinguistische Theorien sind – auf der Grundlage dieser Kriterien – für unsere Fragestellung deswegen nicht unmittelbar relevant, da sie entweder überhaupt nicht oder nur zum Teil experimentell prüfbar sind. Außerdem gibt es kaum einen anderen Bereich in der Gedächtnispsychologie, in dem das Postulat einer hierarchischen Struktur so stark verankert wäre (vgl. z.B. Bierwisch, 1977). Modelle zum Faktenabruf ebenso auch wie Modelle zur Wortbedeutung erfüllen aber die genannten Kriterien. Sie beziehen sich sowohl auf strikt wie auf nicht strikt hierarchische Strukturen und verfügen zusätzlich über ausgereifte experimentelle Paradigmen, die zu ihrer Überprüfung geeignet sind. Die nächsten zwei Kapitel sind der Darstellung dieser Theorien gewidmet.

6. Strikt und nicht strikt hierarchische Modelle zum Faktenabruf

Die Frage, in welcher Wechselwirkung Struktur- und Prozeßannahmen zueinander stehen und wie die Geschwindigkeit von Such- und Aktivierungsprozessen durch verschiedene Formen von Gedächtnisstrukturen beeinflußt wird, ist das zentrale Thema der jüngeren Gedächtnisforschung, das wir in diesem und den folgenden beiden Kapiteln behandeln werden. Das vorliegende Kapitel untersucht diese Frage auf der Basis von Experimenten zum Faktenabruf, das nächste Kapitel (Kapitel 7) beschäftigt sich hingegen mit Experimenten zur Wortbedeutung. In Kapitel 8 werden wir ein Netzwerkmodell vorstellen, das dazu beitragen soll, die Mängel strikt und nicht strikt hierarchischer Modelle zu überwinden.

Die Diskussion zu diesem Thema schließt unmittelbar an jene Vorhersagen an, die sich in Kapitel 3 durch die Annahme von Komponentencodes ergeben haben. Es geht um die Frage, wie der Suchprozeß durch die Eigenschaften des Encodierungsformates beeinflußt wird.

Diese kurzen Erläuterungen zur Problemstellung machen klar, wie schwierig die Behandlung des vorliegenden Themas sein wird. Es sind nicht nur theoretische Überlegungen, die uns beschäftigen werden, sondern auch Fragen, die sich auf die experimentelle Überprüfbarkeit, der aus Netzwerktheorien abgeleiteten Hypothesen beziehen. Da die Repräsentationsannahmen der einzelnen Modelle nur auf der Grundlage der jeweils gegebenen Operationalisierung verstanden werden können, wird es notwendig sein - ausführlicher als bisher - auf die experimentellen Paradigmen einzugehen. Um die Darstellung der verschiedenen Netzwerkmodelle so anschaulich und verständlich wie möglich zu halten, werden wir vor der theoretischen Diskussion die jeweils relevanten Experimente und Ergebnisse besprechen.

6.1 Strikt hierarchische Modelle zum Faktenabruf

Die hier behandelten Modelle sind im Rahmen der HAM- und der ACT-Theorie entstanden. Ihre Repräsentationsannahmen beziehen sich auf die einfachste hierarchische Struktur, die denkbar ist, den Fächer (= fan). Ein Fächer entsteht dadurch, daß von einem hierarchisch über- oder untergeordneten Knoten, den wir hier als Begriffsknoten bezeichnen, verschiedene Kanten zu Knoten nur einer bestimmten hierarchischen Ebene ausgehen. Diese in einer Ebene liegenden Knoten werden wir als Fakten- oder Tatsachenknoten bezeichnen.

In Experimenten zum Faktenabruf haben die Versuchspersonen zu verschiedenen Begriffen bestimmte Fakten (= Tatsachen) zu lernen. Da jeder Begriff typischerweise mehrere Fakten aufweist, wird für die interne Repräsentation eine fächerartige Struktur angenommen. Die Ergebnisse einschlägiger Experimente haben immer wieder gezeigt, daß die Dauer der Suchprozesse mit der Anzahl gelernter Fakten zunimmt (vgl. dazu die Übersicht in Anderson, 1983b). Je mehr Tatsachen eine Versuchsperson in einem Experiment lernen muß, desto länger braucht sie, eine dieser Tatsachen aus dem Gedächtnis abzurufen. Dieser Befund wurde unter dem

Namen «Fächereffekt» (fan effect) oder «Abrufinterferenz» (retrieval interference) bekannt (vgl. dazu auch die bekannten und im Prinzip ähnlichen Befunde von Sternberg, 1969).

6.1.1 Das experimentelle Paradigma und die wichtigsten Ergebnisse

Das Paradigma zum Faktenabruf (= fact retrieval) geht auf Satzverifikationsexperimente zurück, die zur Überprüfung des HAM- und ACT-Modells herangezogen wurden. Experimente zum Faktenabruf können als spezifische Variante von Satzverifikationsexperimenten aufgefaßt werden, in denen die Anzahl und Art der durch einen Satz ausgedrückten Tatsachen (= Fakten) variiert, die Syntax der Sätze aber weitgehend konstant gehalten wird. Der Versuchsablauf ist in Tabelle 4a und 4b dargestellt. Er umfaßt drei verschiedene Stadien: Das Erlernen einer Reihe von Sätzen, die verschiedene Tatsachen (Fakten) ausdrücken, einen freien Reproduktionstest, in dem der Lernerfolg überprüft wird, und einen Wiedererkennungstest, mit dem erst dann begonnen wird, wenn die gelernten Sätze einwandfrei beherrscht werden.

Die entscheidende experimentelle Variable ist die Anzahl derAussagen bzw. Tatsachen, die sich auf eine bestimmte Person oder Lokation bezieht. Sie entspricht der Häufigkeit, mit der ein Name bzw. eine Lokation in der Satzliste vorkommt. «Feuerwehrmann» wird z.B. nur einmal genannt, «Park» hingegen kommt dreimal vor. Es gibt daher nur eine Tatsache, die sich auf «Feuerwehrmann» bezieht, aber drei Tatsachen, die mit «Park» verbunden sind. In einer Reihe von Experimenten (Anderson, 1974, 1975, King und Anderson, 1976, Anderson, 1981; Anderson und Reder, 1987) konnte übereinstimmend festgestellt werden, daß die im Wiedererkennungstest gemessenen Reaktionszeiten für Ja- und Nein-Antworten von der Anzahl der Tatsachen abhängig sind: Je mehr Tatsachen gelernt wurden, desto mehr verlängern sich die Reaktionszeiten bei der Beurteilung der entsprechenden Sätze im Wiedererkennungstest (vgl. dazu die Ergebnisse in Tabelle 4). Dieses Phänomen der Reaktionszeitverlängerung als Funktion der Anzahl gelernter Fakten wird als Fächereffekt bezeichnet.

6.1.2 Strukturannahmen zur Erklärung des Fächereffektes

Die mit der Anzahl der gelernten Tatsachen ansteigende Reaktionszeit erklärt Anderson durch die abnehmende Aktivierungsmenge, die mit zunehmender Tatsachenanzahl auf jede Kante entfällt. Oder anders ausgedrückt: Mit zunehmender Komplexität des Fächers nimmt die Aktivierungsmenge pro Kante und somit auch die Suchgeschwindigkeit ab. Dieser Sachverhalt wird durch Abbildung 18 veranschaulicht. Die fächerförmige Struktur entsteht hier dadurch, daß sich verschiedene Sätze auf ein und denselben Begriff (vgl. den Begriff «Park» in Abbildung 18) beziehen. Je mehr Sätze zu einem Begriff (hier: Person oder Lokation) gelernt wurden, desto mehr Kanten gehen von diesem Begriffsknoten aus. Die Begriffsknoten werden durch die gelernten Aussagen (Sätze) über neue Tatsachenknoten verknüpft. Für «Feuerwehrmann» wurde z.B. nur ein einziger Satz gelernt. Deshalb geht von diesem Begriffsknoten nur eine einzige Kante weg. Zum Begriff «Park» hingegen

Tabelle 4(a–c): Versuchsablauf (a), Stimulusmaterial (b) und Ergebnisse eines Experimentes zum Faktenabruf von Anderson (1974), dargestellt nach Anderson (1976 und 1985, S. 151f.). Die Ergebnisse zeigen den bekannten Fächereffekt: mit der Anzahl erlernter Fakten nehmen die Reaktionszeiten (= RZn) zu. Dies gilt sowohl für die «Ja»- als auch für die «Nein»-Antworten.

a) Versuchsablauf

1. Lernen	2. Reproduktion	3. Wiedererkennen
Erlernen verschiedener Sätze mit identischer Syntax. Jeder Satz bezieht sich auf verschiedene Tatsachen (facts), hier: Personen und Lokationen.	Überprüfen des Lernerfolges: die Vpn müssen zu jeder Person die richtige(n) Lokation(en) und zu jeder Lokation die richtige(n) Person(en) wissen.	Die Vpn müssen die erlernten von neuen Sätzen unterscheiden. Neue Sätze entstanden durch neue Kombinationen bekannter Personen und Lokationen.

b) Stimulusmaterial und Versuchsbedingungen

Beispiele für die Lernphase:		Erläuterungen:
A doctor is in the bank	(1-1)	Die in Klammer gesetzten Zahlen beziehen sich auf die Anzahl der zu einer Person (1. Zahl) und zu einer Lokation (2. Zahl) genannten Tatsachen.
A fireman is in the park	(1-3)	
A lawyer is in the church	(2-1)	
A lawyer is in the park	(2-3)	
A captain is in the park	(1-3)	

Beispiele für den Wiedererkennungstest:	Richtige Antwort:	Anzahl abzurufender Fakten Personen:	Lokationen:
A lawyer is in the bank	"Nein"	2	1
A doctor is in the bank	"Ja"	2	1
A lawyer is in the park	"Ja"	2	3
A fireman is in the church	"Nein"	1	1
A captain is in the park	"Ja"	1	3

c) Ergebnisse: Durchschnittliche Rzn (ms) im Wiedererkennungstest

Anzahl der Fakten:		Ja-Antworten Personen 1	2	3	Mittel	Nein-Antworten Personen 1	2	3	Mittel
	1	1111	1174	1222	1169	1197	1221	1264	1227
Lokationen	2	1167	1198	1222	1196	1250	1356	1291	1299
	3	1153	1233	1357	1248	1262	1471	1465	1399
Mittel		1144	1202	1267	1204	1236	1349	1340	1308

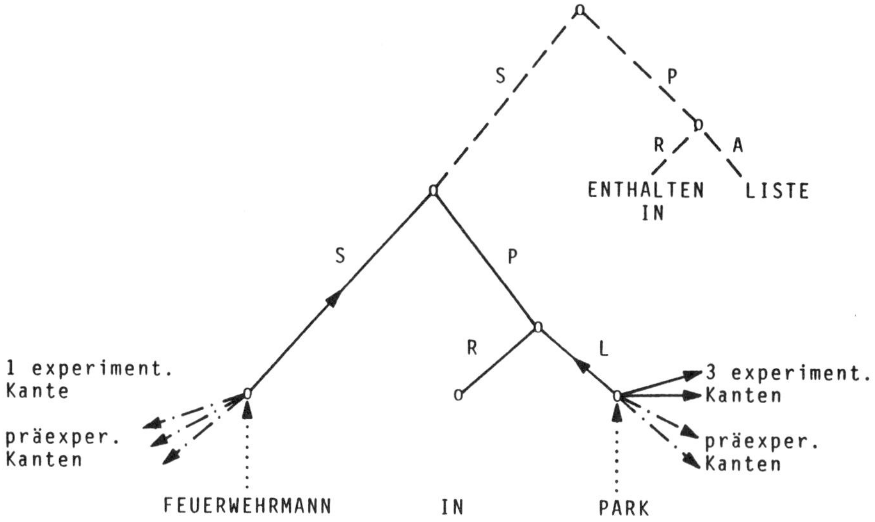

Abbildung 18: Schematische Gedächtnisstruktur (modifiziert nach Anderson, 1976) für einen Satz, der in einem Experiment zum Faktenabruf gelernt wurde: «A fireman is in the park» (vgl. dazu den Versuchsplan in Tabelle 4). Der Tatsachenknoten dieses Satzes ist mit einer weiteren Aussage verbunden. Sie weist explizit darauf hin, daß der betreffende Satz in der gelernten Satzliste enthalten ist. Das Netzwerk dieser Aussage ist strichliert wiedergegeben. S = Subjekt, P = Prädikat, R = Relation, L = Lokation, A = nicht näher definiertes Argument eines Prädikates. Die punktiert gezeichneten Pfeile kennzeichnen die Ausgangspunkte des Suchprozesses.

wurden insgesamt drei Sätze gelernt. Von diesem Begriffsknoten gehen daher auch drei Kanten weg (vgl. Abbildung 18).

Da Begriffe aller Wahrscheinlichkeit nach nur an einer Stelle im Gedächtnis gespeichert sind, muß berücksichtigt werden, daß jede Versuchsperson auch über unterschiedliches «präexperimentelles» Wissen zu den im Experiment verwendeten Begriffen «Feuerwehrmann» und «Park» verfügt. Das Ausmaß der präexperimentellen Kenntnisse vergrößert den Fächer und führt - nach ACT - ebenso wie die Anzahl der im Experiment gelernten Tatsachen zu einer Verlangsamung der Reaktionszeiten.

6.1.3 Prozeßannahmen zur Erklärung des Fächereffektes

In der Wiedererkennungsphase sind folgende Encodierungs- und Suchprozesse anzunehmen. Die Versuchsperson codiert zuerst die Wörter des Satzes und konzentriert sich dabei auf die beiden Begriffe «Person» und «Lokation». Die nach ACT entscheidende Annahme ist, daß der Suchprozeß bei den Begriffsknoten für «Person» und «Lokation» beginnt und das Ziel verfolgt, eine gemeinsame Schnittstelle für jene Kanten zu finden, die von den beiden Begriffsknoten ausgehen. Diese gemeinsame Schnittstelle ist der einen gelernten Satz repräsentierende Tatsachenknoten. Sobald eine gemeinsame Schnittstelle gefunden wurde, weiß die Versuchsperson, daß sie mit «Ja» antworten muß. Liegt kein gemeinsamer Schnittpunkt vor, dann antwortet sie mit «Nein». Anderson nimmt ferner an, daß die gelernten Sätze (bzw. die Tatsachenknoten dieser Sätze) mit einer weiteren Aussage verbunden sind, die explizit angibt, daß ein Satz in der gelernten Liste enthalten ist. Diese Annahme ist aber für die Erklärung des Fächereffektes nicht von Bedeutung.

Die vergleichsweise komplizierten Repräsentationsannahmen von ACT sollen nicht über die Tatsache hinwegtäuschen, daß für die Erklärung des Fächereffektes nur ein Sachverhalt entscheidend ist: Die Wechselwirkung zwischen Kantenanzahl und Aktivierungsausmaß. Je mehr Kanten vom Begriffsknoten abzweigen, desto weniger Aktivierung steht einer Kante zur Verfügung und desto länger wird die Reaktionszeit nicht nur für «Ja»- sondern auch für «Nein»-Antworten. Abbildung 19 zeigt die für die Erklärung der Reaktionszeitverlängerung relevante Gedächtnisstruktur: einen «Fächer».

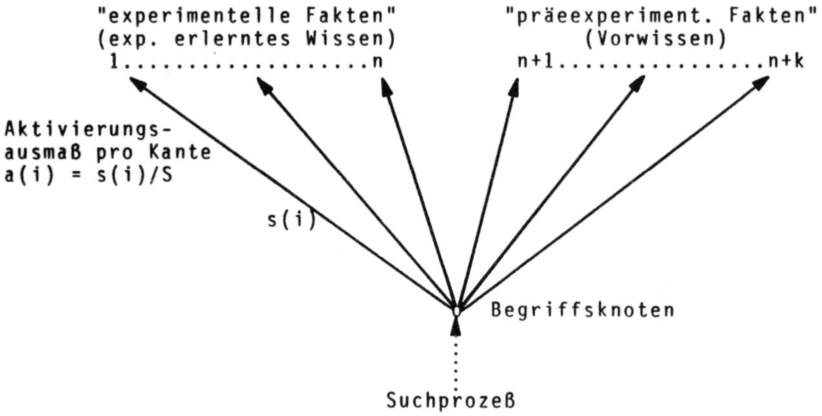

Abbildung 19: Eine einfache strikt hierarchische Struktur – der «Fächer» (= fan) – dient zur Erklärung des gleichnamigen Effektes, des «Fächereffektes» (fan-effect). n = Anzahl der im Experiment zu einem Begriff gelernten Fakten. k = Anzahl der «präexperimentellen» Fakten. s(i) = Stärke mit der eine Kante aktiviert werden kann. $S = \Sigma s(i)$; $i = 1, \ldots (n + k)$.

Das Ausmaß a(i), in dem eine bestimmte Kante i aktiviert werden kann, ist von der Kantenstärke s(i) und der Summe S aller Kantenstärken abhängig ($S = \Sigma s(i)$; $i = 1, \ldots n + k$; alle n + k Kanten zweigen vom aktivierten Begriffsknoten ab). Die Aktivierungsgeschwindigkeit bzw. das Aktivierungsausmaß für eine Kante ist nach ACT (vgl. Anderson, 1976, S. 263) definiert durch:

$$a(i) = s(i)/S \qquad (1)$$

Die Zeit t(i), die zur Aktivierung einer Kante und des mit ihr verbundenen Knotens benötigt wird, beträgt

$$t(i) = S/s(i) \qquad (1a)$$

Formel (1) zeigt einen wichtigen Zusammenhang: Die Summe aller Outputaktivierungen a(i), die vom Begriffsknoten abzweigen, ist immer gleich der Inputaktivierung. Oder einfacher ausgedrückt, die von einem Knoten weggehenden Kanten teilen sich das Aktivierungsausmaß, das der Begriffsknoten erhalten hat.

Dieser Sachverhalt läßt sich für den Spezialfall, daß alle Kanten die gleiche Stärke s(i) = 1 aufweisen, besonders einfach darstellen. In diesem Fall ist die Aktivierungsgeschwindigkeit bzw. das Aktivierungsausmaß a(i) nur mehr von der Anzahl der vom Begriffsknoten weggehenden Kanten abhängig:

$$a(i) = 1/(n + k) \qquad (2)$$

Nehmen wir als Beispiel einen Fächer, der zwei Kanten gleicher Stärke aufweist. Nehmen wir ferner an, daß das Ausmaß der Inputaktivierung I = 1 beträgt. Das Aktivierungsausmaß einer Kante ist dann gleich a(i) = 1/2. Die Summe aller Outputaktivierungen (O = 1/2 + 1/2 = 1) ergibt wieder das Ausmaß der Inputaktivierung. Es gilt: I = O.

Die Erklärung des Fächereffektes erlaubt eine klare Vorhersage: Je mehr Fakten gelernt wurden, desto geringer ist das Aktivierungsausmaß a(i), das der entsprechende Tatsachenknoten (=«Faktenknoten») erhält und desto mehr Zeit t(i) wird benötigt, um den Tatsachenknoten aufzurufen. Für den Fall gleicher Kantenstärken ergibt sich für die Aktivierungszeit t(i):

$$t(i) = n + k \qquad (2a)$$

Die Reaktionszeit für die Beurteilung eines Satzes verlängert sich daher in dem Ausmaß, in dem die Faktenanzahl zunimmt. Da angenommen wird, daß der Suchprozeß von den Begriffsknoten ausgeht, gilt die Erklärung zum Fächereffekt sowohl für Ja- als auch für Nein-Antworten. Bei Nein-Antworten gibt es zwar keine Schnittstelle bzw. keinen gemeinsamen Tatsachenknoten, der die beiden Begriffsknoten miteinander verbindet, trotzdem aber wird die Geschwindigkeit des Suchprozesses an den Begriffsknoten ebenso abgebremst wie bei den Ja-Antworten.

Wenig überzeugend ist die Annahme, daß die Anzahl der präexperimentellen Fakten k den Suchprozeß im gleichen Ausmaß verlangsamt wie die Anzahl der Fakten, die im Experiment gelernt wurden. Es erscheint naheliegender zu vermuten, daß die Versuchspersonen imstande sind, den Suchbereich auf die im Experiment gelernten Fakten einzugrenzen. Hätte das präexperimentelle Wissen – das zwischen den Versuchspersonen erheblich variieren dürfte – tatsächlich einen so großen Einfluß wie Anderson annimmt, dann wäre es überraschend, daß der Fächereffekt in verschiedenen Arbeiten und mit verschiedenen Versuchspersonen so verläßlich repliziert werden konnte (vgl. die Übersichten in Anderson, 1983a,b,c).

6.2 Ein Modell strikt hierarchischer Substrukturen: Die Eingrenzung des relevanten Suchbereiches

Die Erklärung des Fächereffektes geht von der Annahme aus, daß alle mit einem Begriffsknoten verbundenen Kanten abgesucht werden müssen. Verallgemeinert man dieses Prinzip, dann kommt man zu der wenig überzeugenden Schlußfolgerung, daß das Gedächtnis umso langsamer arbeiten müßte, je mehr Wissen in ihm gespeichert ist.

Smith, Adams und Schorr (1978) haben auf dieses Paradoxon aufmerksam gemacht und betont, daß die Interpretation zum Fächereffekt in vielen Fällen unserer Alltagserfahrung widerspricht. Vergleicht man z.B. das Wissen eines Experten, der zu einem bestimmten Sachverhalt viele Fakten kennt, mit dem Wissen eines Laien, der zum selben Sachverhalt nur wenige Fakten weiß, dann müßte im Rahmen des ACT-Modells angenommen werden, daß der Experte um wesentliches länger braucht, ein Faktum aus dem Gedächtnis abzurufen als ein Laie. Unsere Alltagserfahrung zeigt aber, daß eher das Gegenteil der Fall ist. Es erscheint plausibler anzunehmen, daß der Experte sein Wissen besser strukturiert hat und daher auch rascher als ein Laie relevante Fakten aus dem Gedächtnis abrufen kann.

Was ist aber unter «effizienter Strukturierung» der im Gedächtnis gespeicherten Fakten zu verstehen? McCloskey und Biegler (1980) haben eine Reihe sehr überzeugender Experimente zu dieser Frage durchgeführt. Sie konnten zeigen, daß Versuchspersonen inhaltlich zusammengehörende Fakten gruppieren und daß die Reaktionszeiten beim Faktenabruf keineswegs nur von der Gesamtanzahl aller zu einem Begriff gelernten Fakten abhängt, wie dies nach ACT zu erwarten wäre.

6.2.1 Das experimentelle Paradigma

McCloskey und Biegler verwendeten Sätze der Art «The (person) likes (object)». Die wichtigsten experimentellen Variablen waren die Anzahl der Objekte und ihre Zugehörigkeit zu semantischen Kategorien. Die Objekte gehörten entweder zur Kategorie «Tiere» (= Kategorie A) oder zur Kategorie «Länder» (= Kategorie B). Für einige Personen lernten die Versuchspersonen nur eine Tatsache aus Kategorie A (= Sätze vom Typ 1A–0B), für andere Personen hingegen fünf Tatsachen aus Kategorie B und nur eine Tatsache aus Kategorie A usw. Der Versuchsaufbau dieses Experimentes und die wichtigsten Ergebnisse sind in Tabelle 5 dargestellt.

6.2.2 Struktur- und Prozeßannahmen

Nimmt man an, daß die Versuchspersonen die Fakten für Tiere und Länder in verschiedene hierarchische Substrukturen aufgliedern, dann ergeben sich hypothetische Gedächtnisnetzwerke von der Art, wie sie in Abbildung 20 am Beispiel der Sätze vom Typ 1A–5B dargestellt sind. Die Annahme von Subknoten für Objekte der Kategorie A und B erlaubt die Vorhersage, daß nur die Tatsachen der jeweils relevanten Kategorie abgesucht werden. Für Distraktorsätze vom Typ 1–5 (= 1 relevante und 5 irrelevante Tatsachen) mit nur einer relevanten Tatsache, sind daher kürzere Reaktionszeiten zu erwarten als für Distraktorsätze vom Typ 5–1, bei denen 5 relevante Fakten berücksichtigt werden müssen. Die in Tabelle 5b dargestellten Ergebnisse stützen diese Vorhersage.

Ein Vergleich der Ergebnisse der Sätze vom Typ 1–0 und vom Typ 1–5 zeigt, daß nicht nur die relevanten, sondern auch die irrelevanten Fakten eine Rolle spielen. In beiden Versuchsbedingungen liegt nur eine relevante Tatsache vor, trotzdem aber sind die Reaktionszeiten für die Sätze vom Typ 1–5 deutlich verlängert. Auch dieser Befund läßt sich gut mit der Annahme von Subknoten vereinbaren. Die Repräsentation von relevanten und irrelevanten Fakten erfordert einen Fächer, der bei den Sät-

Tabelle 5(a,b): Der Versuchsaufbau a) und die Ergebnisse b) von Experiment 1 von McCloskey und Biegler (1980).

a) Stimulusmaterial und Versuchsbedingungen

Beispiele für die in der Lernphase verwendeten Sätze:	Beispiele für Distraktorsätze im Wiedererkennungstest:
Satz vom Typ 1A-0B:	Distraktorsatz vom Typ 1-0 (1 relevante, 0 irrel. Fakten):
The architect likes elephants	The architect likes wolves
Sätze vom Typ 1A-5B:	Distraktorsatz vom Typ 1-5 (1 relevante, 5 irrel. Fakten):
The editor likes lions / Portugal / Italy / Canada / England / Brazil	The editor likes bears
	Distraktorsatz vom Typ 5-1 (5 relevante, 1 irrel. Fakten):
	The editor likes Mexico
Sätze vom Typ 6A-0B:	Distraktorsatz vom Typ 6-0 (6 relevante, 0 irrel. Fakten):
The lawyer likes wolves / rabbits / bears / tigers / pigs / dogs	The lawyer likes elephants

b) Ergebnisse: Durchschnittliche RZn (ms) im Wiedererkennungstest

Distraktorsätze vom Typ	Ja-Antworten	Nein-Antworten
1-0	1202	1382
1-5	1312	1620
5-1	1570	1801
6-0	1617	1876

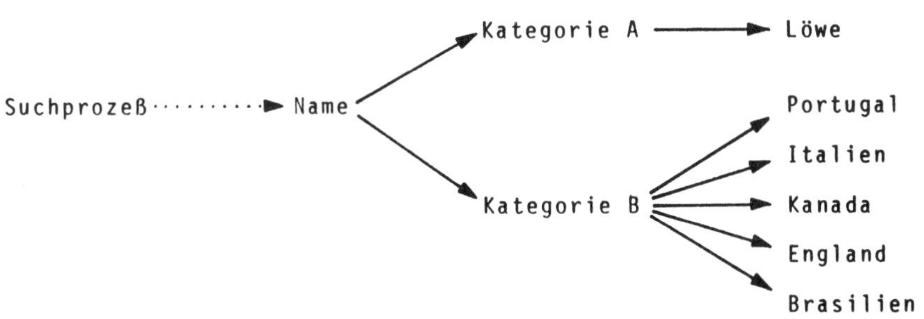

Abbildung 20: Strikt hierarchische Substrukturen zur Repräsentation der Sätze vom Typ 1A–5B aus Tabelle 5.

zen vom Typ 1-0 fehlt. Deswegen ist zu erwarten, daß der Abruf von Fakten bei diesen Sätzen rascher vor sich geht als bei Sätzen, in denen zwischen relevanten und irrelevanten Fakten unterschieden werden muß.

Etwas aufwendiger ist die Erklärung für den Befund, daß Sätze mit 5 relevanten Tatsachen und einer irrelevanten Tatsache (Typ 5-1 Sätze) rascher beurteilt werden als Sätze mit 6 relevanten und 0 irrelevanten Fakten (Typ 6-0 Sätze). Geht man von der Annahme gleicher Kantenstärke aus, dann müßte der entgegengesetzte Befund erwartet werden. Im Netzwerk von Abbildung 20 wird für Sätze vom Typ 5-1 jeder Subknoten mit einem Betrag gleich 1/2 aktiviert. Die 5 Faktenknoten teilen sich diesen Betrag. Sie werden im Ausmaß von (1/2)(1/5) = 0.1 aktiviert. Für Sätze vom Typ 6-0 ist ein Fächer mit 6 Kanten anzunehmen. Hier ist das Aktivierungsausmaß für jeden Knoten gleich 1/6 oder 0.17. Wegen des größeren Aktivierungsausmaßes sollten bei Sätzen vom Typ 6-0 kürzere Reaktionszeiten erwartet werden als bei Sätzen vom Typ 5-1. Dies ist aber nicht der Fall.

Wird aber von der plausiblen Annahme ausgegangen, daß die Stärke der zum relevanten Subknoten hinführenden Kante größer ist als die Stärke der mit dem irrelevanten Subknoten verbundenen Kante, dann ist es möglich, den gefundenen Reaktionszeitunterschied zwischen den Sätzen vom Typ 6-0 und 5-1 zu erklären. Diese Annahme bedeutet, daß die Versuchsperson den Weg, den der Suchprozeß nehmen soll, gewichten bzw. direkt beeinflussen kann. Nehmen wir als Beispiel an, daß die Stärke der relevanten Kante 0.9 und die der irrelevanten Kante nur 0.1 beträgt. Für den relevanten Subknoten ergibt sich - nach Formel (1) - ein Aktivierungsbetrag von 0.9/(0.9 + 0.1) = 0.9. Jeder relevante Tatsachenknoten erhält dann Aktivierung im Ausmaß von 0.9/5 = 0.18. Dieser Wert ist geringfügig größer als das Aktivierungsausmaß eines Knotens in einem Fächer mit 6 Kanten, wie wir ihn für Sätze vom Typ 6-0 angenommen haben. Die Annahme unterschiedlicher Kantenstärken erlaubt uns zu erklären, daß der Suchprozeß bei Sätzen vom Typ 6-0 etwas länger dauert als bei Sätzen vom Typ 5-1.

Eine verläßliche Überprüfung des Modells hierarchischer Substrukturen ist nur dann möglich, wenn die quantitativen Relationen der Reaktionszeitunterschiede vorhergesagt werden können. Einer quantitativen Vorhersage stehen aber zumindest zwei Probleme entgegen. Es dürfte einerseits kaum eine Methode geben, die Kantenstärke empirisch zu schätzen und es wäre andererseits nicht nur denkbar, sondern auch durchaus plausibel, daß die Kantenstärken nicht konstant bleiben, sondern je nach Versuchsbedingung und Art der Suchprozesse variieren.

6.3 Nicht strikt hierarchische Modelle zum Faktenabruf

Die Annahme strikt hierarchischer Gedächtnisstrukturen hat zu einem grundsätzlichen Problem geführt: Aktivierungs- und Suchprozesse werden in dem Ausmaß langsamer, in dem die Komplexität der Gedächtnisstruktur bzw. des Fächers zunimmt. Smith et al. (1978), McCloskey und Biegler (1980), aber auch Anderson selbst (vgl. Anderson, 1981) haben auf dieses Problem, das allgemein als «Abrufinterferenzparadoxon» (= paradox of retrieval interference) bezeichnet wurde, hingewiesen. Auch der im vorangegangenen Abschnitt besprochene Lösungsversuch - die Einführung von Subknoten (vgl. dazu auch Anderson 1983a und 1983c) - ist nicht imstande, das Problem der Aktivierungsverlangsamung generell und befriedigend zu erklären. Strikt hierarchische Strukturen mit Subknoten erlauben zwar raschere Suchprozesse als vergleichbare Strukturen ohne Subknoten, eine größere Anzahl an Subknoten führt aber nach wie vor zu einer massiven Verlangsamung von Aktivierungs- und Suchprozessen. Da aber für eine effiziente Strukturierung des Wissens in realitätsnahen Situationen eine sehr große Anzahl von Subknoten anzunehmen ist, wird das Problem der Aktivierungsverlangsamung nur auf eine andere Erklärungsebene - nämlich auf die der Subknoten - verlagert.

Die traditionelle Erklärung des Fächereffektes nach Anderson (1974 und 1976) wird aber nicht nur durch theoretische Überlegungen, sondern auch durch eine Reihe von experimentellen Befunden in Frage gestellt. Es hat sich nämlich gezeigt, daß unter den folgenden Bedingungen kein Fächereffekt beobachtet werden kann:

- Bei «überlernten» (= overlearned) Fakten. Hayes-Roth (1977) konnte zeigen, daß der Fächereffekt verschwindet, wenn die Lernphase entsprechend verlängert wird: Nach insgesamt 11 Trainingsdurchgängen konnte kein Fächereffekt mehr festgestellt werden.
- Bei Konsistenzurteilen, in denen z.B. die Übereinstimmung zwischen dem Subjekt und Prädikat eines Satzes geprüft werden muß, wurde ein negativer Fächereffekt festgestellt: Die Reaktionszeit nimmt mit der Anzahl gelernter Fakten ab (Reder und Ross, 1983; Reder und Wible, 1984; Anderson und Reder, 1987). Wird den Versuchspersonen aber die Aufgabe gestellt, die Sätze wiederzuerkennen, dann verlängert sich die Reaktionszeit mit der Anzahl gelernter Fakten (= positiver Fächereffekt).
- Bei integrierten (= «integrated») Fakten, d. h. thematisch zusammenhängenden Fakten, die aufeinander Bezug nehmen. Die Ergebnisse von Smith et al. (1978), Moeser (1977, 1979), Reder und Anderson (1980); Anderson (1981) und Myers, O'Brien, Balota, Toyofuku (1984) weisen auf die wichtige Tatsache hin, daß der Fächereffekt nur dann auftritt, wenn die gelernten Fakten als unabhängige («unintegrated») Episoden encodiert werden. Gelingt es den Versuchspersonen, die einzelnen Fakten zu einer Episode zu verbinden, dann kann kein Fächereffekt mehr beobachtet werden.

Diese Ergebnisse haben sehr unterschiedliche Auswirkungen auf die im Rahmen der ACT-Theorie anzunehmende Gedächtnisstruktur. Der Befund von Hayes-Roth (1977) kann noch unter Beibehaltung einer strikt hierarchischen Gedächtnisstruktur interpretiert werden. Es ist theoretisch zulässig zu vermuten, daß das wiederholte Lernen der Fakten zu einer überproportionalen Zunahme der experimentellen - auf Kosten der präexperimentellen - Kantenstärken und in der Folge zu einem nicht mehr meßbaren Fächereffekt führt (vgl. Formel (1) und Abbildung 19). Anderson (1983c, S. 266) weist explizit auf diese Möglichkeit hin.

Eine ähnliche Interpretation gilt für den negativen Fächereffekt, der bei Konsistenzaufgaben gefunden wurde, in denen die Versuchspersonen z.B. prüfen müssen, ob ein Begriff (Subjekt) und das zugehörige Prädikat grammatikalisch richtig verbunden sind: Je mehr Fakten zu einem Begriff gelernt wurden, desto öfter wurde dieser Begriff auch in der Lernphase (vgl. dazu den Versuchsplan von Experimenten zum Faktenabruf in Tabelle 4a) dargeboten. Die Darbietungshäufigkeit erhöht die Aktivitätswerte der entsprechenden Begriffsknoten (Anderson, 1983c, S.266) und deswegen werden Begriffe, zu denen viele Fakten gelernt wurden, bei Konsistenzurteilen rascher abgerufen als solche, zu denen nur wenige Fakten gelernt wurden (Anderson und Reder, 1987).

Warum führt dieser Effekt nicht generell zu einem negativen Fächereffekt? Die Antwort auf diese Frage ist überraschend einfach. Ob ein positiver Fächereffekt auftritt oder nicht, hängt von der Suchstrategie ab. Ein positiver Fächereffekt kann nur dann beobachtet werden, wenn der Fächer auch tatsächlich aktiviert bzw. abgesucht wird. In diesem Zusammenhang ist es wichtig, daran zu erinnern, daß der Fächer vom Begriffsknoten weg zu verschiedenen Tatsachen führt (vgl. Abbildung 18). In Konsistenzaufgaben werden nur die Begriffe – nicht aber die Fakten – abgerufen und deswegen wird hier der positive Fächereffekt nicht wirksam. Haben aber die Versuchspersonen die Aufgabe, die Sätze wiederzuerkennen, dann verlängert sich die Reaktionszeit mit der Anzahl der zu einem Begriff gelernten Fakten. Jetzt müssen vom Begriff aus die verschiedenen Fakten aktiviert bzw. der Fächer abgesucht werden und deswegen kommt es zu einer Verlängerung der Reaktionszeit bzw. zum Entstehen des positiven Fächereffektes. Der negative und positve Fächereffekt werden demnach durch unterschiedliche Suchstrategien in ein und demselben Gedächtnisnetzwerk – mit nach wie vor strikt hierarchischer Struktur – erklärt (vgl. dazu auch Reder, 1987).

Im Gegensatz zu den bisher besprochenen Beispielen zwingen die für integrierte Fakten gefundenen Ergebnisse jedoch zur Aufgabe einer strikt hierarchischen Gedächtnisstruktur. Bei den in Abschnitt 6.1 berichteten Experimenten waren alle Fakten voneinander thematisch unabhängig. Zwischen der Aussage «Der Feuerwehrmann ist im Park» und der Aussage «Der Kapitän ist im Park» (vgl. Tabelle 4b) gibt es – vom gemeinsamen Begriff «Park» abgesehen – keine thematische Beziehung. Es ist daher nur konsequent anzunehmen, daß die einzelnen Fakten (= hier gleichbedeutend mit «Aussage») auch im Gedächtnis nicht untereinander verknüpft sind. Sie sind nur indirekt über einen gemeinsamen Begriffsknoten verbunden, zwischen ihnen selbst fehlt aber jede direkte Verbindung (vgl. auch Abschnitt 5.2.1). Bei integrierten Fakten ist die Annahme einer strikt hierarchischen Struktur nicht mehr plausibel, da die Fakten in einer spezifischen thematischen Relation zueinander stehen, die auch in der Gedächtnisrepräsentation ihren Niederschlag finden muß.

Ein Beispiel, das aus Experiment 1 von Smith et al. (1978, S. 442 f.) entnommen wurde, soll den besprochenen Sachverhalt erläutern. Betrachten wir die beiden Aussagen bzw. Fakten über Martin: «Martin zerbrach die Flasche» und «Martin hat die Reise nicht verzögert», dann kann zwischen diesen beiden Aussagen zunächst kein thematischer Zusammenhang festgestellt werden. Es erscheint daher plausibel, für die Repräsentation dieser unzusammenhägenden Fakten eine fächerartige, strikt hierarchische Gedächtnisstruktur anzunehmen (vgl. Abbildung 21a). Die Situation ändert sich aber, wenn zu den beiden Sätzen der folgende dritte Satz dargeboten wird: «Martin war ausgewählt worden, die Schiffstaufe durchzuführen». Jetzt wird klar, daß auch die beiden ersten Fakten in einem Zusammenhang stehen. Martin hat die Reise (bzw. Jungfernfahrt des Schiffes) deswegen nicht verzögert, weil er – wie es sich eben für eine Schiffstaufe gehört – die Champagnerflasche am Bug des Schiffes zerbrach. Die Netzwerke von Abbildung 21 zeigen eine strikt hierarchische Struktur, wie sie für die Repräsentation unzusammenhängender Fakten anzunehmen ist (vgl. Abbildung 21a) und eine nicht strikt hierarchische Struktur zur Repräsentation thematisch zusammenhängender bzw. integrierter Fakten (vgl. Abbildung 21b).

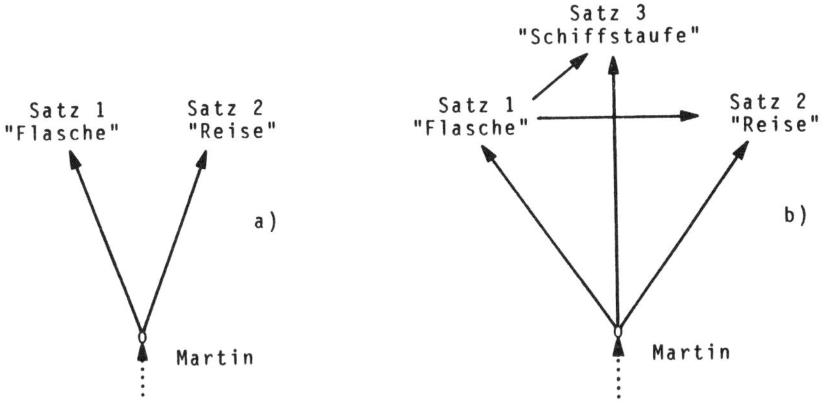

Abbildung 21(a,b): Die Repräsentation unzusammenhängender Fakten (unintegrated facts) durch eine strikt hierarchische Fächerstruktur a) und die Repräsentation zusammenhängender Fakten (integrated facts) durch eine nicht strikt hierarchische Struktur b). Satz 1: «Martin zerbrach die Flasche»; Satz 2: «Martin hat die Reise nicht verzögert». Satz 3: «Martin war ausgewählt worden, die Schiffstaufe durchzuführen». Satz 3 verbindet die Sätze 1 und 2 zu einer sinnvollen Episode.

Die Annahme nicht strikt hierarchischer Strukturen - so unbedeutend sie zunächst erscheinen mag - bildet den Ausgangspunkt für eine völlig neue Gruppe von Netzwerkmodellen. Der Grund dafür: Die Prozeßannahme der indirekten Aktivierung spielt nur im Rahmen nicht strikt hierarchischer oder vernetzter Strukturen eine Rolle. Sie ist für strikt hierarchische Strukturen bedeutungslos. In strikt hierarchischen Strukturen gibt es keine Zyklen oder redundanten Pfade und daher auch keine indirekte Aktivierung. In nicht strikt hierarchischen oder vernetzten Strukturen kann die Aktivierungsausbreitung prinzipiell zwei Wege nehmen, einen direkten Weg von einem Knoten zum anderen und einen indirekten, der entweder über einen Zyklus (= Kreisaktivierung) oder über einen zusätzlichen Pfad verläuft. Das Konzept der indirekten Aktivierung werden wir in Kapitel 8 ausführlich besprechen. Wir werden dort unter anderem zeigen, daß es mit Hilfe dieses Konzeptes möglich sein wird, den Fächereffekt nicht nur aufzuheben, sondern sogar umzudrehen. Es erlaubt (unter bestimmten Vorraussetzungen) die Vorhersage, daß die Aktivierungs- und Suchgeschwindigkeit mit steigender Komplexität des Netzwerkes nicht - wie beim Fächereffekt - abnimmt, sondern zunimmt. Dieses Prinzip dürfte viel eher imstande sein, die hohe Effizienz unserer Gedächtnisleistungen zu erklären als irgend ein anderes bisher besprochenes Konzept.

Welche Rolle die indirekte Aktivierung spielt und wie implizit und unsystematisch diese Annahme in das überwiegend strikt hierarchische ACT- und ACTstar-Modell aufgenommen wird, soll in den nächsten Abschnitten an Hand der Arbeiten von Anderson (1981 und 1983a,c) gezeigt werden.

6.3.1 Das experimtelle Paradigma: Der Effekt integrierender Fakten auf das Erlernen und Abrufen neuer Information

Anderson (1981) untersucht die Frage, wie thematisch zusammenhängende Fakten mit neuer Information integriert werden. Der Versuchsplan dieser Arbeit entspricht in seinen Grundzügen dem in Abschnitt 5.4.1 besprochenen Paradigma zum Faktenabruf. So verwendet Anderson auch hier Personen und Lokationen als Begriffe, die in Sätzen der Form «The (person) is in (location)» zu einer Aussage verbunden werden. Der entscheidende Unterschied zu anderen Arbeiten besteht aber darin, daß die Versuchspersonen von Anderson (1981) vor dem Erlernen der Sätze Vorinformation zu den in den Sätzen genannten Personen erhielten (vgl. dazu den in Tabelle 6a dargestellten Versuchsplan).

Das Ausmaß der Vorinformation wurde in drei verschiedenen Experimenten auf insgesamt 5 Stufen variiert. In der Versuchsbedingung mit dem größten Ausmaß an Vorinformation (= Bedingung 1) wurden den Versuchspersonen vor Beginn des Experimentes die Namen bekannter Persönlichkeiten (wie z.B. Benjamin Franklin, Richard Burton, usw.) genannt. In der Bedingung mit dem zweitgrößten Ausmaß an Vorinformation (= Bedingung 2) erhielten die Versuchspersonen ausführliche Beschreibungen zu verschiedenen Namen erfundener Personen. In der dritten Versuchsbedingung wurde zu jedem Namen nur ein einfacher Satz dargeboten (= Bedingung 3). In einer weiteren Versuchsbedingung wurden den Versuchspersonen nur die Namen der Personen genannt (Bedingung 4). Keine Vorinformation bekamen die Versuchspersonen in der Kontrollbedingung (= Bedingung 5).

Die abhängige Variable bezieht sich auf zwei verschiedene Meßwerte, auf die Anzahl der Fehler bis zum Erreichen des Lernkriteriums in der freien Reproduktionsaufgabe und auf die Reaktionszeit bei der Beurteilung der Sätze im Wiedererkennungstest. Der Versuchsaufbau und die wichtigsten Ergebnisse sind in Tabelle 6 wiedergegeben.

6.3.2 Struktur- und Prozeßannahmen

Die für das beschriebene Experiment entscheidenden Repräsentationsannahmen beziehen sich auf die Frage, wie die Vorinformation im Gedächtnis strukturiert und wie sie mit den später gelernten Sätzen verknüpft wird. Diese Frage erläutert Anderson an Hand von Versuchsbedingung 2 (hohes Ausmaß an Vorinformation: ausführliche Beschreibungen zu erfundenen Personen) und Versuchsbedingung 4 (geringes Ausmaß an Vorinformation: nur die Namen der Personen werden genannt; vgl. Tabelle 6a).

Für Bedingung 4 ist die Vorhersage einfach. Es ist die bekannte fächerartige Struktur zu erwarten: Der die Person repräsentierende Begriffsknoten ist – je nachdem wie viele Lokationen gelernt wurden – entweder mit einem oder zwei Lokationsknoten verbunden.

In Versuchsbedingung 2 hingegen ist die Vorhersage über die Gedächtnisstruktur komplizierter, da nicht nur die Repräsentation des Vorwissens (in Lernphase 1), sondern auch die Integration der Vorinformation mit den nachfolgend (in Lernphase 2) dargebotenen Fakten zu berücksichtigen ist (vgl. dazu Tabelle 6a). Die in der Vorinformation enthaltenen Aussagen (z.B. über «Hobby», «alte Uhren»,

Tabelle 6(a,b): Der Versuchsaufbau a) und die Ergebnisse b) aus Experiment 2 (für die Versuchsbedingungen 2–5) und Experiment 3 (für Versuchsbedingung 1) von Anderson (1981).

a) Versuchsaufbau

Lernphase 1	Lernphase 2	Reprodukt.	Wiedererkennen
Darbietung von Vorinformation zu verschiedenen Personen, die später in den zu lernenden Sätzen genannt werden.	Erlernen einer Reihe von Sätzen der Form "The (person) is in (location)". Es werden 1 oder 2 Lokationen gelernt.	Überprüfen des Lern-erfolges	Die Vpn müssen die erlernten von neuen Sätzen unter-scheiden.

Das Ausmaß der Vorinformation wird auf 5 Stufen variiert:

Versuchsbedingung:	Beispiele:
Bedingung 1:	Den Vpn werden die Namen bekannter Persönlichkeiten, wie z.B. Robert Kennedy, Benjamin Franklin genannt.
Bedingung 2:	Die Vpn erhalten ausführliche Beschreibungen zu den Namen erfundener Personen: z.B. "Carol Norman besitzt ein Antiquitätengeschäft. Von Beruf ist sie Rechtsanwalt. Ihr Atiquitätengeschäft betreibt sie nur als Hobby. Sie besitzt eine besonders schöne Sammlung alter Uhren ...."
Bedingung 3:	Es wird nur ein Satz zu den Namen erfundener Personen dargeboten: z.B.: "Henry Caputo kauft eine Saisonkarte für die Hockeyspiele in New Haven."
Bedingung 4:	Den Vpn werden nur die Namen der Personen genannt.
Bedingung 5:	Die Vpn erhalten keine Vorinformation.

b) Ergebnisse: Anzahl der Fehler bis zum Erreichen des Lernkriteriums in Lernphase 2 und RZn beim Beurteilen der Sätze in der Wiedererkennungsphase (Ja- und Nein- Atworten gemittelt).

Anzahl der Lokationen:	Versuchsbedingung: 1	2	3	4	5
Anzahl der Fehler:					
1 Lokation:	.31	.67	.80	1.51	2.55
2 Lokationen:	.88	1.71	1.59	1.79	2.54
Mittelwerte:	.59	1.19	1.20	1.65	2.55
RZn in ms:					
1 Lokation:	708	1168	1156	1080	1097
2 Lokationen:	939	1326	1324	1277	1342
Fächereffekt:	231	158	168	197	245

«Antiquitätengeschäft») nehmen aufeinander Bezug und bilden eine zusammenhängende Episode, die zur Beschreibung der entsprechenden Person dient (vgl. dazu das Beispiel in Tabelle 6a). Durch diese Aussagen entsteht ein Netzwerk integrierter Fakten. Es ist daher anzunehmen, daß die Faktenknoten nicht nur mit dem Begriffsknoten (der Person), sondern auch untereinander verbunden sind. In Lernphase 2 wird der Begriffsknoten auch mit einem oder zwei Lokationsknoten verbunden, je nachdem wie viele Lokationen dargeboten werden. Je elaborierter das Vorwissen ist, desto leichter wird die Versuchsperson die neu erlernten Fakten (= Lokationen) in das bereits vorhandene Wissen integrieren können. Nehmen wir als Beispiel an, den Versuchspersonen wird in Lernphase 2 die Aussage «Carol Norman ist auf der Bank» dargeboten. Es ist sehr wahrscheinlich, daß die Versuchspersonen versuchen werden, diesen Satz in die vorher erlernte Episode über Carol Norman einzubinden, so z.B. durch die Vermutung, daß Carol Norman deswegen auf der Bank ist, um sich Geld für den Ankauf einer teuren antiken Uhr zu besorgen. Dieser Vorgang der Integration des Wissens führt dazu, daß zusätzliche Pfade zwischen dem Lokationsknoten und einem oder mehreren Knoten des Vorwissens gebildet werden. Abbildung 22 veranschaulicht die besprochenen Annahmen.

Aus den Strukturannahmen, wie sie Abbildung 22 entnommen werden können, ergeben sich drei verschiedene Vorhersagen. Die erste Vorhersage bezieht sich auf

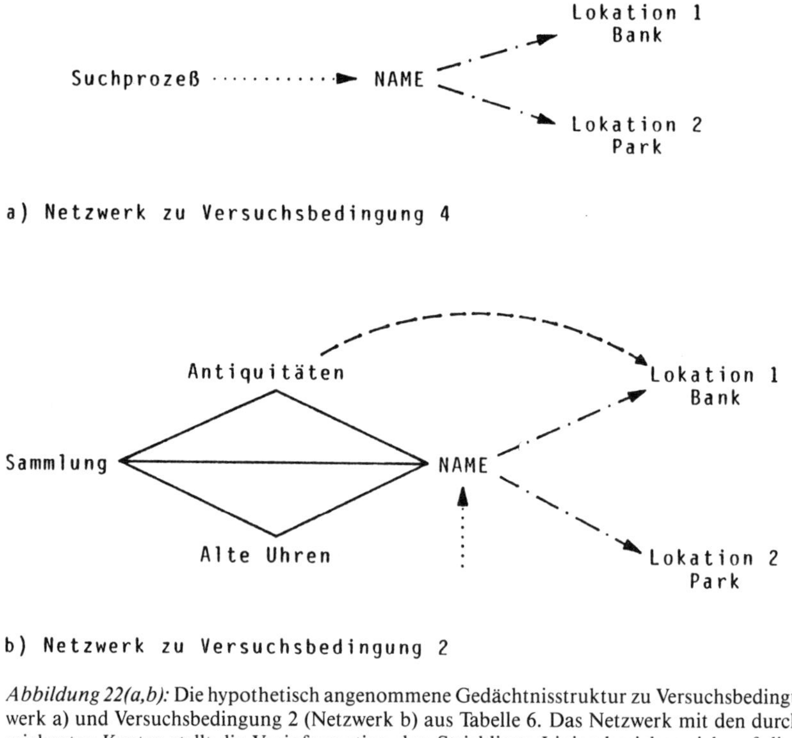

Abbildung 22(a,b): Die hypothetisch angenommene Gedächtnisstruktur zu Versuchsbedingung 4 (Netzwerk a) und Versuchsbedingung 2 (Netzwerk b) aus Tabelle 6. Das Netzwerk mit den durchgehend gezeichneten Kanten stellt die Vorinformation dar. Strichlierte Linien beziehen sich auf die Integration des Vorwissens mit den später erlernten Lokationen. Strichpunktierte Linien repräsentieren die Encodierung der Lokationen.

die Anzahl der Fehler beim Erlernen der Lokationen. Die zweite Vorhersage macht Angaben über die Länge der Reaktionszeiten im Wiedererkennungstest und die dritte Vorhersage beschäftigt sich mit der Stärke des Fächereffektes.

Vorhersage 1

Anderson geht von der plausiblen Annahme aus, daß die integrierten Fakten des Vorwissens das Erlernen der Sätze in Lernphase 2 erleichtern. Je mehr Vorwissen zur Verfügung steht, desto besser kann neues Wissen mit altem Wissen verknüpft werden und desto resistenter ist die resultierende Gedächtnisstruktur gegenüber dem Verlust von Information. Selbst dann, wenn einige Knoten oder Kanten «vergessen» oder ursprünglich gar nicht codiert wurden, kann die fehlende Information auf der Grundlage der noch vorhandenen thematisch zusammenhängenden Fakten rekonstruiert werden. Es ist daher zu erwarten, daß die Anzahl der Fehler bis zum Erreichen des Lernkriteriums mit zunehmendem Ausmaß an Vorwissen abnimmt. Die Ergebnisse, die in Tabelle 6b dargestellt sind, bestätigen diese Vorhersage ohne jede Einschränkung. Auch das Ausmaß der Unterschiede zwischen den einzelnen Bedingungen ist beträchtlich. In der Versuchsbedingung ohne Vorinformation (Bedingung 5) wurden achtmal so viele Fehler gemacht als in der Versuchsbedingung mit dem höchsten Ausmaß an Vorinformation (Bedingung 1).

Vorhersage 2

Die zweite Vorhersage bezieht sich auf die Frage, welchen Einfluß das Vorwissen auf die Geschwindigkeit des Suchprozesses hat. Da der Suchprozeß vom Begriffsknoten (hier dem Personenknoten) ausgeht, muß auf der Grundlage des ACT-Modells angenommen werden, daß die Geschwindigkeit des Suchprozesses in dem Ausmaß abnimmt, in dem die Anzahl der vom Begriffsknoten weggehenden Kanten zunimmt. Je mehr Kanten vom Begriffsknoten weggehen, desto mehr Vorinformation ist mit diesem Begriffsknoten verbunden. Daraus ergibt sich, daß mit zunehmendem Ausmaß an Vorinformation die Reaktionszeit zunimmt. Wie die Ergebnisse in Tabelle 6b zeigen, wird diese Vorhersage nicht bestätigt. Entgegen den Erwartungen des ACT-Modells finden sich in der Versuchsbedingung mit dem höchsten Ausmaß an Vorinformation die mit Abstand kürzesten Reaktionszeiten. Da Anderson (1981) in Kontrollversuchen zeigen konnte, daß dieser Effekt nicht auf eine raschere Encodierung der bekannten (im Vergleich zu den erfundenen) Namen zurückgeführt werden kann, ist dieses Ergebnis eine Herausforderung für das ACT-Modell. Auch die bisher jüngste Version, das ACTstar-Modell in Anderson (1983a,c) und Anderson und Pirolli (1984) erlaubt keine befriedigende Erklärung dieses Befundes (vgl. dazu Abschnitt 6.3.2). Erst im Rahmen des Vernetzungsmodells (Kapitel 8) wird es möglich sein, eine widerspruchsfreie Interpretation dieses und ähnlicher Befunde zu geben.

Vorhersage 3

Die dritte und für uns interessanteste Vorhersage quantifiziert das Ausmaß des Fächereffektes. Hier wird – im Gegensatz zur eben besprochenen zweiten Vorhersage – vom Prinzip der indirekten Aktivierung ausgegangen. Der Suchprozeß beginnt beim Begriffsknoten und breitet sich in zwei Richtungen aus, in den Teil des Netzwerkes, der die Vorinformation repräsentiert, und in den Teil, der die erlernte(n) Lokation(en) repräsentiert. Da die Lokationsknoten auch mit den integrierten Fakten der Vorinformation verbunden sind (vgl. Abbildung 22b), werden sie nicht nur primär vom Begriffsknoten aktiviert (= direkte Aktivierung), sondern auch indirekt über das Vorwissen (= indirekte Aktivierung).

Um die quantitative Relation zwischen direkter und indirekter Aktivierung beschreiben zu können, verwenden wir nach Anderson (1981) die folgende Notation. Wir bezeichnen die Anzahl der erlernten Lokationen mit n und die Stärke jeder Kante, die den Begriffsknoten (= Personenknoten) mit den Lokationsknoten verbindet, mit s. Die Stärke aller Kanten des Vorwissens wird mit K bezeichnet. Die Gesamtstärke aller vom Begriffsknoten weggehenden Pfade ist daher gleich $K + ns$. Da nach ACT die Gesamtaktivierungsstärke S (hier: $S = K + ns$) unter allen Kanten, die vom Begriffsknoten ausgehen, aufgeteilt wird, ist das Ausmaß der direkten Aktivierung für einen Lokationsknoten gleich $s/(K + ns)$.

Die Lokationsknoten werden aber nicht nur direkt, sondern auch indirekt im Ausmaß fK (= fraction of K) aktiviert. Oder anders ausgedrückt, die Lokationsknoten erhalten einen bestimmten und - da die exakte Geometrie des Netzwerkes nicht bekannt ist - nicht näher definierbaren Bruchteil f der Aktivierungsstärke K. Das Ausmaß der indirekten Aktivierung ist daher durch $fK/(K + ns)$ definiert.

Addiert man das Ausmaß der direkten und indirekten Aktivierung zusammen, so erhält man: $(fK + s)/(K + ns)$. Die Zeit t, die für die Aktivierungsausbreitung benötigt wird, beträgt demnach (vgl. dazu auch Formel (1a)):

$$t = (K + ns)/(fK + s) \qquad (3)$$

Zur Schätzung der Reaktionszeit (RZ) wird eine lineare Funktion mit a und b als Regressionsparameter angenommen:

$$RZ = a + b((K + ns)/(fK + s)) \qquad (4)$$

Durch Umformung von (4) erhält man:

$$RZ = a + bK/(fK + s) + bns/(fK + s) \qquad (5)$$

Die dritte Größe, $bns/(fK + s)$, von Formel (5) bezieht sich auf den Fächereffekt. Da n im Zähler enthalten ist, ergibt sich, daß mit zunehmender Anzahl gelernter Lokationen die RZ zunimmt. Gleichzeitig ist aber zu berücksichtigen, daß K im Nenner steht und daß daher die Größe des Fächereffektes abnimmt, wenn das Ausmaß der Vorinformation zunimmt.

Die in Tabelle 6b wiedergegebenen Reaktionszeiten zeigen aber, daß diese Vorhersage nur für die Versuchsbedingungen 2–5 zutrifft: Je mehr Vorinformation gelernt wurde, desto mehr indirekte Aktivierung kann wirksam werden und desto kleiner ist der Fächereffekt. Die Ergebnisse von Versuchsbedingung 1 mit dem größten Ausmaß an Vorinformation widersprechen aber der Vorhersage des ACT-Modells, da hier der kleinste Fächereffekt aller 5 Versuchsbedingungen zu erwarten wäre. Tatsächlich aber ist der Fächereffekt in Versuchsbedingung 1 in etwa so groß wie in Versuchsbedingung 5, in der keine Vorinformation dargeboten wurde.

6.4 Die Aktivierungsgeschwindigkeit: Das ACT- und ACTstar-Modell

Es zählt zweifellos zu den seltenen und spannenden Ereignissen, wenn eine etablierte Theorie - wie z.B. Anderson's ACT-Modell - wegen der Ergebnisse eines einzigen, aber entscheidenden Experimentes modifiziert werden muß. Ratcliff und McKoon (1981) kommt das Verdienst zu, auf die Fragwürdigkeit einer zentralen Annahme des ACT-Modells - daß nämlich die Zeit für die Aktivierung einer Netzwerkkante zwischen 50–100 ms liegt (Anderson, 1976) - hingewiesen zu haben. Mit Hilfe eines Priming-Experimentes haben Ratcliff und McKoon (1981) gezeigt, daß die Zeit für die Aktivierungsausbreitung im Gedächtnis zu vernachlässigend klein ist und wahrscheinlich nur wenige Millisekunden pro Netzwerkkante beträgt.

Wegen der großen Bedeutung dieses Befundes wollen wir auf den Versuchsplan etwas näher eingehen. Vor dem Primingexperiment mußten die Versuchspersonen linear strukturierte Sätze lernen, in denen ein Begriff des ersten Satzes mit einem Begriff des zweiten Satzes und dieser wieder mit einem dritten und dieser wieder mit weiteren Sätzen verbunden war. Die so verknüpften Sätze ergeben eine sequentiell-lineare Ereigniskette, wie folgendes Beispiel zeigt (Ratcliff und McKoon, 1981, S.455): «Der Forscher gab dem Sheriff einen Rippenstoß. (H1 V H2). Der Sheriff starrte auf das Raumschiff. (H2 V H3). Das Raumschiff transportierte einen Fremden. (H3 V H4). Der Fremde zog eine Waffe. (H4 V H5). Die Waffe verdampfte einen Berg. (H5 V H6).» Die Bezeichnung «H1 .... H6» bedeutet «Hauptwort 1 ... Hauptwort 6», «V» steht für «Verb». Diese Sätze lassen sich nach dem ACT-Modell als Kette hierarchischer Strukturen darstellen, wie Abbildung 23 zeigt.

Nach dem Lernen dieser Satzketten wurde das Priming-Experiment durchgeführt. Vor dem Target-Wort wurde als Prime ein anderes Wort dargeboten, das vom Target entweder weit (z.B. H1 als Prime und H6 als Target) oder weniger weit (z.B. H5 als Prime und H6 als Target) entfernt war. Die Aufgabe der Versuchsperson

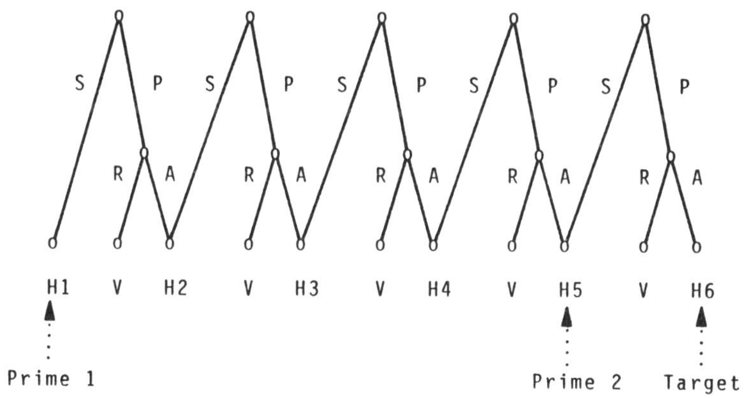

Abbildung 23: Sätze, die jeweils durch ein Hauptwort (H1, H2, ... H6) miteinander verbunden sind, ergeben nach ACT eine Kette strikt hierarchischer Strukturen (vgl. Ratcliff und McKoon, 1981, S. 456). Da nach ACT die Zeit für die Aktivierung einer Netzwerkkante zwischen 50 und 100 ms beträgt, sollte ein weit entfernter Prime (Prime 1) um wesentliches später wirksam werden als ein nahe gelegener Prime (Prime 2). H = Hauptwort, V = Verb, S = Subjekt, P = Prädikat, R = Relation, A = Argument.

bestand darin zu beurteilen, ob das Target-Wort in der Satzliste vorgekommen ist oder nicht. Die wichtigsten unabhängigen Variablen waren die Stimulusonsetasynchronie (der zeitliche Abstand zwischen Darbietungsbeginn des Primes und Targets) und die Entfernung Prime-Target in der Satzliste. Die wichtigste abhängige Variable war die Raktionszeit. Das Ergebnis dieses Experimentes zeigt, daß Priming-Effekte (die Verkürzung der Reaktionszeit durch den Prime) für weit und weniger weit entfernte Prime - Target Paare zur *selben* Zeit und bereits nach einer Stimulusonsetasynchronie von 100 msec auftraten. Unter der Annahme einer sehr langsamen Aktivierung von Netzwerkkanten müßte ein nahe gelegener Prime um wesentliches früher wirksam werden als ein entfernter Prime. Dies ist aber, wie die Ergebnisse eindrucksvoll belegen, nicht der Fall.

In der jüngeren Variante des ACT-Modells, dem ACTstar-Modell geht Anderson von der Annahme einer sehr raschen, praktisch gleichzeitig erfolgenden Aktivierungsausbreitung aus (Anderson, 1983a, S. 28; 1983c, S. 265; Anderson und Pirolli, 1984, S. 792), die durch simultane lineare Gleichungssysteme beschrieben werden kann (vgl. dazu die ausführliche Diskussion eines Beispiels in Abschnitt 8.4.1 weiter unten). Eine Konsequenz dieser Annahme ist, daß reverberierende Aktivität wirksam wird: Jeder aktiverte Knoten schickt Aktivität zu jenen Knoten zurück, von denen er aktiviert wird (vgl. z.B. Anderson, 1983c, S. 266). Eine weitere Konsequenz daraus ist, daß reverberierende Kanten, die konvergieren, das Aktivitätsausmaß am konvergierenden Knotenpunkt erhöhen. Dieser Effekt führt zu einer Abschwächung des Fächereffektes.

Ähnlich wie bei Anderson (1981) ist auch im Rahmen des ACTstar-Modells die Annahme nicht strikt hierarchischer Strukturen möglich (vgl. dazu das Beispiel von Abbildung 22b) und alle dort besprochenen Überlegungen gelten auch hier. Trotz der Unterschiede zwischen dem ACT- und dem ACTstar-Modell (vgl. die Übersicht in Anderson, 1983a, S. 22ff.) bleiben alle bisher besprochenen Argumente in ihrer Gültigkeit unverändert bestehen. Dies deswegen, weil die Erklärung des Fächereffektes (nach Formel 1 und 1a) für das ACT-Modell ebenso gültig ist wie für das ACTstar-Modell. Wir werden in Kapitel 8 zeigen, daß die Überwindung des Paradoxons der Abrufinterferenz nur dann möglich ist, wenn die Annahme hierarchischer Strukturen und die den Formeln 1 und 1a zugrunde liegenden Annahmen fallen gelassen werden.

7. Strikt und nicht strikt hierarchische Modelle zur Wortbedeutung

Modelle zur Wortbedeutung unterscheiden sich von Modellen zum Faktenabruf vor allem durch ihre inhaltliche Zielsetzung. Bezüglich der Art der Repräsentationsannahmen aber gibt es auffallende Gemeinsamkeiten. Die folgenden Abschnitte werden zeigen, daß frühe Modelle zur Wortbedeutung eine ebenso strikt hierarchische Struktur aufweisen, wie frühe Modelle zum Faktenabruf und daß man auch hier die Annahme strikt hierarchischer Strukturen bei jüngeren Modellen aufgegeben hat. Zunächst aber wollen wir im Rahmen einer Gegenüberstellung auf die Unterschiede dieser Modelle aufmerksam machen. Anschließend werden wir auf die zentralen Fragen eingehen, die sich bei der Untersuchung der Wortbedeutung ergeben.

Modelle zur Wortbedeutung und zum Faktenabruf: Eine Gegenüberstellung

Modelle zum Faktenabruf wurden zu Recht als Makromodelle des Gedächtnisses (large-scale memory models, Smith, 1978) bezeichnet. Sie beziehen sich ausschließlich auf jene Encodierungsstruktur, die verschiedene Begriffe untereinander verbindet. Die Frage, in welcher Form die Information innerhalb eines Begriffes repräsentiert ist, wird von diesen Modellen nicht behandelt. Makromodelle treffen keine Annahmen über die Repräsentationsform von Begriffen. Modelle zur Wortbedeutung beschäftigen sich aber genau mit dieser Frage. Es wird untersucht, welche Encodierungsstruktur der Repräsentation von Begriffen zu Grunde liegt. Modelle zur Wortbedeutung beziehen sich auf vergleichsweise elementare Repräsentationsformen und können daher im Gegensatz zu den Modellen zum Faktenabruf als Mikromodelle des Gedächtnisses bezeichnet werden.

Modelle zur Wortbedeutung beschäftigen sich nicht nur mit dem Encodierungsformat von Begriffen, d.h. mit der Frage, welche Merkmalsstruktur Begriffen zu Grunde liegt. Ebenso bedeutend sind auch bestimmte Relationen zwischen Begriffen, wie z.B. Ober- und Unterbegriffsrelationen, Relationen zwischen gegensätzlichen Begriffen u.ä. Die Relationen zwischen den Merkmalen eines Begriffes und die nicht episodischen Relationen zwischen Begriffen wurden von Klix (Klix, Kukla und Klein, 1976; Klix, 1977b) unter dem Namen «innerbegriffliche Relationen» zusammengefaßt. Sie stellen jene Art von Wissen dar, die auch nach der restriktivsten Definition als semantische Information bezeichnet werden kann. Im Gegensatz dazu beziehen sich zwischenbegriffliche Relationen auf eine sehr heterogene Klasse von Zusammenhängen im LZG. Unter dieser Bezeichnung werden nicht nur Erlebniszusammenhänge und situative Relationen, sondern auch sprachliche und syntaktische Relationen zusammengefaßt. Nach dieser von Klix eingeführten Definition, können die hier besprochenen Modellgruppen sehr einfach unterschieden werden: Modelle zur Wortbedeutung beziehen sich primär auf innerbegriffliche, Modelle zum Faktenabruf hingegen ausschließlich auf zwischenbegriffliche Information.

Die Definition von Klix erinnert an die Unterscheidung episodischer und semantischer Information von Tulving (1972, 1983). Beide Definitionen, die von Klix und die von Tulving, sind aber keineswegs identisch. Innerbegriffliche Relationen sind zwar ausnahmslos als «semantisch» zu bezeichnen, sie beziehen sich allerdings nur auf einen kleinen Teil dessen, was Tulving unter semantischer Information versteht. So ist z.B. nach Tulving syntaktische Information Bestandteil des semantischen Wissens, nach Klix aber ist sie als zwischenbegriffliche Relation zu verstehen. Zwischenbegriffliche Relationen können daher als Mischung aus semantischer Information (insofern sie sich z.B. auf sprachlich-syntaktische Relationen bezieht) und episodischer Information (insofern sie sich z.B. auf kontextuell-situative Relationen stützt) angesehen werden. Auch nach der Definition von Tulving sind Modelle zum Faktenabruf nicht als (reine) semantische Gedächtnismodelle zu bezeichnen. Sie erfassen zwar die Syntax der Sprache und semantische Relationen zwischen Begriffen, gleichzeitig aber beschäftigen sie sich auch mit episodischer Information. Der Grund dafür ist sofort ersichtlich, wenn man bedenkt, daß Experimente zum Faktenabruf immer aus einem Wiedererkennungstest bestehen. Da im Wiedererkennungstest vorher erlerntes Wissen getestet wird, muß die Versuchsperson für eine richtige Antwort auch episodische Information abrufen. Sie muß beurteilen, welche im Wiedererkennungstest dargebotenen Sätze «alte» (d.h. vorher erlernte) oder «neue» (d.h. vorher nicht erlernte) Sätze sind. Ohne die Berücksichtigung dieser zeitlich-kontextuellen Relation, die für episodische Information kennzeichnend ist, wäre es den Versuchspersonen nicht möglich, den Wiedererkennungstest durchzuführen.

Modelle zur Wortbedeutung können nach allen bisher erläuterten Definitionsversuchen (vgl. Abbildung 11 in Kapitel 5) ohne jede Einschränkung als semantische Gedächtnismodelle bezeichnet werden. Das klassische Thema semantischer Gedächtnistheorien betrifft die Frage, wie die Bedeutung von Begriffen im Gedächtnis repräsentiert ist. Die in Begriffen gespeicherte Information bildet das permanente, ausschließlich im LZG gespeicherte Wissen, das sich zumindest beim Erwachsenen nur mehr wenig verändert und einen wesentlichen Teil unseres «Weltwissens» ausmacht.

Ein Vergleich der einschlägigen experimentellen Paradigmen zeigt, daß sich Modelle zum Faktenabruf und zur Wortbedeutung auch von der Art der Gedächtnisanforderung prinzipiell unterscheiden. Wie erwähnt wurde, müssen die Versuchspersonen in Experimenten zum Faktenabruf jenes Material, für das sie getestet werden, vorher auswendig lernen, d.h. so lange wiederholen, bis sie ein 100%-iges Lernkriterium erreicht haben. Da das dargebotene Material explizit memoriert werden muß und das Erreichen eines Lernkriteriums verlangt wird, handelt es sich beim Faktenabruf nicht um eine KZG-Anforderung. Andererseits aber liegt auch keine reine LZG-Anforderung vor, wenn man als Vergleich semantische Gedächtnisanforderungen heranzieht. Die Versuchspersonen werden sich nach einigen Monaten wohl kaum mehr an das erlernte Material erinnern. Semantisches Wissen steht uns aber nicht nur für einige Monate oder Jahre, sondern für unsere gesamte Lebenszeit zur Verfügung. Gedächtnisanforderungen, die sich weder als reine KZG- noch als reine LZG-Aufgaben klassifizieren lassen, werden üblicherweise als «non permanent memory tasks» bezeichnet.

Im Gegensatz zum Faktenabruf müssen die Versuchspersonen in semantischen Gedächtnisanforderungen das Material, für das sie getestet werden, nicht vorher lernen. In einem semantischen Gedächtnistest muß eine Versuchsperson beispielsweise beurteilen, ob ein bestimmter Begriff (z.B. «Adler») zu einem Oberbegriff (z.B. Vogel, Tier, Lebewesen) gehört oder nicht. Hier wird Wissen getestet, über das jeder gesunde Erwachsene permanent verfügt. Semantische Gedächtnisaufgaben stellen daher die reinste Form einer LZG-Aufgabe dar, die denkbar ist.

Untersuchungen zur Wortbedeutung: zentrale Themen

Es gibt nur wenige Bereiche innerhalb der Gedächtnispsychologie, die so gut und ausführlich durch zusammenfassende Darstellungen dokumentiert sind, wie dies bei Modellen zur Wortbedeutung der Fall ist. Wegen dieses großen Angebotes exzellenter Übersichtswerke (Smith, 1978; Kintsch, 1980; Smith und Medin, 1981; McNamara und Sternberg, 1983; Medin und Smith, 1984; Johnson-Laird, Herrmann und Chaffin, 1984; Hoffmann, 1986; Johnson und Hasher, 1987; Johnson-Laird, 1987) werden wir auf eine zusammenfassende Beschreibung dieser Modelle verzichten und anstelle dessen auf die grundlegensten Annahmen und die wichtigsten Streitfragen eingehen.

So gut wie alle jüngeren Modelle zur Wortbedeutung gehen von der grundsätzlichen Annahme aus, daß die Bedeutung von Begriffen in semantische Komponenten zerlegt werden kann (vgl. auch Gentner, 1975). Daß diese Annahme, die mit «atomization of meaning» (Bolinger, 1965) oder generell mit «decomposition of meaning» bezeichnet wurde, so weite Verbreitung fand, ist zweifellos sehr wesentlich auf die einflußreiche Arbeit von Katz und Fodor (1963) zurückzuführen. Die semantische Theorie von Katz und Fodor beruht auf dem Gedanken, daß Wörter in einer Art Lexikon als «lexical items» gespeichert sind und daß ihre Bedeutung durch «semantic markers» und «distinguishers» beschrieben werden kann: «The semantic markers and distinguishers are the means by which we can decompose the sense of a lexical item into its atomic concepts, and thus exhibit the semantic structure in a dictionary entry and the semantic relations between dictionary entries» (Katz und Fodor, 1963; S. 185).

Aus diesen wenigen Grundannahmen, der Zerlegung der Wortbedeutung in semantische Komponenten und der Unterscheidung verschiedener Arten semantischer Komponenten, ergibt sich das Programm zur Untersuchung der Wortbedeutung. Keine semantische Gedächtnistheorie kann es sich leisten, sich mit diesen Annahmen nicht auseinanderzusetzen. Es ist daher auch nicht überraschend, daß für den Begriff «semantische Komponenten» ebenso viele Bedeutungen wie Bezeichnungen existieren. Collins und Quillian (1969) sprechen von Eigenschaften (= properties), Smith (Smith, Shoben und Rips, 1974; Smith und Medin, 1981) und Kintsch (1974) von semantischen Merkmalen (= semantic features), Rosch verwendet die allgemeinere Bezeichnung «Attribute» (= attributes als übergeordneten Begriff für Merkmale und Dimensionen; vgl. z.B. Mervis und Rosch, 1981), Glass und Holyoak (1975) hingegen übernehmen den Begriff «semantic marker» von Katz und Fodor. Alle bis jetzt erwähnten Bezeichnungen gelten nur für Substantive. Für Verben hingegen hat sich die Bezeichnung «semantische Primitive» (= semantic primitives) eingebürgert.

Auch bei der Unterscheidung verschiedener Arten von semantischen Komponenten werden unterschiedliche Schwerpunkte gesetzt. Smith, Shoben und Rips (1974) haben die bekannte Gegenüberstellung von definitorischen (= defining) und charakteristischen Merkmalen (= characteristic features) eingeführt (vgl. auch McNamara und Sternberg, 1983). Klimesch (1981) unterscheidet Objektmerkmale (= anschauliche semantische Merkmale), Begriffsmerkmale (= unanschauliche semantische Merkmale) und episodische Merkmale. Engelkamp (1987; 1988) betont die Bedeutung motorischer Komponenten und Hoffmann verweist vor allem auf die Unterschiede zwischen anschaulichen und unanschaulichen (Hoffmann und Ziessler, 1982) bzw. sensorischen und Beziehungsmerkmalen (Hoffmann, 1986).

Um eine einheitliche Terminologie zu gewährleisten, werden wir uns in Übereinstimmung mit anderen Autoren (wie z.B. Smith, Kintsch und Hoffmann) auf die Bezeichnung «semantische Merkmale» (= semantic features) festlegen. Wir werden diesen Begriff in einer sehr allgemeinen Bedeutung verwenden und keinen Wert darauf legen, ihn von anderen ähnlichen Begriffen abzugrenzen. Mit «semantischen Merkmalen» bezeichnen wir zunächst nicht näher bestimmbare Komponenten der Wortbedeutung.

Die so weit verbreitete Annahme semantischer Merkmale macht deutlich, daß es bei der Untersuchung der Wortbedeutung um die Untersuchung von Komponentencodes geht: Die semantischen Merkmale sind die Komponenten des semantischen Codes eines Wortes bzw. Begriffes. Geht man von Komponentencodes aus und berücksichtigt man die Konsequenzen, die sich aus dieser Annahme ergeben, so wird klar, daß dann, wenn die Bedeutung eines Wortes im Gedächtnis aktiviert wird, zumindestens einige - keineswegs aber alle - semantische Merkmale aktiviert werden müssen (vgl. Annahme 2d in Abschnitt 3.5). Im Rahmen von Komponentencodes ist die Annahme der Zerlegung in semantische Merkmale zwingend.

Zu dieser Frage, ob die Zerlegung der Wortbedeutung obligatorisch ist oder nicht, werden sehr unterschiedliche Auffassungen vertreten. Kintsch vermutet, daß die Dekomposition der Wortbedeutung keine zwingende Annahme ist (Kintsch, 1974; 1980) und daß die Bedeutung eines Begriffes im Gedächtnis abrufbar ist, ohne daß dabei Merkmale aktiviert werden müssen. Die Argumentation von Kintsch beruht auf der Vermutung, daß komplexe Begriffe mit vielen Merkmalen langsamer verarbeitet werden als weniger komplexe Begriffe mit nur wenigen Merkmalen. Nur dann, wenn sich diese Vermutung - die von Gentner (1981) als Komplexitätshypothese bezeichnet wurde - auch empirisch bestätigen läßt, kann nach Kintsch davon ausgegangen werden, daß Begriffe im Gedächtnis auch tatsächlich durch Merkmale repräsentiert sind. Die von Kintsch berichteten experimentellen Ergebnisse (Kintsch, 1974; S. 219 ff.) zeigen aber, daß komplexere Begriffe weder langsamer verarbeitet werden noch mehr Gedächtniskapazität beanspruchen als weniger komplexe Begriffe. Da die Komplexitätshypothese empirisch nicht gestützt werden kann, nimmt Kintsch an, daß die Wortbedeutung nicht durch semantische Merkmale im Gedächtnis repräsentiert ist.

Diese Auseinandersetzung um die Dekompositions- und Komplexitätshypothese ist trotz der weit verbreiteten Annahme semantischer Merkmale auf die zentrale Streitfrage zurückzuführen, ob semantische Information durch ganzheitliche oder durch Komponentencodes repräsentiert wird. Wenn man die Dekompositionshypothese ablehnt - wenn also keine expliziten Annahmen über das Encodierungsformat von Begriffen gemacht werden -, dann liegen ganzheitliche Codes vor. Es kann z.B. angenommen werden, daß die Bedeutung von Begriffen durch ganzheitliche Prototypen, Schemata oder Templates definiert ist (vgl. dazu das Beispiel in Smith und Medin, 1981, S. 130 ff.). Im Rahmen dieser Auffassung ist die Komplexitätshypothese bedeutungslos.

Wird aber die Dekompositionshypothese akzeptiert, dann ist dies gleichbedeutend mit der Annahme von Komponentencodes. Als Konsequenz daraus ergibt sich wiederum, daß Annahmen über die Art und die Struktur der Komponenten bzw. hier der semantischen Merkmale getroffen werden müssen. Diese entscheidende Frage wird aber durch die Dekompositionshypothese nur unzureichend beantwortet, da hier explizite Annahmen über die Struktur der semantischen Merkmale fehlen. Aus unserer Sicht bleiben die meisten Autoren, die von der Dekompositionshypothese ausgehen, am halben Weg stehen. Sie akzeptieren zwar - zumindest dem Prinzip nach - die Annahme von Komponentencodes, sie vermeiden es aber, weiterführende Annahmen über die Struktur der Komponenten zu treffen. Fehlen explizite Annahmen über die Struktur, dann ergibt sich die Komplexitätshypothese als zwingende Konsequenz aus der Dekompositionshypothese. Dies deswegen, weil im Rahmen der Komplexitätshypothese implizit von einer hierarchischen Codierungsstruktur ausgegangen wird. Hierarchische Strukturen führen zur Vorhersage, daß Aktivierungs- und Suchprozesse mit zunehmender Komplexität langsamer werden.

Wir werden erst in Kapitel 8 zeigen, daß in vernetzten Strukturen andere Vorhersagen gelten und daß es durchaus möglich ist, für komplexere Codes kürzere Verarbeitungszeiten anzunehmen als für weniger komplexe Codes. Die Dekompositionshypothese darf daher solange nicht verworfen werden, bis klargestellt ist, ob die Komplexitätshypothese zutreffend ist oder nicht. Beide Hypothesen, die Komplexitäts- und die Dekompositionshypothese stehen somit in enger Wechselwirkung zueinander, wie Abbildung 24 zeigt und können nicht unabhängig voneinander untersucht werden.

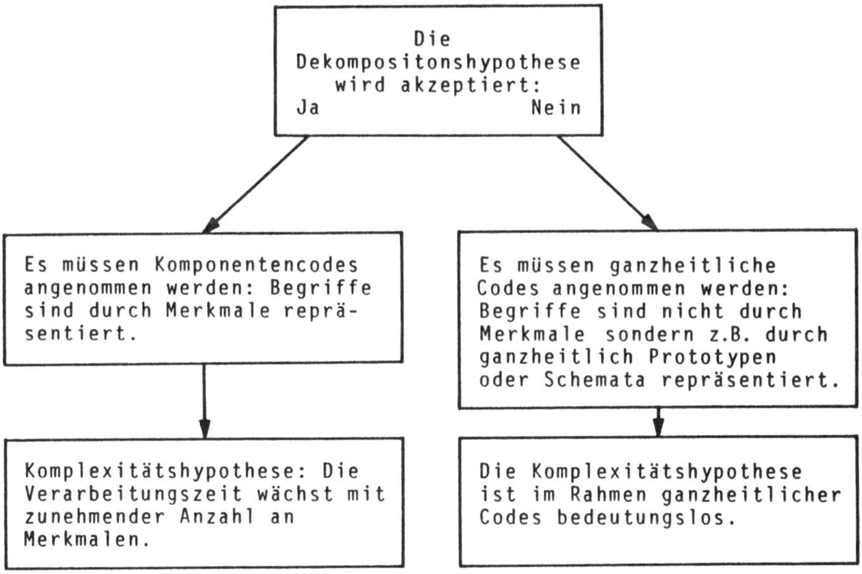

Abbildung 24: Die Wechselwirkung zwischen Dekompositions- und Komplexitätshypothese einerseits und zwischen der Annahme ganzheitlicher und Komponentencodes andererseits.

In den folgenden Abschnitten wollen wir vor dem Hintergrund der besprochenen Streitfragen zeigen, welche Repräsentationsannahmen den wichtigsten und einflußreichsten Modellen zur Wortbedeutung zu Grunde liegen. Es gibt allerdings noch eine andere Streitfrage, die in der einschlägigen Literatur immer wieder hervorgehoben wird und auf die wir nur kurz eingehen wollen: die Auseinandersetzung zwischen Netzwerk- und Merkmalslistenmodellen. Seit Hollan (1975) gezeigt hat, daß beide Modellgruppen mathematisch äquivalent sind, gäbe es eigentlich keinen Grund mehr, dieser Auseinandersetzung große Bedeutung beizumessen. Trotzdem aber unterscheiden sich die beiden Modellgruppen bezüglich der Genauigkeit der Repräsentationsannahmen. Nur Netzwerk-, nicht aber Merkmalslistenmodelle gehen von expliziten Repräsentationsannahmen aus. Die Vermeidung expliziter Repräsentationsannahmen führt, wie wir bereits wiederholt betont haben, «by default» zur Annahme hierarchischer Strukturen.

7.1 Strikt hierarchische Modelle zur Wortbedeutung

Wie Kintsch (1980) zu recht hervorhebt, ist die Annahme hierarchischer Begriffsstrukturen mehr als 2000 Jahre alt. Bereits Aristoteles (Topik, 1. Buch, Kapitel 4, 5, und 15; in Rolfes, 1918) hat sich mit der logisch einwandfreien Definition von Wörtern beschäftigt und dabei eine semantische Klassifikationshierarchie eingeführt, in der jede Gattung (Genus) in Subgattungen unterteilt wird. Das entscheidende Merkmal eines Objektes ist nach Aristoteles seine Zugehörigkeit zur nächsten Gattung (Genus proximum) der Klassifikationshierarchie. Oder anders ausgedrückt, die Zugehörigkeit zum unmittelbaren Oberbegriff ist das wichtigste Merkmal eines Begriffes (vgl. dazu die Beziehungsmerkmale von Hoffmann (1986) oder die Begriffsmerkmale von Klimesch (1981)). So z.B. ist der Begriff «Mensch» - nach Aristoteles - am besten durch seine Zugehörigkeit zur Gattung der «Sinnenwesen» zu kennzeichnen. Die Angabe «Menschen sind Lebewesen» hingegen wäre zu allgemein, da auch Pflanzen Lebewesen sind.

Aristoteles unterscheidet aber noch andere wichtige Merkmale, die bei der Klassifikation eines Objektes berücksichtigt werden müssen, so vor allem Proprium und Akzidenz. Unter «Proprium» werden Merkmale verstanden, die nur dem betrachteten Objekt «eigentümlich», d.h. nur für dieses Objekt, aber nicht für andere Objekte der selben Gattung zutreffend sind. Nach Smith et al. (1974) können Merkmale dieser Art als «definitorisch» bezeichnet werden. So z. B. ist das Merkmal «ist fähig Grammatik (d.h. hier: Schreiben und Lesen) zu lernen» nur für «Mensch», nicht aber für «Vogel» oder für irgend ein anderes Mitglied der Gattung der «Sinnenwesen» zutreffend.

Aristoteles berücksichtigt aber auch Merkmale, die nicht den strengen Charakter eines Propriums aufweisen, sondern nur «beziehungsweise eigentümlich» sind, wie beispielsweise das Merkmal «hat zwei Beine» den Menschen in Beziehung zu «Hund» oder «Pferd», nicht aber zu «Vogel» unterscheidet. Die Ähnlichkeit dieser Merkmalsgruppe mit den charakteristischen Merkmalen nach Smith et al. (1974) ist nicht zu übersehen. Das Merkmal «hat zwei Beine» ist zwar für den Menschen charakteristisch oder typisch, es ist aber nicht definitorisch, da z.B. auch Vögel zwei Beine haben.

Unter dem Begriff «Akzidenz» werden Merkmale zusammengefaßt, die weder Proprium noch Gattung sind und einem Objekt nur zeitweilig zukommen, wie beispielsweise «schlafen» oder «sitzen». Abbildung 25 zeigt ein Beispiel, das auf der Grundlage der Aristotelischen Klassifikationshierarchie und in Anlehnung an Kintsch (1980) in Form eines strikt hierarchischen Netzwerkes dargestellt wurde.

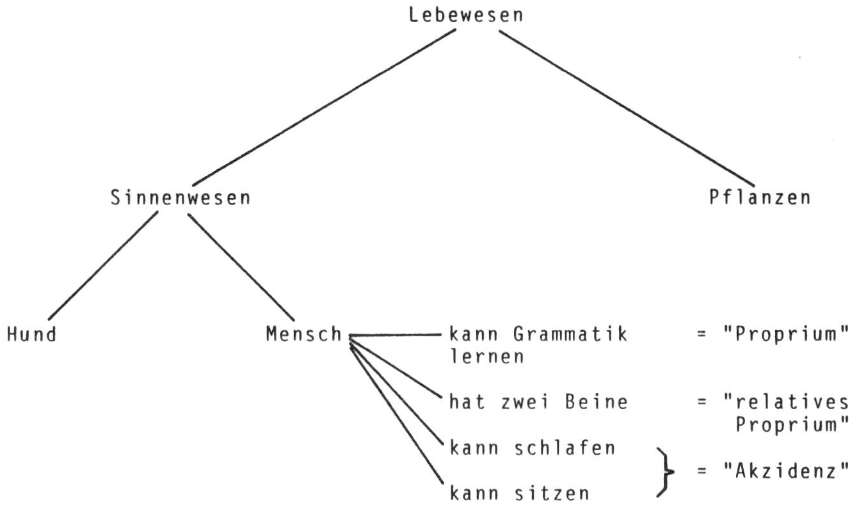

Abbildung 25: Semantische Hierarchie nach Aristoteles (Topik, 1. Buch, Kapitel 5), dargestellt als Netzwerk und als Merkmalsmodell der Wortbedeutung.

Wie Abbildung 25 zeigt, wird die Wortbedeutung einerseits durch die Gattungszugehörigkeit (bzw. durch Oberbegriffsrelationen) und andererseits durch eine Reihe spezifischer Merkmale festgelegt. Die Aristotelische Theorie zur Wortbedeutung kann daher bereits als semantische Merkmalstheorie bezeichnet werden. Die Ähnlichkeit dieser Theorie mit bekannten psychologischen Modellen (vor allem mit Collins und Quillian, 1969; 1970 und Smith et al., 1974) ist nicht zu übersehen.

Auch die für psychologische Arbeiten so einflußreiche semantische Theorie von Katz und Fodor (1963) beruht auf der Annahme strikt hierarchischer Strukturen. Ausgangspunkt für diese Annahme ist die Frage, wie die Bedeutung von Morphemen bzw. verschiedener grammatikalischer Strukturen interpretiert wird. Katz und Fodor vermuten, daß die Bedeutung von Morphemen in einem «Lexikon» (= dictionary) gespeichert ist und daß Projektionsregeln (= projection rules) den Zugriff zu den bedeutungstragenden Einheiten (= lexical items) des Lexikons gewährleisten. Projektionsregeln können daher als das zwischen syntaktischer und semantischer Information verbindende Element angesehen werden. In diesem Zusammenhang darf nicht unerwähnt bleiben, daß der linguistische Begriff «Lexikon» im wesentlichen das bezeichnet, was in psychologischen Arbeiten unter dem Begriff «semantisches Gedachtnis» verstanden wird und daß beide Begriffe sehr häufig synonym verwendet werden.

Wie sieht nun die Eintragung lexikalischer Items im Lexikon bzw. im semantischen Gedächtnis aus? Da jeder gesprochene oder geschriebene Satz zuerst phonemisch bzw. graphemisch analysiert werden muß, bevor er verstanden werden kann, ist es naheliegend anzunehmen, daß die Eintragung im Lexikon zunächst nach grammatikalischen Merkmalen zu erfolgen hat. Am Beginn der lexikalischen Eintragung stehen daher «grammatikalische Marker» (= grammatical marker), die z.B. angeben, zu welcher Wortklasse (Substantiv, Verb, Adjectiv etc.) ein lexikalisches Item gehört. Die verschiedenen Bedeutungen eines lexikalischen Items werden durch zwei verschiedene Merkmale, semantische Marker und «distinguishers», repräsentiert. Semantische Marker sind allgemeine Merkmale, die allen in der Hierarchie tiefer liegenden Bedeutungen eines lexikalischen Items gemeinsam sind, «distinguishers» hingegen geben jeweils eine für das lexikalische Item spezifische Bedeutung an, die sie von anderen Bedeutungen des selben Items unterscheidet. Abbildung 26 zeigt an dem inzwischen berühmt gewordenen «bachelor»-Beispiel, was unter grammatikalischen und semantischen Markern sowie unter «distinguishers» zu verstehen ist.

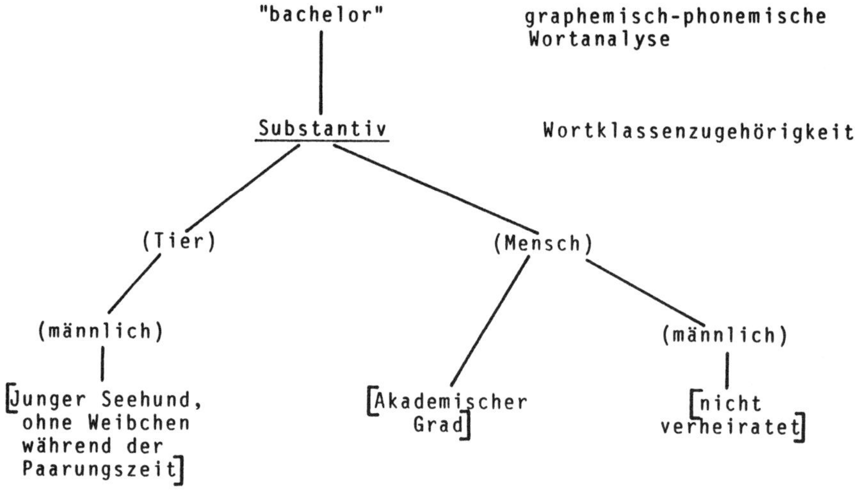

Abbildung 26: Das «bachelor»-Beispiel, modifiziert und vereinfacht nach Katz und Fodor (1963, S. 186). Runde Klammern symbolisieren semantische «Marker», eckige Klammern «distuingishers». Unterstreichungen kennzeichnen grammatikalische «Marker».

Die bisher besprochenen Beispiele zeigen, daß das bekannte und einflußreiche Modell von Collins und Quillian (1969), das nicht nur am Beginn der semantischen Gedächtnispsychologie steht, sondern diese auch begründet hat, keineswegs das erste hierarchische Modell zur Wortbedeutung war. Es war aber das erste Modell, das einer systematischen experimentellen Überprüfung unterzogen wurde.

Die Netzwerktheorie von Collins und Quillian beruht – ähnlich wie HAM, ACT oder ACTstar – auf einem Simulationsprogramm (dem «Teachable Language Comprehender» oder «TLC») und weist eine strikt hierarchische Struktur auf, die der Aristotelischen Klassifikationsstruktur verblüffend ähnlich ist. Der wichtigste Unterschied zu Aristoteles besteht im wesentlichen darin, daß Collins und Quillian prinzipiell die Bedeutung aller Begriffe (auch abstrakter Oberbegriffe) in Merkmale zerlegen. Die Zuordnung der Merkmale zu den Begriffen verschiedener hierarchischer Stufen einer semantischen Kategorie erfolgt dabei nach dem Prinzip der Speicherökonomie. Abbildung 27 zeigt was damit gemeint ist: Jedes Merkmal wird nur an einer Stelle und zwar an der höchstmöglichen Stufe des strikt hierarchischen Netzwerkes abgespeichert.

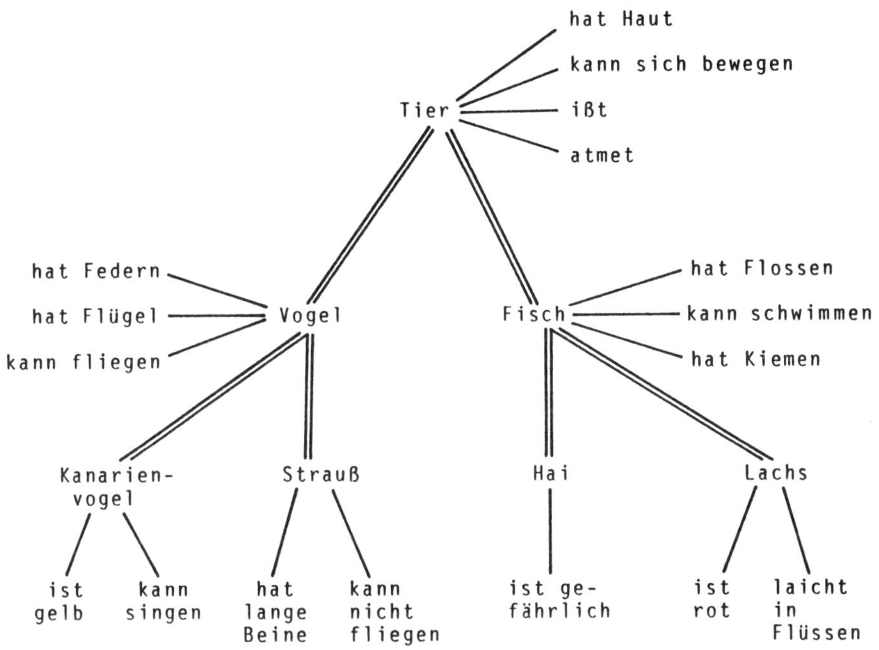

Abbildung 27: Strikt hierarchisches Begriffsnetzwerk nach Collins und Quillian (1969). Die Annahme additiver Suchzeiten gilt nur für die doppelt gezeichneten Kanten der Begriffshierarchie. Merkmale können parallel und unabhängig zu den Suchprozessen in der Begriffshierarchie aktiviert werden.

Es sind zwei wichtige Eigenschaften, die den klassischen Beispielen von Aristoteles, Katz und Fodor und Collins und Quillian gemeinsam sind: die strikt hierarchische Begriffsstruktur und die Annahme einer definitorischen Merkmalsbeschreibung. Vor allem die zuletzt genannte Annahme wurde zurecht häufig kritisiert (vgl. z.B. Fodor, Garret, Walker und Parkes, 1980).

Diese prinzipiellen Fragen werden wir in Kapitel 9 noch ausführlich besprechen. Hier wollen wir zeigen, welchen empirischen Erklärungswert strikt hierarchische Modelle zur Wortbedeutung haben.

7.1.1 Das experimentelle Paradigma vom Typ «Ist X ein Y?» und die wichtigsten Ergebnisse

Es sind vor allem die folgenden drei Paradigmen, die bevorzugt zur Überprüfung semantischer Gedächtnistheorien verwendet werden, Satzverifikationsparadigmen (z.B. Collins und Quillian, 1969; Smith et al. 1974), semantische Kategorisierungs- oder Vergleichsparadigmen (vgl. z.B. die Übersichten in Klimesch, 1981; 1982a) und Priming-Paradigmen (vgl. dazu Abschnitt 9.6). Trotz der Unterschiede zwischen diesen Paradigmen gibt es eine entscheidende Eigenschaft, durch die so gut wie alle semantischen Gedächtnisexperimente gekennzeichnet sind: Es werden immer Relationen zwischen verschiedenen Begriffen (z.B. Ober- oder Unterbegriffsrelationen) oder zwischen Begriffen und ihren Merkmalen getestet.

In Satzverifikationsexperimenten werden diese Relationen in Form von Sätzen ausgedrückt (z.B.: «Ein Kanarienvogel ist ein Tier») und die Versuchsperson hat die Aufgabe, die Gültigkeit der semantischen Relation mit «Ja» oder «Nein» zu beurteilen. In semantischen Kategorisierungs- oder Vergleichsparadigmen wird hingegen vor der Darbietung einer Serie verschiedener Begriffe (z.B. «Kanarienvogel», «Auto», «Hai» etc.) oder Begriffspaare (z.B. «Kanarienvogel-Adler», «Auto-Hai») ein Oberbegriff (z.B. «Tier») genannt und die Versuchspersonen müssen dann für jeden Begriff bzw. für jedes Begriffspaar beurteilen, ob die vorgegebene Oberbegriffsrelation zutreffend ist oder nicht. In Primingexperimenten ist die Darbietung von Stimuluspaaren obligatorisch. Die Art der Stimuli kann hingegen beliebig variieren. So kann z.B. der erste und/oder zweite Stimulus ein Begriff oder ein Begriffsmerkmal sein. Hier ist man nicht nur an den Auswirkungen der semantischen Relationen, sondern vor allem auch an der Länge des Interstimulusintervalles zwischen den beiden Stimuli eines Paares interessiert.

Satzverifikationsparadigmen zur Wortbedeutung sind insoferne problematisch, als hier nicht nur semantische, sondern auch syntaktische Relationen variiert werden. Da es aber bei der Untersuchung zur Wortbedeutung nur um semantische Relationen geht, ist eine mögliche Konfundierung zwischen syntaktischen und semantischen Relationen eine nicht kontrollierbare Quelle für Fehlinterpretationen. Dies ist wahrscheinlich auch der Grund dafür, daß in den meisten jüngeren Arbeiten semantische Kategorisierungs-, Vergleichs- oder Primingexperimente anstelle von Satzverifikationsparadigmen verwendet werden.

Allen experimentellen Paradigmen ist aber gemeinsam, daß sie semantische Relationen zwischen zwei Stimuli, die entweder Begriffe oder Begriffsmerkmale sein können, testen. Um eine einheitliche und übersichtliche Notation zu gewährleisten, werden wir im folgenden die beiden Stimuli mit «X» und «Y» bezeichnen. Sowohl die mit «X», als auch die mit «Y» bezeichneten Stimuli können Begriffe (unter- oder übergeordnete Begriffe) oder semantische Merkmale sein. Eine weitere Gemeinsamkeit der beschriebenen experimentellen Paradigmen besteht darin, daß die Versuchspersonen die Gültigkeit einer semantische Relation immer nur mit «Ja» (bzw. «zutreffend») oder «Nein» (bzw. «nicht zutreffend») beurteilen können. Die abhängige Variable ist die Reaktionszeit (oder «Verifikationszeit») für die Beurteilung der semantischen Relation.

In Tabelle 7 sind – stellvertretend für die verschiedenen Varianten des Paradigmas «Ist X ein Y?» bzw. «Gehört X zu Y?» – der Versuchsaufbau, die Stimuli und die wichtigsten Resultate der klassischen Arbeit von Collins und Quillian wiedergege-

Tabelle 7: Versuchsablauf, Stimuli und Ergebnisse eines Experimentes vom Typ «X-Y?», nach Collins und Quillian (1969, S. 244). Die RZn wurden einer Abbildung entnommen. Die angegebenen Werte können daher geringfügig von den tatsächlichen Werten abweichen.

a) Versuchsablauf:

Den Vpn werden verschiedene (hier insgesamt 224) Sätze dargeboten, die alle eine semantische Relation (symbolisiert durch " --- ") zwischen zwei Begriffen (X und Y) oder zwischen einem Begriff (x) und einem Merkmal (y) ausdrücken. Für die Häfte der Sätze ist die Relation zutreffend, für die andere Hälfte jedoch nicht. Die Reihenfolge der Sätze mit zutreffenden und nicht zutreffenden Relationen ist randomisiert. Die Vp beurteilt für jeden Satz, ob die semantische Relation zwischen X und Y, bzw. zwischen x und y gültig ist oder nicht. Die Antwort erfolgt durch Betätigen einer "Ja"- oder "Nein"- Taste. Die abhängige Variable ist die RZ, gemessen vom Darbietungsbeginn eines Satzes bis zum Betätigen der "Ja"- oder "Nein"-Taste.

b) Stimuli:

Die Stimuli werden nach zwei verschiedenen Kriterien, nach der Art der semantischen Relation ("X --- Y" = Begriffsrelation, "x --- y" = Merkmalsrelation) und nach der Höhe der hierachischen Stufe der Begriffe (Instanz-, Mittel- und Oberbegriff) im semantischen Netzwerk (vgl. Abbildung 27) unterschieden.

c) Ergebnisse für Sätze mit zutreffenden Relationen:

Beispiele für zutreffende Relationen:				
Hierarchiestufe:	Begriffsrelation: X --- Y	Rzn (ms)	Merkmalsrelation: x --- y	Rzn (ms)
0	Lachs --- Lachs	1000	Lachs --- laicht	1305
1	Lachs --- Fisch	1165	Lachs --- Kiemen	1385
2	Lachs --- Tier	1240	Lachs --- Haut	1465

ben. Die Ergebnisse lassen sich in einem Satz zusammenfassen: Je mehr Kanten der Begriffshierarchie (vgl. die doppelt gezeichneten Kanten in Abbildung 27) aktiviert werden müssen, desto länger wird die durch die Reaktionszeit geschätzte Suchzeit im Gedächtnis. Für das semantische Gedächtnis scheint daher die selbe Gesetzmäßigkeit zu gelten wie für das Abrufen von Fakten: Je komplexer das Netzwerk ist, desto länger wird die Suchzeit.

7.2 Nicht strikt hierarchische Modelle zur Wortbedeutung

Rips, Shoben und Smith (1973) haben das Modell von Collins und Quillian (1969) unter anderem deswegen kritisiert, weil es nicht erklären kann, warum z.B. «Adler» – im Vergleich zu «Pinguin» – besonders rasch als «Vogel» erkannt und klassifiziert werden kann. Oder anders ausgedrückt: Wie kann das strikt hierarchische Netzwerkmodell Typikalitätseffekte erklären?

Diese und ähnliche Kritik haben Collins und Loftus (1975) veranlaßt, ihr altes Modell durch eine neue Modellvariante, die «spreading activation»-Theorie der semantischen Encodierung, zu ersetzen. Die für unsere Problemstellung wichtigste der insgesamt 13 Annahmen dieser Theorie betrifft die Struktur der semantischen Repräsentation: «The .... semantic network is organized along the lines of semantic similarity. The more properties two concepts have in common, the more links there are between the two nodes ..... and the more closely related are the concepts» (Collins und Loftus, 1975, S. 411). Die hierarchische Eigenschaft der begrifflichen Repräsentation tritt somit in den Hintergrund und die Vernetzungsdichte zwischen Begriffen tritt zum ersten Mal als formale Beschreibungsdimension für semantische Relationen in Erscheinung.

Das Modell von Collins und Loftus ist das erste Vernetzungsmodell der semantischen Encodierung. Es ermöglicht Vorhersagen, die dem strikt hierarchischen Modell von Collins und Quillian (1969) verwehrt waren. So z.B. die Hypothese, daß zwei Begriffe umso rascher miteinander verglichen werden können, je mehr gemeinsame Merkmale sie aufweisen. Durch Collins und Loftus (1975) wurde eine neue Problemstellung erschlossen, die sich auf die interne Struktur von Begriffen und auf die Relation zwischen verschiedenen Merkmalen von Begriffen bezieht. Diese Problemstellung ist auch heute noch ein aktuelles Thema der semantischen Gedächtnisforschung, wie z.B. die Arbeiten von Rosch (1978), McNamara und Sternberg, 1983, Malt und Smith (1984), Medin und Smith (1984) und Johnson-Laird (1987) zeigen.

Die «spreading activation»-Theorie hat trotz ihrer Originalität und Plausibilität bei weitem nicht jene Bedeutung erlangt, wie z.B. das ACT-Modell. Der Grund dafür ist die Tatsache, daß praktisch jede beliebige Vorhersage aus den Annahmen dieser Theorie abgeleitet werden kann. Ein Beispiel zu semantischen Vergleichsprozessen soll diese Behauptung verdeutlichen. Annahme 8 der «spreading activation»-Theorie geht davon aus, daß Begriffe auf der Basis ihrer Merkmale verglichen werden können. Annahme 9 hingegen postuliert, daß das Auffinden von Oberbegriffskanten zwischen über- und untergeordneten Begriffen ausreicht, um eine semantische Entscheidung zu treffen. Annahme 8 und 9 können daher wahlweise herangezogen werden, wenn es darum geht, die Ergebnisse eines semantischen Entscheidungsexperimentes vorherzusagen bzw. zu erklären.

Wir werden uns in Kapitel 9 ausführlich mit der theoretischen und empirischen Begründung eines von Klimesch (1987) vorgeschlagenen Vernetzungsmodells der semantischen Informationsverarbeitung beschäftigen. In diesem Kapitel werden wir unter anderem zeigen, daß die Annahme spezifischer Oberbegriffskanten überflüssig und irreführend ist (vgl. Abschnitt 9.1.4).

Die Annahme vernetzter Gedächtnisstrukturen liegt auch den «distributed memory» Modellen (Knapp und Anderson, 1984; Anderson und Hinton, 1981) zugrunde, die wir hier deswegen nicht weiter verfolgen werden, da sie nur ansatzweise auf die Encodierung semantischer Information angewendet werden können. Diese Modelle erlauben es nicht, klare Vorhersagen über Such- und Entscheidungsprozesse in semantischen Netzwerken zu treffen (vgl. dazu auch Abschnitt 10.1).

8. Das Vernetzungsmodell

Die Diskussion zu den hierarchischen Netzwerkmodellen hat gezeigt, daß die Geschwindigkeit von Suchprozessen abnimmt, wenn die Komplexität des Netzwerkes zunimmt. Eine Generalisierung dieses Befundes führt zu einer für die Gedächtnispsychologie paradoxen Interpretation, die als Abrufinterferenzparadoxon bezeichnet wurde: Das Gedächtnis müßte umso langsamer arbeiten, je mehr Information in ihm gespeichert ist. Wie wir gezeigt haben, sprechen nicht nur theoretische Überlegungen, sondern auch experimentelle Befunde (vgl. Abschnitt 6.3 und Kapitel 9) gegen die Allgemeingültigkeit dieser Überlegung.

Zur Überwindung des Interferenzparadoxons wurden unterschiedliche Vorschläge gemacht. Sie beziehen sich teilweise auf die Modifikation von Strukturannahmen und teilweise auf neue Prozeßannahmen. Die Annahme strikt hierarchischer Strukturen wurde zugunsten nicht strikt hierarchischer Strukturen aufgegeben (vgl. Anderson 1981 und Collins und Loftus, 1975). Neue Prozeßannahmen, die Annahmen der indirekten und reverberierenden Aktivierung, sind vor allem von Anderson (1981 und 1983a,c) vorgeschlagen worden. In der jüngeren Version von ACT - dem ACTstar-Modell - stützt sich Anderson primär auf das Konzept der reverberierenden Aktivierung. Jeder aktivierte Knoten wird nach einem «Reflexionsprinzip» verstärkt: Ein Teil jener Aktivierung, die ein Knoten erhalten hat, wird an den zuvor aktivierten Knoten «zurückreflektiert». Dadurch könnte erklärt werden, daß Knoten mit viel Kanten (= informationsreiche Knoten) rascher aufgerufen werden können als Knoten mit wenig Kanten. Diese Interpretation führt aber nicht nur zu neuen Problemen, wie wir in diesem Kapitel zeigen werden, sie gefährdet auch gleichzeitig die Erklärung des empirisch gut gesicherten Fächereffektes.

Zur Lösung der aufgezeigten Probleme wird in diesem Kapitel ein alternatives Modell vorgeschlagen, das bereits an anderer Stelle in Ansätzen beschrieben wurde (Klimesch 1987). Es beruht im wesentlichen auf nur drei Annahmen, auf der Strukturannahme vernetzter Codes (vgl. Kapitel 5.2.3) und auf den Prozeßannahmen der indirekten Aktivierung und der nicht begrenzten Kapazität der Aktivierungsausbreitung. Die Kombination dieser Annahmen führt zur Vorhersage, daß das Ausmaß der indirekten Aktivierung mit der Anzahl vernetzter Knoten zunimmt. Der grundlegende Gedanke dabei ist, daß vernetzte Strukturen zu einer erheblichen - teilweise sogar zu einer exponentiellen - Verstärkung der Inputaktivierung (d.h. jenes Aktivierungsausmaßes, mit dem der Suchprozeß beginnt) führen. Mit dem Vernetzungsmodell wird es möglich sein, zu erklären, daß in Abhängigkeit von der kognitiven Anforderung und der Art der Repräsentation von Information im Netzwerk die Verarbeitungsgeschwindigkeit mit der Menge der zu verarbeitenden Information entweder zu- oder abnimmt.

8.1 Strukturannahmen: Vernetzte Strukturen als generelles Prinzip der Encodierung semantischer Information im LZG

Ausgangspunkt für dic Strukturannahmcn dcs Vcrnctzungsmodells ist der einfache, aber wichtige Gedanke, daß im Gedächtnis - von wenigen Ausnahmen abgesehen

– nicht unzusammenhängende, sondern integrierte Fakten gespeichert sind. Die Annahme einer integrierten Speicherung bzw. Codierung von Information bedeutet, daß jeder Code nicht isoliert, sondern in direkter Relation zu anderen Codes des LZG repräsentiert ist. Je mehr Relationen bzw. Verbindungen ein Code zu anderen Codes aufweist, desto besser ist die Information dieses Codes im Wissen des LZG integriert. Integrierte Codes können am besten durch vernetzte Strukturen, isolierte Codes hingegen durch strikt hierarchische Strukturen dargestellt werden.

Es wäre zweifellos falsch anzunehmen, daß unser Gedächtnis ausschließlich nur aus vernetzten Codes aufgebaut ist. Der gut dokumentierte und durch strikt hierarchische Strukturen erklärbare Fächereffekt würde dieser Annahme widersprechen. Wir nehmen aber an, daß isolierte Codes bzw. strikt hierarchische Strukturen die Ausnahme vom generellen Prinzip der integrierten Speicherung sind. Im Rahmen der ACT-Theorie wurde von der genau entgegengesetzten Annahme ausgegangen. Dort war die strikt hierarchische Codierung das generelle Prinzip und die den vernetzten Strukturen ähnlichen nicht strikt hierarchischen Netzwerke waren die Ausnahme. Die Annahme strikt hierarchischer Strukturen scheint vor allem in jenen Fällen gerechtfertigt zu sein, in denen neue Information gelernt wird, die noch nicht mit bestehendem Wissen vernetzt wurde oder mit diesem – auch objektiv gesehen – nicht vernetzbar bzw. integrierbar ist. Versuchspersonen, die an einem Experiment zum Faktenabruf teilnehmen, befinden sich genau in dieser Situation. Sie müssen neue unzusammenhängende Fakten lernen, die in keiner Relation zu ihrem bisherigen Wissen stehen.

Diese von uns als Ausnahme bezeichnete Situation entspricht dem, was wir umgangssprachlich als «Auswendiglernen» bezeichen. Beim Auswendiglernen spielt das Verständnis – im Sinne der Integration und Vernetzung des zu Lernenden mit bereits bestehendem Wissen – keine Rolle. Der Verlust bzw. das Vergessen nur einer Komponente (eines Knotens oder einer Kante) des Netzwerkes führt zum Verlust eines Teiles der gespeicherten Information. In vernetzten Strukturen hingegen gibt es mehrere Kanten, die einen Knoten mit anderen Knoten verbinden und so zur Rekonstruktion herangezogen werden können. Nur vernetzte, nicht aber hierarchische Strukturen bieten die Chance zur Rekonstruktion verlorengegangener bzw. vergessener Information.

8.1.1 Vernetzte Strukturen und die Unzulänglichkeit der Computermetapher

Es ist interessant zu sehen, daß uns die Kritik an hierarchischen Modellen zu Überlegungen führt, die wir bereits bei der Diskussion der traditionellen Vergessenstheorien geäußert haben. In Kapitel 3 (vgl. vor allem Abschnitt 3.4) wurde darauf hingewiesen, daß die kritisierte implizite Annahme ganzheitlicher Codes voll und ganz mit der Computermetapher übereinstimmt. Auch bei den traditionellen Netzwerkmodellen sind wir auf die Unzulänglichkeit der Computermetapher gestoßen. Sie hat sich hier in Form der Annahme strikt hierarchischer Gedächtnisstrukturen gezeigt.

Ganzheitliche und strikt hierarchische Codes sind nicht das selbe, sie haben aber eine Eigenschaft gemeinsam: In beiden Fällen handelt es sich um isolierte Codes, die nicht direkt, sondern nur indirekt miteinder verbunden sind und deren Inhalte in keinem Zusammenhang zu den Inhalten anderer Codes stehen.

Wäre das Gedächtnis aus isolierten, d.h. ganzheitlichen und/oder strikt hierarchischen Codes aufgebaut, dann müßten wir es als Ansammlung unzusammenhängender Informationskomponenten interpretieren. Es wäre dem Kernspeicher eines Computers vergleichbar, in dem klar abgrenzbare und voneinander unabhängige Codes gespeichert sind, die nur über die jeweiligen Adressen miteinander verbunden werden können.

Das, was die Gedächtnispsychologen aber von Anfang an interessiert hat, ist das Phänomen der Assoziation, die Fähigkeit, zwischen verschiedenen und häufig völlig unzusammenhängend erscheinenden Sachverhalten Gemeinsamkeiten oder Unterschiede zu sehen. Dieses faszinierende Phänomen der so variablen und so viele unterschiedliche Aspekte umfassenden assoziativen Tätigkeit kann aber im Rahmen der Computermetapher, wenn überhaupt, nur unzureichend erklärt werden. Würde man versuchen, die Computermetapher zur Erklärung assoziativer Prozesse heranzuziehen, dann wäre man gezwungen die hohe Flexibilität dieser Prozesse ausnahmslos im Rahmen von Prozeßannahmen - durch einen komplizierten Aktivierungsalgorithmus -, nicht aber im Rahmen von Strukturannahmen zu erklären. Auch wenn dies theoretisch möglich wäre, ein derartiger Erklärungsversuch würde an einem uns schon hinlänglich bekannten Phänomen - dem Interferenzparadoxon - scheitern. Aktivierungsalgorithmen bzw. Aktivierungs- oder Suchprozesse würden umso länger dauern, je mehr Information abzusuchen bzw. zu verarbeiten ist.

Das Interferenzparadoxon verdient diesen Namen aber nur im Rahmen gedächtnispsychologischer Problemstellungen. Im Rahmen der Computermetapher führt die Auffassung, daß die Verarbeitung von mehr Information auch mehr Zeit benötigt, zu keinen Widersprüchen. Im Gegenteil, sie trifft in vollem Umfang zu. Die einzige Ausnahme bilden Computer mit parallel arbeitenden Prozessoren (vgl. dazu die «Connection Machine», Gabriel, 1986; Hillis, 1985). Aber auch in diesem Fall könnte nur erklärt werden, daß große Informationsmengen gleich schnell - aber keineswegs schneller - als kleine Informationsmengen verarbeitet werden. In nicht biologischen System gilt generell, daß die Geschwindigkeit der Informationsverarbeitung abnimmt, wenn die Menge der zu verarbeitenden Information zunimmt. Berücksichtigt man aber, daß in der Informatik strikt hierarchische Encodierungsstrukturen Verwendung finden (vgl. Abschnitt 5.1.1), dann ist diese Parallele zwischen technischen Systemen und hierarchischen Gedächtnismodellen auch nicht weiter überraschend.

8.1.2 Vernetzte Strukturen und die Frage nach einer effizienten Speicherung

Smith et al. (1978) haben zweifellos recht, wenn sie meinen, daß die hohe Leistungsfähigkeit des menschlichen Gedächtnisses auf eine besonders effiziente Strukturierung der in ihm gespeicherten Information zurückzuführen ist. Wir nehmen aber nicht - wie Smith et al. (1978) oder Anderson (1976, 1983a) - an, daß die hohe Leistungsfähigkeit des Gedächtnisses primär durch hierarchische Strukturen beschrieben werden kann. Wir gehen von der Annahme aus, daß vernetzte Strukturen die hohe Effizienz und Leistungsfähigkeit des Gedächtnisses ermöglichen.

Eine effiziente Speicherung liegt dann vor, wenn zumindest die folgenden vier Kriterien erfüllt sind:

(a) Jede Information darf nur an einer Stelle im Gedächtnis gespeichert werden.

(b) Die für die Zielsetzung des Suchprozesses relevante Information, muß rasch abrufbar sein.
(c) Verbindungen zwischen relevanten Informationseinheiten müssen rasch herstellbar oder bereits gespeichert sein.
(d) Mit zunehmender Menge der permanent gespeicherten Information darf die Geschwindigkeit der Suchprozesse nicht systematisch abnehmen.

Strikt und nicht strikt hierarchische Modelle sind nicht imstande, Kriterium (d) und zum Teil auch Kriterium (b) zu erfüllen. Die theoretische Analyse dieses Kapitels wird zeigen, daß die Annahme vernetzter Strukturen den Kriterien einer effizienten Speicherung entspricht.

8.2 Die grundlegenden Annahmen und Vorhersagen des Vernetzungsmodells

Das Vernetzungsmodell beruht auf drei zentralen Annahmen, auf der Repräsentationsannahme der Vernetzung und den beiden eingangs genannten Prozeßannahmen. Aus diesen Annahmen ist die zentrale Vorhersage - Suchprozesse laufen rascher ab, je mehr Information gespeichert ist - prinzipiell ableitbar. Es wird dabei von der Überlegung ausgegangen, daß die Dauer des Suchprozesses von der Ausbreitungsgeschwindigkeit indirekter Aktivierung abhängt und daß nicht nur das Ausmaß, sondern auch die Geschwindigkeit indirekter Aktivierung mit der Anzahl der aktivierten Knoten bzw. Codierungskomponenten zunimmt.

Bei der Besprechung des Vernetzungsmodells werden wir zwei verschiedene Beschreibungsebenen, eine qualitative und eine quantitative, unterscheiden. Dieser Abschnitt, der für die qualitative Erläuterung der wichtigsten Annahmen des Vernetzungsmodells vorgesehen ist, bildet die Grundlage für den im nächsten Abschnitt zu besprechenden quantitativen Ansatz. Wir werden im folgenden die zentralen Annahmen der Vernetzung und indirekten Aktivierung (Annahmen A und B) in ihrer Beziehung zu Annahmen über Art und Dauer von Suchprozessen (Annahme C und D) besprechen.

Es ist wichtig darauf hinzuweisen, daß diese vier Annahmen nicht als Axiomensystem konzipiert wurden und daß für die Art ihrer Darstellung vor allem didaktische Überlegungen ausschlaggebend waren. Diese Vorgangsweise erfolgte mit dem Ziel, nicht nur eine möglichst übersichtliche und einfache Darstellung des Vernetzungsmodells, sondern auch eine möglichst klare und verständliche Gegenüberstellung dieser Annahmen mit dem ACT- und ACTstar-Modell zu gewährleisten. Die didaktische Zielsetzung - die nur bei der qualitativen Beschreibung des Modells im Vordergrund steht - ließ es sinnvoll erscheinen, verschiedene elementare, aber inhaltlich zusammengehörende Annahmen und die sich daraus ergebenden Konsequenzen zu übergeordneten Annahmen zusammenzufassen. In diesem Sinn sind die vier Annahmen A, B, C und D zu verstehen. Sie dienen als Wegweiser bei der Beschreibung des Vernetzungsmodells. Auf eine detaillierte Erläuterung der verschiedenen elementaren Annahmen werden wir erst im nachfolgenden Abschnitt 8.3 eingehen.

Annahme A: Die Struktur von Codes im LZG

Annahme A legt fest, daß im LZG gespeicherte Codes durch Komponenten repräsentiert werden (vgl. dazu auch Kapitel 4) und daß die Struktur, die die einzelnen Komponenten miteinander verbindet, nicht hierarchisch, sondern vernetzt ist. Die Annahme der Vernetzung steht im Widerspruch zu den bisher besprochenen hierarchischen Gedächtnistheorien (vgl. vor allem das ACT- und ACTstar-Modell) und bedeutet, daß die Komponenten eines Codes nicht als inhaltlich isolierte und unabhängige, sondern als miteinander in Beziehung stehende integrierte Informationskomponenten gespeichert sind.

Die Komponenten eines vernetzten Codes sind mit einem Ausgangsknoten verbunden, der als Zugriffspunkt für Suchprozesse dient, die vom Kurzzeitgedächtnis ihren Ausgang nehmen. Der Ausgangsknoten ist Bestandteil eines vernetzten Codes und ist mit allen Codekomponenten direkt durch eine Kante verbunden.

Annahme B: Indirekte Aktivierung und die Unzulässigkeit reverberierender Aktivierung

Die Annahme indirekter Aktivierung ergibt sich als Konsequenz aus Annahme A und bedeutet, daß der von einem Ausgangsknoten ausgehende Prozeß der Aktivierungsausbreitung dazu führt, daß ein oder mehrere Knoten von mindestens zwei konvergierenden oder aufeinander zulaufenden Pfaden gleichzeitig oder nahezu gleichzeitig aktiviert werden. Es müssen demnach die folgenden drei Kriterien erfüllt sein, damit von indirekter Aktivierung gesprochen werden kann: Erstens, ein (oder mehrere) Knoten eines Netzwerkes wird (bzw. werden) von mindestens zwei anderen Knoten des selben Netzwerkes aktiviert. Zweitens, die von verschiedenen Kanten auf einen Knoten zulaufenden Aktivierungsprozesse müssen vom selben Ausgangsknoten stammen. Drittens, die von verschiedenen Kanten kommende Aktivierung muß gleichzeitig oder nahezu gleichzeitig - d.h. innerhalb einer kritischen Zeitspanne t(k), vgl. dazu Prozeßannahme 2 in Abschnitt 8.3 - eintreffen. Indirekte Aktivierung kann nur in vernetzten, nicht aber in hierarchischen Strukturen wirksam werden.

Indirekte Aktivierung darf nicht mit reverberierender Aktivierung oder Voraktivierung verwechselt werden. Reverberierende Aktivierung bedeutet, daß von jedem aktivierten Knoten in die Gegenrichtung der ursprünglichen Aktivierung wieder Aktivität zurückfließt. Die Annahme reverberierender Aktivierung wird im Rahmen des Vernetzungsmodells ausgeschlossen (vgl. dazu Prozeßannahme 5 in Abschnitt 8.3). Der Grund dafür ergibt sich aus Annahme C. Sie gibt an, unter welchen Bedingungen Suchprozesse beendet bzw. abgebrochen werden.

Von Voraktivierung wird gesprochen, wenn ein Aktivierungsprozeß auf Knoten stößt, die bereits durch einen von einem *anderen* Ausgangsknoten ausgehenden Aktivierungsprozeß, (vor)aktiviert wurden. Prozesse der Voraktivierung spielen dann eine Rolle, wenn Aktivierungsvorgänge von zwei oder mehreren Ausgangsknoten ausgehen (vgl. dazu Abschnitt 8.6).

Annahme C: Die Dauer des Suchprozesses

Ein Suchprozeß beginnt mit der Aktivierung eines oder mehrerer Ausgangsknoten und endet, sobald Aktivierung zu einem der Ausgangsknoten zurückfließt. Ob ein Suchprozeß an einem oder an mehreren Ausgangsknoten beginnt, hängt vom Suchziel ab (vgl. dazu Abschnitt 8.6 und 8.7.1). Besteht das Suchziel im Absuchen nur eines einzigen Codes, dann genügt die Aktivierung eines einzigen Ausgangsknotens. Sollen aber gemeinsame Pfade zwischen mehreren Codes gefunden werden, dann müssen auch mehrere Ausgangsknoten aktiviert werden. Im vorliegenden Abschnitt werden wir uns nur mit einfachen Suchprozessen beschäftigen, die von einem einzigen Ausgangsknoten ausgehen.

Wäre reverberierende Aktivierung wirksam, so würde der Suchprozeß sofort nach der Aktivierung des ersten Knoten abgebrochen werden: Von diesem würde Aktivität zum Ausgangsknoten zurückfließen und der Suchprozeß würde, noch bevor das Resultat vorliegt, abgebrochen werden. Es zeigt sich daher, daß Annahme C und die Annahme reverberierender Aktivität nicht sinnvoll miteinander kombiniert werden können.

Die zum Ausgangsknoten zurückfließende indirekte Aktivierung signalisiert einen erfolgreichen Suchprozeß. Sie ist Evidenz für ein positives Resultat. Das Ausmaß der indirekten Aktivierung entspricht dem Ausmaß positiver Evidenz: Je mehr indirekte Aktivierung zurückfließt, desto größer ist das «Echo» des Suchprozesses und desto größer ist die Sicherheit, daß ein positives Ergebnis gefunden wurde. Das Ausmaß indirekter Aktivierung wird mit I, die Dauer eines Suchprozesses mit positivem Resultat wird hingegen mit t(I) – der Zeitspanne bis indirekte Aktivierung zurückfließt – bezeichnet.

Fließt nach der Aktivierung eines oder mehrerer Ausgangsknoten keine indirekte Aktivierung zu einem dieser Knoten – innerhalb einer kritischen Wartezeit t(wI) – zurück, dann ist dies ein Zeichen für einen nicht erfolgreich verlaufenden Suchprozeß: Die gesuchte Information konnte nicht gefunden werden. In diesem Fall wird der Suchprozeß nach Ablauf der Zeit t(wI) gestoppt.

Aus den bisherigen Erläuterungen zu Annahme C ergibt sich folgende einfache, aber wichtige Konsequenz. Suchprozesse mit positivem Resultat müssen in jedem Fall schneller ablaufen und beendet sein als vergleichbare Suchprozesse mit negativem Ergebnis. Es muß gelten: $t(I) < t(wI)$. Nur unter dieser Vorraussetzung ist Annahme C in sich konsistent.

Annahme D: Die Geschwindigkeit, mit der das Ergebnis eines Suchprozesses weiterverarbeitet werden kann.

Der kognitive Prozeß des Abrufens von Information aus dem Gedächtnis besteht nicht nur aus dem Suchprozeß selbst. Das Ergebnis des Suchprozesses wird immer in irgendeiner Form weiterverarbeitet bzw. bewertet. Es wird z.B. geprüft, ob es mit der ursprünglichen Erwartung oder mit anderem Wissen übereinstimmt.

Im Rahmen von Annahme D wird von der Vermutung ausgegangen, daß das Ausmaß positiver Evidenz I die Geschwindigkeit der Weiterverarbeitung begünstigend und unmittelbar – nicht etwa mittelbar über kürzere Suchzeiten t(I) – beeinflußt: Je größer die positive Evidenz I, desto rascher kann das Resultat weiterverarbeitet werden.

Die wichtigsten Vorhersagen des Vernetzungsmodells

Die drei Annahmen A, B und C liefern die Grundlage für die hier relevanten Vorhersagen des Vernetzungsmodells. Annahme D wurde der Vollständigheit halber angeführt, auf sie werden wir erst im Abschnitt 8.8 ausführlicher eingehen. In diesem Abschnitt berücksichtigen wir nur jene Vorhersagen, die sich auf die Wechselwirkung zwischen der Komplexität eines Netzwerkes und der Geschwindigkeit der Suchprozesse beziehen. Zwei Vorhersagen sind zu unterscheiden:

Vorhersage 1
In vernetzten Strukturen steigt das Ausmaß indirekter Aktivierung I mit der Anzahl an Knoten bzw. Komponenten n an.

Vorhersage 2
In vernetzten Strukturen steigt die Geschwindigkeit der Suchprozesse t(I) mit der Anzahl der Knoten bzw. Komponenten n an.

Die Ableitung der Modellvorhersagen 1 und 2 werden wir im Rahmen der quantitativen Modellbeschreibung im Detail besprechen. Bevor wir aber auf diese Fragen eingehen, wollen wir noch die Wirkungsweise der besprochenen Annahmen an Hand eines Beispiels veranschaulichen, das wir Abbildung 28 entnehmen.

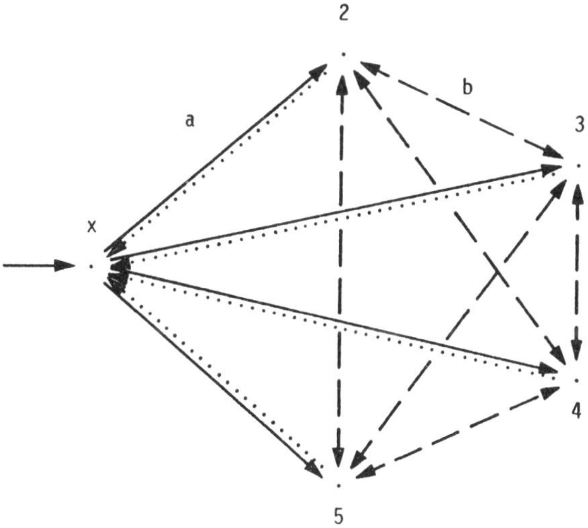

Abbildung 28: Ein vollständig vernetzter Komponentencode mit 5 Komponenten. Der Suchprozeß beginnt, wenn ein zunächst beliebiger (hier mit «x» bezeichneter) Knoten aktiviert wird. Von hier aus breitet sich der Aktivierungsprozeß auf alle anderen Knoten aus und strömt in Form indirekter Aktivierung zum Ausgangsknoten x zurück. Die durchgehend, strichliert und punktiert eingezeichneten Pfeile kennzeichnen drei verschiedene Stufen der Aktivierungsausbreitung. In der ersten Stufe (durchgehend gezeichnete Pfeile) fließt Aktivierung zu den Knoten 2,3,4 und 5. In der zweiten Stufe (strichlierte Kanten) wird jeder dieser 4 Knoten von den restlichen 3 Knoten indirekt aktiviert. In der dritten Stufe (punktierte Pfeile) fließt indirekte Aktivierung zum Ausgangsknoten x zurück. Die Symbole a und b bezeichnen die Stärke, mit der Knoten in der ersten und zweiten Stufe aktiviert werden.

Bei diesem Beispiel handelt es sich um einen vollständig vernetzten Komponentencode mit insgesamt 5 Komponenten (Knoten) und 10 verschiedenen Kanten: Jeder der 5 Knoten ist mit jedem anderen Knoten durch eine Kante verbunden. Da alle Knoten mit allen anderen verbunden sind, kann jeder Knoten die Funktion des Ausgangsknotens übernehmen (vgl. Annahme A). Wir können daher annehmen, daß der Suchprozeß an einem zunächst beliebigen Knoten (in Abbildung 28 mit «x» bezeichnet) beginnt und von hier aus die anderen Knoten des Netzwerkes erfaßt (vgl. dazu auch die Definition von Komponentencodes in Abschnitt 3.5). Der für alle weiteren Überlegungen entscheidende Gedanke ist bereits durch Annahme B und C festgelegt: Der Suchprozeß endet mit einem positiven Ergebnis, sobald indirekte Aktivierung zu jenem Knoten zurückfließt, von dem der Suchprozeß ausgegangen ist. Oder einfacher ausgedrückt, der Suchprozeß endet, wenn im Gedächtnis ein entsprechend starkes «Echo» gefunden wird.

Die Annahmen A, B, C und D stehen in enger Wechselwirkung zueinander. Von grundlegender Bedeutung ist Annahme A. Indirekte Aktivierung kann es nur in vernetzten, nicht aber in fächerartig-hierarchischen Strukturen geben. Ohne indirekte Aktivierung wiederum ist es – im Rahmen der vorliegenden Annahmen – nicht möglich, die Dauer und Eigenschaften des Suchprozesses zu bestimmen.

Dieser Gedanke läßt sich an Hand des folgenden Beispiels leicht veranschaulichen. Wären die 5 Komponenten des Codes von Abbildung 28 nicht miteinander verbunden bzw. vernetzt, dann würden alle strichliert gezeichneten Kanten wegfallen und es würde nur die fächerartige Struktur mit den durchgehend gezeichneten Kanten übrigbleiben. Eine von «x» ausgehende Aktivierung würde zwar auf die durchgehend gezeichneten Kanten übergehen, aber an den Knoten 2–5 enden. Für diesen Fall, den wir bereits im Rahmen der ACT-Theorie ausführlich besprochen haben, ergibt sich nach Formel (1a) oder (2a), daß die Aktivierungszeit mit der Anzahl der Knoten ansteigt. Selbst dann, wenn wir die Annahme reverberierender Aktivität zulassen würden, wäre es nicht möglich zu erklären, daß die Aktivierungszeit mit zunehmender Anzahl an Knoten abnimmt (vgl. dazu die ausführliche Diskussion in Abschnitt 8.4.2). Diese Überlegungen unterstreichen die Bedeutung von Annahme A.

Die Situation ändert sich aber grundlegend, wenn wir von der Annahme vernetzter Codes ausgehen. Jetzt geht die Aktivierung über die Knoten 2–5 hinaus und fließt in Form von indirekter Aktivierung zum Ausgangsknoten x zurück.

8.3 Die quantitativen Grundlagen des Vernetzungsmodells

Die im vorangegangenen Abschnitt besprochenen Modellannahmen sind noch zu allgemein gehalten, daß aus ihnen die oben angeführten zentralen Vorhersagen zwingend abgeleitet werden könnten. Eine logisch zwingende Ableitung ist jedoch möglich, wenn Prozeßannahme B so spezifiziert wird, daß eine quantitative Bestimmung der Aktivierungsausbreitung durchgeführt werden kann. Wir werden dabei von den folgenden Definitionen und Prozeßannahmen ausgehen:

Definition zu Annahme A: Vollständig und teilweise vernetzte Strukturen

Eine Struktur ist vollständig vernetzt, wenn jeder beliebige der n Knoten - und nicht nur der Ausgangsknoten x - mit allen übrigen n - 1 Knoten verbunden ist (vgl. Abbildung 28 im Gegensatz zu Abbildung 29a). Die Kantenanzahl m in vollständig vernetzten Strukturen kann nach Formel (6) bestimmt werden:

$$m = (n(n - 1))/2 \qquad (6)$$

Eine Struktur ist teilweise vernetzt, wenn der Ausgangsknoten x mit allen n - 1 Knoten durch Kanten verknüpft ist und wenn jeder der n - 1 Knoten mit mindestens einem der restlichen n - 2 Knoten so verbunden ist, daß ein geschlossenes Netzwerk (vgl. Abbildung 29a und 29b im Gegensatz zu Abbildung 29c und 29d) entsteht, in dem alle n - 1 Knoten durch mindestens einen Pfad direkt oder indirekt miteinander verbunden sind, der nicht durch x geht. Wir bezeichnen einen Code als «vernetzt», wenn zumindest die Definition für teilweise vernetzte Strukturen zutrifft.

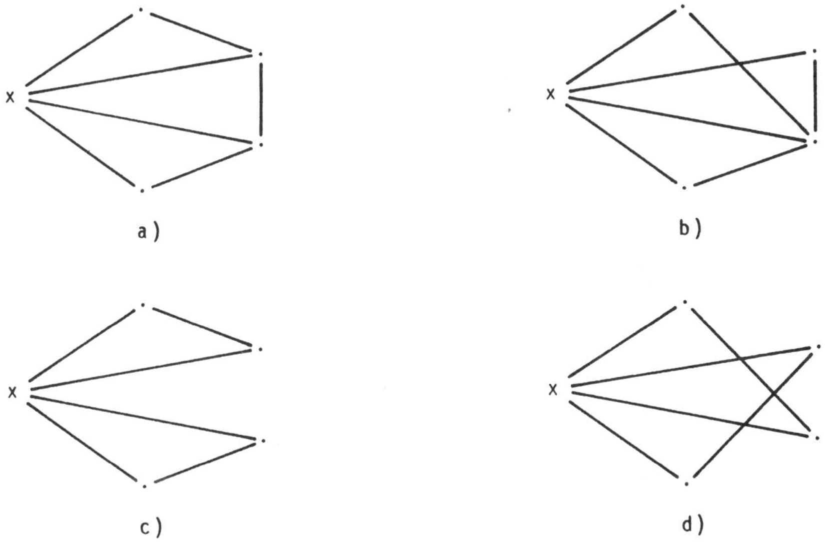

Abbildung 29 (a–d): Teilweise vernetzte Strukturen müssen geschlossen sein. Die Strukturen in Abbildung 29c und 29d entsprechen daher - im Gegensatz zu den Beispielen von Abbildung 29a und 29b - nicht der Definition teilweise vernetzter Strukturen.

Da wir annehmen, daß im LZG nur vernetzte Codes gespeichert sind, werden wir - definitionsgemäß - nicht geschlossene Codes, wie sie in Abbildung 29c und 29d dargestellt sind, von allen weiteren Überlegungen ausschließen. Es handelt sich dabei nicht um ein willkürlich gewähltes Kriterium, sondern um eine Konsequenz, die aus den bereits besprochenen Annahmen abgeleitet werden kann. Ohne diese Einschränkung würden Annahmen B und C zu widersprüchlichen Vorhersagen führen. Ein Suchprozeß liefert nur dann ein sinnvolles Ergebnis, wenn klar ist, von welchem Code die indirekte Aktivierung stammt. Bei den nicht geschlossenen Strukturen von Abbildung 29c und 29d handelt es sich aber genau genommen um zwei vollständig vernetzte Codes, die über einen gemeinsamen Ausgangsknoten verbunden sind. Beginnt nun ein Suchprozeß an dem gemeinsamen Ausgangsknoten, dann trifft indirekte Aktivierung von beiden Codes gleichzeitig ein und es ist nicht mehr möglich festzustellen, in welchem Ausmaß jeder Code am Ergebnis des Suchprozesses beteiligt war. Diese Überlegung zeigt, daß verschiedene Codes auch verschiedene Ausgangsknoten aufweisen müssen (vgl. dazu auch Abbildung 30).

Das Vernetzungsmodell und nicht vernetzte Strukturen

Die Behauptung, daß das Vernetzungsmodell auch auf nicht vernetzte Strukturen anwendbar sein muß, mag überraschend erscheinen, steht zu den bisherigen Ausführungen jedoch keineswegs in Widerspruch. Um die Bedeutung dieser Behauptung zu verstehen, ist darauf hinzuweisen, daß die Definition für vernetzte Strukturen nur für die innerhalb eines LZG-Codes vermutete Struktur gilt und daß durch diese Definition in keiner Weise festgelegt wird, wie verschiedene Codes untereinander verbunden sind. Diese, zwischen verschiedenen Codes vorliegende Struktur kann durchaus hierarchisch sein, wie Abbildung 30 zeigt.

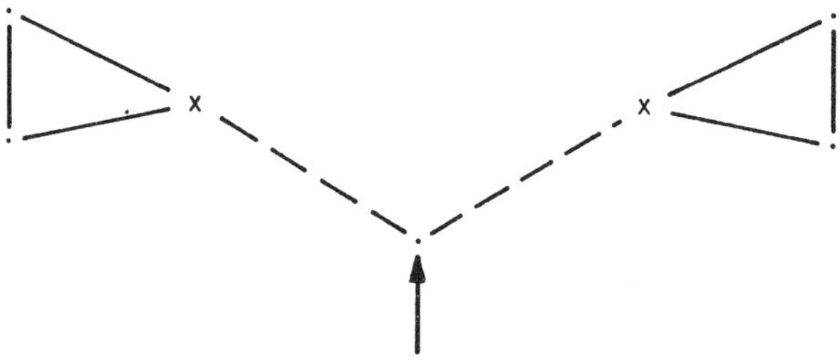

Abbildung 30: Zwei vernetzte Codes können über eine strikt hierarchische Struktur (strichlierte Kanten) verbunden sein.

Das Vernetzungsmodell muß auch imstande sein, Suchprozesse zu beschreiben, die zwischen verschiedenen Codes ablaufen (vgl. dazu die Abschnitte 8.6 und 8.7.1 weiter unten). Es ist daher eine notwendige Vorraussetzung, daß die Prozeßannahmen des Vernetzungsmodells auf alle möglichen und nicht nur auf vernetzte Strukturen anwendbar sind.

Zur Spezifizierung von Prozeßannahme B:

(1) Jeder Knoten gibt - zum Zeitpunkt seiner Aktivierung - den gesamten Aktivierungsbetrag an jede von ihm ausgehende und in Flußrichtung des Suchprozesses liegende Kante weiter. Diese Annahme werden wir auch als Annahme der *nicht begrenzten Kapazität* der Aktivierungsausbreitung bezeichnen. Annahme (1) definiert eine diskrete bzw. nicht kontinuierliche Aktivierungsausbreitung.

(2) Die Aktivität eines Knoten bleibt nur innerhalb einer kritischen Zeitspanne t(k) bestehen. Erhält ein aktivierter Knoten innerhalb dieser Zeitspanne t(k) keine neue Aktivierung, so wird seine Aktivität gelöscht bzw. gleich Null gesetzt. Treffen an einem Knoten verschiedene Aktivierungen innerhalb der Zeitspanne t(k) ein, dann wird von einer «gleichzeitigen» Aktivierung dieses Knotens gesprochen.
(3) Wird ein Knoten aktiviert, dann ist die resultierende Aktivierung gleich der Summe der ursprünglichen und der neu erhaltenen Aktivität.
(4) Jede Kante kann in beiden Richtungen gleichzeitig aktiviert werden.
(5) Einschränkend zu Annahme 4 gilt jedoch, daß reverberierende Aktivität nicht zugelassen wird. Dies bedeutet, daß eine Kante, nachdem sie ihre Aktivierung an einen Knoten weitergegeben hat, von diesem selben Knoten in der Gegenrichtung für die Zeit 1/sh nicht mehr aktiviert werden kann. Mit s wird der Aktivierungsbetrag bezeichnet, den diese Kante transportiert hat, h ist ein quantitativ nicht näher definierter Hemmungsfaktor. Der Betrag von h muß in jedem Fall größer oder gleich 1 sein. Wir nehmen einfachheitshalber an, daß h gleich 1 ist. In diesem Fall reduziert sich die Hemmungsdauer auf 1/s.
(6) Die Geschwindigkeit t, mit der ein Knoten i aufgerufen werden kann, ist der Kehrwert jenes Aktivierungsbetrages s(i), mit dem die zu diesem Knoten hinführende Kante aktiviert wurde: t(i) = 1/s(i).
(7) Alle Kanten und Knoten weisen im «neutralen» Zustand, d.h. im Zustand fehlender Aktivierung und Hemmung die gleiche Stärke auf. Unterschiedliche Aktivierungsstärken für Kanten und Knoten ergeben sich *ausschließlich* erst im Zuge der Aktivierungsausbreitung oder durch Hemmungsprozesse.

Auf der Grundlage dieser Annahmen können wir zeigen, daß zwischen der Anzahl der Knoten bzw. Codierungskomponenten n und dem Ausmaß der zum Ausgangsknoten x zurückfließenden indirekten Aktivierung I zwei wichtige Beziehungen bestehen, die bereits im Rahmen von Vorhersage 1 und 2 formuliert wurden: Der Ausgangsknoten x wird nicht nur umso stärker, sondern auch umso schneller indirekt aktiviert, je mehr Knoten bzw. Komponenten der Code aufweist.

8.3.1 Die Ableitung von Vorhersage 1: Das Ausmaß indirekter Aktivierung nimmt mit der Komplexität der Codes zu

In vernetzten Strukturen sind drei verschiedene Stadien oder Stufen der Aktivierungsausbreitung zu unterscheiden. Bei der Berechnung der Aktivierungsausbreitung werden wir ebenfalls auf das Beispiel von Abbildung 28 zurückgreifen.

Aktivierungsstufe 1, vollständig vernetzte Strukturen:

In der ersten Stufe werden alle n – 1 Knoten, die direkt mit dem Ausgangsknoten x verbunden sind, nach Annahme 1 und 7 im Ausmaß der Stärke a von Knoten x aktiviert (vgl. die durchgehend gezeichneten Kanten in Abbildung 28). Wir nehmen dabei an, daß a jener Aktivierungsbetrag ist, den der Ausgangsknoten x erhalten hat. Am Ende der ersten bzw. zu Beginn der zweiten Aktivierungsstufe ist dann jeder der n - 1 Knoten (= die Knoten 2–5) im Ausmaß a aktiviert. Aus Annahme 6 ergibt sich, daß die Zeitdauer der ersten Aktivierungsstufe gleich 1/a beträgt.

Da wir die Annahme reverberierender Aktivierung ausgeschlossen haben, kann von den n - 1 Knoten keine Aktivierung zum Ausgangsknoten zurückfließen. Der Grund dafür ergibt sich aus Annahme 5: Eine Kante kann – nachdem sie ihre Aktivierung an den nächsten Knoten weitergegeben hat – für die Dauer 1/s (bzw. hier: 1/a) nicht von diesem Knoten in der Gegenrichtung aktiviert werden. Da die n - 1 Knoten nach der Zeit 1/a (vgl. Annahme 6) aktiviert werden, kann ab diesem Zeitpunkt (nach Annahme 5) für die zusätzliche Zeitdauer 1/a keiner der n - 1 Knoten Aktivierung zum Ausgangsknoten x zurückschicken.

Aktivierungsstufe 2, vollständig vernetzte Strukturen:

Wegen Annahme 5 fließt in der zweiten Stufe von jedem der n - 1 Knoten Aktivierung zu allen n - 2 Knoten weiter (vgl. die strichlierten Kanten in Abbildung 28). Jetzt wird jede der strichlierten Kanten in beiden Richtungen aktiviert (vgl. Annahme 4). Da wir die Aktivierungsstärke in der zweiten Stufe mit b annehmen, wird jeder der n - 1 Knoten von allen restlichen n - 2 Knoten im Ausmaß b aktiviert. Die Aktivierungssumme für jeden der n - 1 Knoten beträgt gemäß Annahme (3) b(n - 2). Je nachdem, ob wir über den Verlauf der Aktivierungsausbreitung eine Dämpfungsfunktion definieren oder nicht, ist der Wert von b entweder gleich a (für den Fall, daß eine Dämpfungsfunktion nicht wirksam ist) oder kleiner als a (für den Fall, daß eine Dämpfungsfunktion wirksam ist). Welchen Wert b annimmt, ist für die Ableitung der Vorhersagen 1 und 2 bedeutungslos (vgl. dazu die Diskussion zu Formel (7) weiter unten). Wenn wir annehmen, daß die n - 1 Knoten noch von der ersten Stufe her im Ausmaß a aktiviert sind – daß also inzwischen die kritische Zeitspanne t(k) noch nicht überschritten wurde (vgl. Annahme 2) –, dann addiert sich dieser Wert zur Aktivierungsstärke der zweiten Stufe hinzu. Am Ende der zweiten Stufe beträgt die Aktivierungsstärke jedes der n - 1 Knoten somit a + b(n - 2).

Berücksichtigen wir nun wieder die Wirkungsweise von Annahme 5. Bei der Besprechung der ersten Aktivierungsstufe haben wir festgestellt, daß ab dem Zeitpunkt 1/a für ein weiteres Intervall von 1/a Zeiteinheiten keine Aktivierung zum Ausgangsknoten zurückfließen kann. Wegen Annahme 6 beträgt die Zeitdauer der zweiten Aktivierungsstufe 1/b. Ab der Aktivierung von x sind inzwischen 1/a + 1/b Zeiteinheiten vergangen. Da die Zeitdauer von 1/a + 1/b Einheiten größer oder gleich 1/a + 1/a ist, können jetzt – am Ende der zweiten Aktivierungsstufe – die von den n - 1 Knoten zu Knoten x führenden Kanten wieder aktiviert werden. Da am Ende der zweiten Aktivierungsstufe alle n - 1 Knoten von den restlichen n - 2 Knoten aktiviert werden, kann nun zu diesen Knoten (wegen Annahme 5) keine Aktivierung zurückfließen.

Aktivierungsstufe 3, vollständig vernetzte Strukturen:

In der dritten Stufe fließt der Aktivierungsbetrag a + b(n - 2) von jedem der n - 1 Knoten zum Ausgangsknoten x zurück. Da vom Aktivierungsbeginn her gerechnet bereits zwei Stufen abgelaufen sind, nehmen wir an, daß t(k) überschritten wurde (vgl. Annahme (2)) und daß daher Knoten x inzwischen alle seine ursprüngliche Aktivierung verloren hat. Am Ende der dritten Stufe wird der Ausgangsknoten im Ausmaß von (a + b(n - 2))(n - 1) indirekt aktiviert. Für jede vollständig vernetzte Struktur mit n > 2 Knoten und mit m = (n(n - 1))/2 Kanten kann das Ausmaß der indirekten Aktivierung I durch Formel (7) bestimmt werden:

$$I = (a + b(n - 2))(n - 1) \qquad (7)$$

Die indirekte Aktivierung I ist demnach eine Funktion der Aktivierungsstärken a und b sowie der Anzahl der Codekomponenten n. Da wir angenommen haben, daß a und b konstante Werte sind, die nicht mit n variieren, ist I nur von einer einzigen Variablen, nämlich der Knotenanzahl n abhängig: Je mehr Komponenten ein vollständig vernetzter Code aufweist, desto mehr indirekte Aktivierung I fließt zum Ausgangsknoten x zurück.

Formel (7) bestätigt Vorhersage 1. Die Struktur dieser Formel zeigt darüber hinaus, daß Vorhersage 1 auch dann gestützt werden kann, wenn wir die Werte für t(k) und b variieren. In beiden Fällen würde sich zwar der absolute Betrag von I, nicht aber der vorhergesagte Zusammenhang zwischen I und n ändern.

Dieser Zusammenhang gilt nicht nur für vollständig, sondern auch für teilweise vernetzte Strukturen. Abbildung 31 zeigt ein Beispiel für eine teilweise vernetzte Struktur, in der der Ausgangsknoten mit allen n - 1 Knoten verbunden ist und in der die n - 1 Knoten mit nur einem der übrigen n - 2 Knoten in Verbindung stehen. Wie bei vollständig vernetzten Strukturen können wir auch hier drei verschiedene Aktivierungsstrukturen unterscheiden.

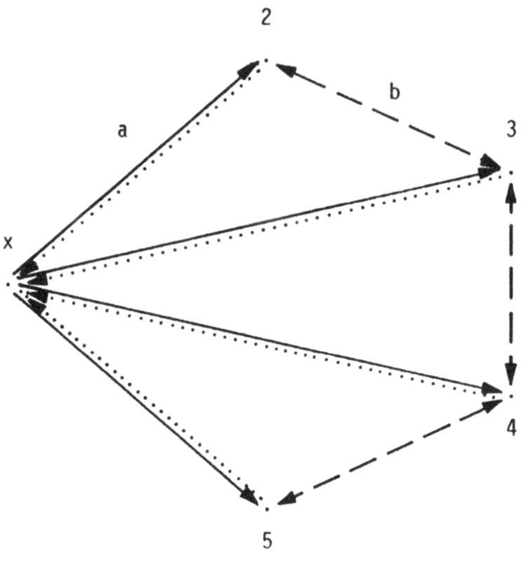

Abbildung 31: Ein Beispiel eines teilweise vernetzten Codes, in dem jeder der n - 1 Knoten mit dem Ausgangsknoten x, aber nur mit einem der anderen Knoten verbunden ist.

Aktivierungsstufe 1, teilweise vernetzte Strukturen:

In der ersten Stufe werden - wie bei vollständig vernetzten Strukturen - alle n - 1 Knoten im Ausmaß a aktiviert. Auch hier verhindert Annahme 5 das Zurückfließen reverberierender Aktivierung zum Ausgangsknoten x.

Aktivierungsstufe 2, teilweise vernetzte Strukturen:

In der zweiten Stufe gibt es aber - im Gegensatz zu vollständig vernetzten Strukturen - weniger als die maximal möglichen n - 2 Verknüpfungen. In unserem Beispiel reduziert sich die maximale Kantenanzahl von n - 2 auf die Minimalanzahl einer einzigen Kante. Wenn wir annehmen, daß in nicht vollständig vernetzten Strukturen die durchschnittliche Kantenanzahl um einen Bruchteil f reduziert ist, dann läßt sich die in der zweiten Stufe zu berücksichtigende Kantenanzahl allgemein mit f(n - 2) angeben. Am Ende der zweiten Stufe ist daher jeder der n - 1 Knoten im Ausmaß a + bf(n - 2) aktiviert. Für Annahme 4 und 5 gilt der selbe Sachverhalt wie bei vollständig vernetzten Strukturen.

Aktivierungsstufe 3, teilweise vernetzte Strukturen:

In der dritten Stufe fließt - wie bei vollständig vernetzten Strukturen - von allen n - 1 Knoten Aktivierung zum Ausgangsknoten zurück. Knoten x wird im Ausmaß von (a + bf(n - 2))(n - 1) indirekt aktiviert.
Für teilweise vernetzte Strukturen gilt Formel (8):

$$I = (a + bf(n - 2))(n - 1) \qquad (8)$$
$$\text{wobei: } 1 \geq f(n - 2) \geq (n - 2)$$

Die Formeln (7) und (8) unterscheiden sich nur durch Variable f, die das Ausmaß der indirekten Aktivierung für teilweise - im Vergleich zu vollständig vernetzten - Strukturen entsprechend herabsetzt. Trotzdem aber zeigt sich auch hier, daß I mit der Anzahl an Knoten zunimmt. Dies gilt auch für die minimale Kantenanzahl f(n - 2) = 1. In diesem für einen vernetzten Code ungünstigsten Fall steigt I immerhin noch im Ausmaß von (a + b)(n - 1) an.

Die Ergebnisse der bisherigen Argumentation lassen sich in einem Satz zusammenfassen: In vollständig wie in teilweise vernetzten Strukturen gibt es einen positiven Zusammenhang zwischen dem Ausmaß der indirekten Aktivierung I und der Anzahl der Knoten bzw. der Komponenten n eines Codes: Das Ausmaß der indirekten Aktivierung nimmt zu, je mehr Knoten eine vernetzte Struktur aufweist. Die Gültigkeit von Vorhersage 1 konnte somit einwandfrei bestätigt werden.

8.3.2 Die Ableitung von Vorhersage 2: Die Geschwindigkeit der Suchprozesse nimmt mit der Komplexität der Codes zu

Wir haben angenommen, daß der Suchprozeß mit einem positiven Resultat endet, sobald indirekte Aktivierung zum Ausgangsknoten zurückfließt (Annahme C). Die Geschwindigkeit des Suchprozesses ist daher von der Ausbreitungsgeschwindigkeit t(I) indirekter Aktivierung abhängig. Bei der Berechnung der Ausbreitungsgeschwindigkeit für I gehen wir von Annahme 6 aus. Diese auch anderen Netzwerkmodellen zu Grunde liegenden Annahme (vgl. das ACT- und ACTstar-Modell bzw. die Formeln (1a) und (2a)) besagt, daß die Aktivierungszeit für eine Kante der Kehrwert der Aktivierungsstärke ist. Da wir die Aktivierungsstärke in den drei Stufen der Aktivierungsausbreitung bereits bestimmt haben, kann die Aktivierungsgeschwindigkeit t(I) leicht berechnet werden. Für vollständig vernetzte Strukturen haben wir angenommen, daß die Aktivierungsstärke der ersten Stufe gleich a, die der zweiten Stufe gleich b ist. Bis zum Ende der zweiten Stufe benötigt der Aktivierungsprozeß daher 1/a + 1/b Zeiteinheiten. Erst jetzt sammelt sich an jedem der n - 1 Knoten indirekte Aktivierung im Ausmaß von a + b(n - 2). In der dritten Stufe fließt diese Aktivierungsmenge von jedem der n - 1 Knoten zum Ausgangsknoten x zurück. Die dritte Aktivierungsstufe dauert daher 1/(a + b(n - 2)) Zeiteinheiten. Alle drei Aktivierungsstufen zusammen benötigen daher 1/a + 1/b + 1/(a + b(n - 2)) Zeiteinheiten. Für vollständig vernetzte Strukturen kann daher die Dauer des Suchprozesses t(I) nach Formel (7a) bestimmt werden:

$$t(I) = 1/a + 1/b + 1/(a + b(n-2)) \qquad (7a)$$

In teilweise vernetzten Strukturen beträgt die Aktivierungsdauer der ersten beiden Stufen ebenfalls 1/a + 1/b Zeiteinheiten. Am Ende der zweiten Stufe aber sammelt sich vergleichsweise weniger indirekte Aktivierung an den n - 1 Knoten. Diese Aktivierungsmenge von a + bf(n - 2) fließt in der dritten Stufe von jedem der n - 1 Knoten zum Ausgangsknoten zurück. Die Dauer des Suchprozesses t(I) in teilweise vernetzten Strukturen ist durch Formel (8a) definiert:

$$t(I) = 1/a + 1/b + 1/(a + bf(n-2)) \qquad (8a)$$

Die Knotenanzahl n kommt in Formel (7a) ebenso wie in Formel (8a) nur im Nenner der beiden Gleichungen vor. Deshalb verkürzt sich die Dauer des Suchprozesses, wenn die Anzahl der Knoten zunimmt. Komplexe Codes mit vielen Komponenten können daher rascher abgesucht werden als weniger komplexe Codes mit nur wenigen Komponenten. Dieser Zusammenhang gilt nicht nur für vollständig, sondern ebenso auch für teilweise vernetzte Strukturen, wie Formel (8a) im Vergleich zu Formel (7a) zeigt.

8.4 Die Kapazität der Aktivierungsausbreitung

Vergleicht man die oben angeführten Prozeßannahmen mit jenen des ACT- bzw. ACTstar-Modells, dann zeigt sich, daß Prozeßannahme 1 der Erklärung des Fächereffektes widerspricht. Annahme 5 ist hingegen nur mit ACTstar, nicht aber mit ACT unvereinbar. Dies deswegen, da ACTstar auf der Annahme reverberierender Aktivierung beruht. Die meisten der anderen Prozeßannahmen hätten aber ebensogut vom ACT- oder ACTstar-Modell übernommen werden können.

Wie wir bereits ausführlich erläutert haben, beruht die Erklärung des Fächereffektes auf der Annahme, daß die Inputaktivierung (= die Summe aller Aktivierungsbeträge, die ein Knoten erhält) gleich der Summe der Outputaktivierungen (= die Summe aller Aktivierungsbeträge, die vom betreffenden Knoten wegfließen) ist. Dieser Sachverhalt wird auch durch die für das ACT- ebenso wie für das ACTstar-Modell zentralen Formeln (1) und (2) ausgedrückt. Im Gegensatz dazu wird im Rahmen von Prozeßannahme 1 angenommen, daß die Summe der Outputaktivierungen größer ist als die Inputaktivierung. Abbildung 32 veranschaulicht die Unterschiede dieser Annahmen.

Die Berechnung der Outputaktivierungen o1, o2, o3 nach dem ACT-Modell (Formel (1) u. (2)):

Die Berechnung der Outputaktivierungen o1, o2, o3 nach dem Vernetzungsmodell (Annahme 1):

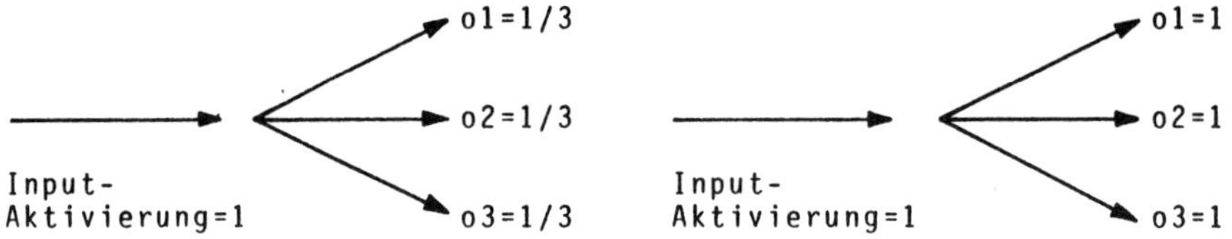

Die Summe der Outputaktivierungen ist gleich der Inputaktivierung

Die Summe der Outputaktivierungen ist größer als die Inputaktivierung.

Abbildung 32: Die Gegenüberstellung der wichtigsten Prozeßannahmen von ACT und des Vernetzungsmodells.

Wie Abbildung 32 zeigt, nimmt – nach den Annahmen des ACT- und ACTstar-Modells – die Outputaktivierung in dem Ausmaß ab, in dem die Anzahl der Verzweigungen an einem Knoten zunimmt. Diese Annahme des ACT-Modells führt nicht nur zu einer deutlichen Schwächung, sondern auch zu einer erheblichen Verlangsamung der Aktivierungsausbreitung (vgl. dazu die Formeln (1a) und (2a) der ACT-Theorie). Wegen dieses Effektes werden wir die für das ACT-Modell so zentrale Annahme, daß nämlich die Summe der Outputaktivierungen gleich der Inputaktivierung ist, als Annahme der begrenzten Kapazität der Aktivierungsausbreitung im Gedächtnis bezeichnen. Im Gegensatz dazu wurde im Rahmen des Vernetzungsmodells von der Annahme einer nicht begrenzten Kapazität der Aktivierungsausbreitung (vgl. Prozeßannahme 1) ausgegangen.

Wir werden nun im folgenden zeigen, daß die Vorhersagen des Vernetzungsmodells nur dann gelten, wenn die Kapazität der Aktivierungsausbreitung nicht oder nur teilweise begrenzt ist. Zu diesem Zweck werden wir a und b (aus Formel (7) und (8)) nicht nach Prozeßannahme (1) des Vernetzungsmodells, sondern nach Formel (2) des ACT- bzw. ACTstar-Modells berechnen. Als Ergebnis wird sich zeigen, daß die beiden Vorhersagen des Vernetzungsmodells nicht mehr zutreffen und daß die Suchgeschwindigkeit t(I) und das Ausmaß indirekter Aktivierung I von der Kapazität der Aktivierungsausbreitung abhängig sind.

Betrachten wir wieder das Beispiel in Abbildung 28. Da in der ersten Aktivierungsstufe n - 1 Kanten vom Ausgangsknoten weggehen, beträgt die Aktivierungsstärke der Knoten 2–5 nach Formel (2) des ACT-Modells gleich 1/(n - 1). Demnach ist der Betrag von a gleich 1/(n - 1). In der zweiten Stufe wird dieser Betrag von a durch die Anzahl der jetzt wirksamen n - 2 Abzweigungen bzw. Kanten weiter «abgeschwächt» bzw. unterteilt. Für b erhalten wir daher 1/((n - 1)(n - 2)). Setzen wir die so bestimmten Beträge für a und b in Formel (7) ein, dann erhalten wir für das Ausmaß indirekter Aktivierung in vollständig vernetzten Strukturen:

$I = (1/(n - 1) + (1/((n - 1)(n - 2))) (n - 2))(n - 1)$
Nach Kürzung von (n - 2) und (n - 1) ergibt sich
$I = (1/(n - 1) + 1/(n - 1)) (n - 1)$
und schließlich:

$$I = 2 \qquad (9)$$

Aber auch für teilweise vernetzte Strukturen gilt der gleiche Zusammenhang, wie die Substitution von 1/(n - 1) für a und 1/((n - 1)f(n - 2)) für b in Formel (8) zeigt:

$I = (1/(n - 1) + (1/((n - 1)f(n - 2)))f(n - 2)) (n - 1)$
Nach Kürzung von f(n - 2) und (n - 1) ergibt sich
$I = (1/(n - 1) + 1/(n - 1)) (n - 1)$
und schließlich:

$$I = 2 \qquad (10)$$

Dieses überraschende Ergebnis zeigt klar, daß die Annahmen der Vernetzung und indirekten Aktivierung – wenn sie mit der Annahme begrenzter Kapazität des ACT- bzw. ACTstar- Modells kombiniert werden – keineswegs ausreichen, die Vorhersagen des Vernetzungsmodells zu gewährleisten und daß Prozeßannahme 1 für das Vernetzungsmodell von zentraler Bedeutung ist. Gehen wir von der Annahme begrenzter Kapazität aus, dann zeigt sich, daß I nicht von der Anzahl der Knoten n abhängig ist, wie Formel (9) und (10) zeigt. Das ACT- bzw. ACTstar-Modell ist daher nicht imstande zu erklären, daß das Ausmaß indirekter Aktivierung in vernetzten Strukturen zunimmt.

Wenn wir die Dauer des Suchprozesses t(I) bestimmen und dabei ebenfalls von der Annahme begrenzter Kapazität ausgehen, dann wird sich die zentrale Bedeutung von Prozeßannahme 1 nur noch klarer zeigen. Die Dauer des Suchprozesses in vollständig vernetzten Strukturen finden wir durch Substitution der oben festgelegten Werte für a und b in Formel (7a):

$$t(I) = n - 1 + (n - 1)(n - 2) + (n - 1)/2 \qquad (9a)$$

Bei der Bestimmung von t(I) in teilweise vernetzten Strukturen muß von Formel (8a) ausgegangen werden. Durch Substitution der entsprechenden Werte für a und b erhält man Formel (10a):

$$t(I) = n - 1 + (n - 1)f(n - 2) + (n - 1)/2 \qquad (10a)$$

Aus der Struktur der beiden Formeln (9a) und (10a) ergibt sich, daß eine Zunahme von n nur zu einer Verlängerung der Suchzeit t(I) führen kann.

Selbst dann, wenn die Annahme begrenzter Kapazität des ACT-bzw. ACTstar-Modells durch die Annahmen der Vernetzung und indirekten Aktivierung erweitert wird, ist es nicht möglich zu erklären, daß die Suchgeschwindigkeit für komplexe Codes kürzer ist als für weniger komplexe Codes. Dieser Sachverhalt unterstreicht die Fragwürdigkeit der Annahmen einer begrenzten Kapazität der Aktivierungsausbreitung.

8.4.1 Die Annahme teilweise begrenzter Kapazität und die Erklärung des Fächereffektes durch das Vernetzungsmodell

Prozeßannahme 1 des Vernetzungsmodells widerspricht der Erklärung des Fächereffektes. Die Annahme begrenzter Kapazität (des ACT- bzw. ACTstar-Modells) und die Annahme nicht begrenzter Kapazität (des Vernetzungsmodells) markieren Extremwerte auf einer kontinuierlichen Dimension. Es ist daher durchaus möglich, von der Annahme einer nur teilweise begrenzten Kapazität auszugehen. Im vorliegenden Abschnitt wollen wir zeigen, daß diese Annahme nicht nur die Erklärung des Fächereffektes gewährleistet, sondern auch Vorhersage 1 des Vernetzungsmodells stützt.

Die Aktivierungsausbreitung ist teilweise begrenzt, wenn einerseits - wie beim Vernetzungsmodell - die Summe der Outputaktivierungen mit der Anzahl weggehender Kanten ansteigt, andererseits aber - wie beim ACT- oder ACTstar-Modell - die Outputaktivierung jeder Kante mit der Anzahl der Kanten abnimmt. Bezeichnen wir mit o(j) die Outputstärke einer weggehenden Kante j, mit O die Summe aller o(j) und mit v die Anzahl der in der Ausbreitungsrichtung liegenden Verzweigungen bzw. die Anzahl weggehender Kanten, dann erfüllt folgende Funktion die genannten Vorraussetzungen:

$$o(j) = (\text{Inputaktivierung})((v + 1)/v) \qquad (11)$$

Um die Wirkungsweise dieser Funktion im Vergleich zu den bereits besprochenen Annahmen der begrenzten und nicht begrenzten Kapazität aufzuzeigen, haben wir in Tabelle 8 einige numerische Beispiele zusammengefaßt. Tabelle 8 zeigt, daß nach Formel (11) die Outputaktivierung o(j) mit der Anzahl weggehender Kanten v abnimmt, daß aber gleichzeitig die Summe der Outputaktivierungen O die (mit 1 festgesetzte) Inputaktivierung nicht nur übersteigt, sondern auch mit größer werdendem v zunimmt.

Welchen Einfluß hat die Annahme teilweise begrenzter Kapazität auf die Vorhersagen des Vernetzungsmodells? Um dies prüfen zu können, berechnen wir im folgenden die Werte a und b von Formel (7) und (8) auf der Grundlage von Gleichung (11). In der ersten Aktivierungsstufe sind $v = n - 1$ Verzweigungen zu berücksichtigen (vgl. auch Abbildung 28). Für a ergibt sich daher nach Gleichung (11): $a = n/(n - 1)$. In vollständig vernetzten Strukturen ist bei der Berechnung von b zu berücksichtigen, daß $a = n/(n - 1)$ gleich der Inputaktivierung ist und daß $v =$

Tabelle 8: Die Stärke der Outputaktivierung o(j) und O (O ist gleich der Summe aller o(j)), berechnet nach dem ACT- bzw. ACTstar-Modell, nach Prozeßannahme 1 des Vernetzungsmodelles und nach der Annahme teilweise begrenzter Kapazität (Formel (11)). Die Inputaktivierung wurde gleich 1 gesetzt.

Die Stärke der Outputaktivierung o(j) als Funktion der Ausbreitungskapazität und der Anzahl an Verzweigungen v:

begrenzt: (ACT- Modell)			nicht begrenzt: (Prozeßannahme 1)			teilweise begrenzt: (Formel (11))		
v	o(j)	0	v	o(j)	0	v	o(j)	0
2	0.5	1	2	1	2	2	1.5	3
3	0.33	1	3	1	3	3	1.33	4
4	0.25	1	4	1	4	4	1.25	5
5	0.2	1	5	1	5	5	1.2	6
6	0.17	1	6	1	6	6	1.17	7
7	0.14	1	7	1	7	7	1.14	8
8	0.13	1	8	1	8	8	1.13	9

n - 2 Verzweigungen vorliegen. Für b ergibt sich daher: b = (n/(n - 1))((n - 1)/(n - 2)). Nach Kürzung von n - 1 erhalten wir: b = n/(n - 2). Setzen wir nun diese Werte für a und b in Formel (7) ein, dann finden wir:

$$I = (n/(n - 1) + (n/(n - 2))(n - 2))(n - 1)$$

Nach Kürzung von n - 2 und n - 1 vereinfacht sich die Gleichung auf:

$$I = n + n(n - 1)$$

oder: $$I = n^2 \qquad (12)$$

In teilweise vernetzten Strukturen gibt es in der ersten Stufe der Aktivierung ebenfalls v = n - 1 Verzweigungen, in der zweiten Stufe aber reduziert sich v auf f(n - 2). Der Wert für a bleibt daher gleich: a = n/(n - 1), für b erhalten wir hingegen: b = (n/(n - 1))((f(n - 2) + 1)/(f(n - 2))). Diese Werte für a und b setzen wir in Formel (8) ein. Zur Vereinfachung des so erhaltenen Ausdruckes kürzen wir durch f(n - 2). Es ergibt sich:

$$I = (n/(n - 1) + (n/(n - 1))(f(n - 2) + 1))(n - 1)$$

Nach Kürzung von n - 1 erhalten wir:

$$I = n + nf(n - 2) + n \qquad (13)$$

In beiden Formeln führt eine Zunahme von n zu einer Zunahme der indirekten Aktivierung I. Es zeigt sich daher, daß Vorhersage 1 auch dann gilt, wenn von der Annahme teilweise begrenzter Kapazität ausgegangen wird. Ist aber auch Vorhersage 2 gültig?

Zur Überprüfung dieser Frage berechnen wir die Dauer des Suchprozesses t(I) nach Formel (7a) bzw. (8a) unter Berücksichtigung der oben bestimmten Werte für a und b. In vollständig vernetzten Strukturen gilt:

$t(I) = (n - 1)/n + (n - 2)/n + (n - 1)/(n + n(n - 1))$
Nach Vereinfachung ergibt sich:
$t(I) = (2n - 3)/n + (n - 1)/n^2$
Nach Bildung eines gemeinsamen Nenners erhalten wir:

$$t(I) = (2n^2 - 2n - 1)/n^2 \qquad (12a)$$

In teilweise vernetzten Strukturen gilt hingegen:

$$t(I) = (n - 1)(1/n + f(n - 2)/(nf(n - 2) + n) + 1/(nf(n - 2) + 2n)) \qquad (13a)$$

Da in Formel (12a) und (13a) n im Zähler und im Nenner vorkommt, kann nicht von vornherein gesagt werden, ob t(I) mit n zu- oder abnehmen wird. Die Berechnung von t(I) für verschiedene Werte von n zeigt aber, daß in beiden Fällen die Suchzeit mit der Anzahl der Knoten zunimmt (vgl. Tabelle 9).

Tabelle 9: Der Zusammenhang zwischen der Suchzeit t(I) und der Anzahl der Knoten n in vollständig und in teilweise vernetzten Strukturen, berechnet nach der Annahme teilweise begrenzter Kapazität.

	Der Zusammenhang zwischen t(I) und der Knotenanzahl n:							
Formel:	n=4	n=5	n=6	n=7	n=8	n=10	n=12	n=100
(12a):	1.438	1.560	1.639	1.694	1.734	1.790	1.826	1.980
(13a):								
f(n-2)=1	1.375	1.467	1.528	1.571	1.604	1.650	1.681	1.815
=2	1.438	1.533	1.598	1.643	1.677	1.725	1.757	1.898
=3		1.560	1.625	1.671	1.706	1.755	1.788	1.931
=4			1.639	1.686	1.721	1.770	1.803	1.947
=5				1.694	1.729	1.779	1.812	1.956
=6					1.734	1.784	1.817	1.962
=7						1.788	1.821	1.966
=8						1.790	1.823	1.969
=9							1.825	1.971
=10							1.826	1.973

Die Annahme teilweise begrenzter Kapazität stützt somit nur Vorhersage 1, nicht aber Vorhersage 2 des Vernetzungsmodells. Bedeutet dies, daß das Vernetzungsmodell - unter Aufrechterhaltung seiner spezifischen Vorhersagen - nicht imstande ist, den Fächereffekt für hierarchische Strukturen zu erklären?

Bei der Beantwortung dieser Frage müssen wir die wichtigen Befunde von Ratcliff und McKoon (1981) berücksichtigen, die gezeigt haben, daß die Aktivierungszeiten im Gedächtnis so extrem kurz sind, daß sie für die Vorhersage der Reaktionszeiten in einschlägigen Experimenten nicht in Betracht kommen. Wir haben bereits in Abschnitt 6.4 auf diese Tatsache aufmerksam gemacht und betont, daß auch Anderson auf Grund dieser und ähnlicher Befunde die Annahmen des ACT-Modells revidiert hat: Im Rahmen von ACTstar wird nur die Aktivierungsmenge und nicht mehr die Aktivierungszeit zur Vorhersage der Reaktionszeiten herangezogen (vgl. z.B. Anderson, 1983a, S. 95f.).

Auf Grund dieser Überlegungen wird klar, daß sinnvollerweise nur Vorhersage 1, nicht aber Vorhersage 2 zur Schätzung der Reaktionszeiten als Maß für die Dauer von Suchprozessen herangezogen werden kann. Der Prozeß des Abrufens von Information aus dem Gedächtnis besteht eben nicht nur aus dem Aktivierungsvorgang allein, er umfaßt auch die Prüfung des Suchresultates (vgl. Annahme D des Vernetzungsmodells). Wenn wir die Annahme nicht begrenzter Kapazität durch die Annahme teilweise begrenzter Aktivität ersetzen, dann ist das Vernetzungsmodell - unter den genannten Vorraussetzungen - imstande, den positiven wie den negativen Fächereffekt in sehr einfacher Weise zu erklären. Müssen hierarchische Strukturen abgesucht werden, dann nimmt die Reaktionszeit mit der Komplexität des Netzwerkes zu. Beim Absuchen vernetzter Strukturen hingegen nimmt die Reaktionszeit mit der Komplexität des Netzwerkes ab.

In diesem Zusammenhang ist aber noch auf eine andere Interpretation hinzuweisen. Es erscheint durchaus plausibel anzunehmen, daß die Kapazität der Aktivierungsausbreitung nicht eine konstante, sondern eine variable Größe ist, die z.B. vom Alter und Elaborationsgrad der im Gedächtnis gespeicherten Information abhängt. Bei den strukturellen Eigenschaften eines Netzwerkes gehen wir mit Selbstverständlichkeit davon aus, daß sie in Abhängigkeit von vielen Faktoren, wie z.B. der Art der Information und dem Elaborationsgrad variieren. Warum sollte für Prozeßeigenschaften nicht ein ähnlicher Zusammenang gelten? Wenn wir z.B. annehmen, daß für elaborierte und im LZG gespeicherte Information die Annahme nicht begrenzter Kapazität, für erst kurzfristig erworbene und noch unzureichend elaborierte bzw. nicht integrierte Information hingegen die Annahme begrenzter Kapazität zutrifft, dann haben wir eine neue Beschreibungsdimension für die Repräsentation verschiedener Arten von Information gewonnen. Da wir uns in Strukturannahme A ausschließlich auf LZG-Codes bezogen haben, erscheint es auf Grund dieser Überlegungen durchaus sinnvoll, die Annahme nicht begrenzter Kapazität im Rahmen des Vernetzungsmodells beizubehalten. Bei den Beispielen, die im Rahmen des ACT- und ACTstar-Modells behandelt werden, handelt es sich hingegen nicht um reine LZG-Aufgaben (vgl. z.B. Klimesch, Schimke und Ladurner, 1988) und deswegen erscheint es hier eher angebracht zu sein, von der Annahme begrenzter Kapazität auszugehen.

8.4.2 ACTstar und die Vorhersagen des Vernetzungsmodells

Die jüngere Version von ACT, das ACTstar-Modell (Anderson, 1983a,c), weist im Vergleich zur älteren Version drei grundlegende Unterschiede auf. Der erste Unterschied bezieht sich auf die neue Annahme reverberierender Aktivierung, der zweite auf eine kontinuierliche Aktivitätsausbreitung und der dritte Unterschied betrifft die Annahme einer extrem raschen Aktivierungsgeschwindigkeit von weniger als 1 ms pro Netzwerkkante. Im Gegensatz dazu konnte sich nach ACT die Aktivität erstens nur in einer Richtung, zweitens nur diskret (d.h. nicht kontinuierlich) und drittens nur mit sehr langsamer Geschwindigkeit von ca. 50–100 ms pro Kante ausbreiten (vgl. dazu auch die Übersicht in Anderson & Pirolli, 1984). Die für ACT zentrale Annahme der begrenzten Kapazität der Aktivierungsausbreitung wurde jedoch ohne jede Einschränkung auch von ACTstar übernommen.

Da reverberierende Aktivität das Aktivitätsausmaß jedes Knotens verstärkt, stellt sich die Frage, ob die neuen Annahmen von ACTstar nicht ebenfalls eine Aktivierungszunahme des Ausgangsknotens in vernetzten Strukturen vorhersagen. Anderson hat sich mit diesem Problem nicht auseinandergesetzt. Er konnte zwar zeigen, daß eine zunehmende Anzahl konvergierender Kanten zu einer Aktivitätszunahme an den entsprechenden Knoten führt (Anderson 1983c, S. 286f.), diese Vorhersage war aber bereits im Rahmen des ACT-Modells durch die Annahme indirekter Aktivierung möglich (Anderson, 1981). Ob aber komplexere im Gegensatz zu weniger komplexen Netzwerken - bei vergleichbaren geometrischen Eigenschaften - rascher oder langsamer aktiviert werden können, bleibt nach wie vor eine offene Frage.

Zur Klärung dieser Frage werden wir die ACTstar-Theorie auf vernetzte Strukturen anwenden. Anderson (1983c) hat gezeigt, daß sich die Annahmen von ACTstar auf der Grundlage simultaner linearer Gleichungssysteme zusammenfassen lassen, die folgende generelle Form aufweisen:

$$a(1) = k(2)la(2) + \dots\dots\dots\dots\dots\dots\ k(n)la(n) + A$$

.

.

$$a(i) = k(1)la(1) + \dots\dots\dots\dots\dots\dots k(n)la(n)$$

.

.

$$a(n) = k(1)la(1) + \dots\dots\dots\dots\dots k(n-1)la(n-1)$$

Es bedeuten dabei: A .... Aktivitätsmenge des Ausgangsknotens
a(i) ...... Aktivitätsmenge eines Knotens i
n ...... Anzahl der Knoten
k(i) ...... Strukturkoeffizient, der auf Grund der geometrischen Eigenschaften von Knoten i berechnet werden muß.
l .... Dämpfungsfaktor. Seine Werte können zwischen 0 und 1 liegen.

Berechnet man die Aktivierungsbeträge a(1) bis a(5) für die vollständig vernetzte Struktur in Abbildung 28, dann muß nach ACTstar von den folgenden fünf Gleichungen ausgegangen werden:

$$a(1) = 0.25la(2) + 0.25la(3) + 0.25la(4) + 0.25la(5) + A$$
$$a(2) = 0.25la(1) + 0.25la(3) + 0.25la(4) + 0.25la(5)$$
$$a(3) = 0.25la(1) + 0.25la(2) + 0.25la(4) + 0.25la(5)$$
$$a(4) = 0.25la(1) + 0.25la(2) + 0.25la(3) + 0.25la(5)$$
$$a(5) = 0.25la(1) + 0.25la(2) + 0.25la(3) + 0.25la(4)$$

Dem Gleichungssystem ist zu entnehmen, daß der Strukturkoeffizient k(i) für alle Knoten einen Wert von 0.25 bzw. 1/4 aufweist. Dieser Wert ergibt sich einerseits aus den geometrischen Eigenschaften vollständig vernetzter Strukturen und andererseits aus den Annahmen des ACTstar-Modells. Wegen der Annahme reverberierender Aktivität und der extrem raschen Aktivierungsausbreitung werden alle Kanten praktisch gleichzeitig aktiviert. Nehmen wir einfachheitshalber gleiche Kantenstärken an, dann wird aus den genannten Gründen die Aktivität durch die Gesamt-

Tabelle 10: Der Zusammenhang zwischen der Aktivierungsmenge und der Komplexität vollständig vernetzter Strukturen, berechnet nach den Annahmen von ACTstar. Der Strukturkoeffizient beträgt wegen der geometrischen Eigenschaften vollständig vernetzter Strukturen: k(i) = 1/(n - 1). Die Aktivität A des Ausgangsknotens wurde mit A = 1 festgelegt.

Anzahl der Knoten n:	Aktivitätsmenge des Ausgangsknotens a(1) und der restlichen n-1 Knoten a(2) bis a(n), berechnet für einen Dämpfungsfaktor von: l = 0.8		l = 0.99	
	a(1)	a(2)...a(n)	a(1)	a(2)...a(n)
n = 4	1.84	1.05	25.54	24.79
n = 5	1.67	0.83	20.64	19.84
n = 6	1.55	0.69	17.36	16.53
n = 7	1.47	0.59	14.47	13.61
n = 8	1.41	0.51	13.21	12.33

anzahl der von einem Knoten weggehenden Kanten geteilt. Da in vollständig vernetzten Strukturen von jedem Knoten immer n - 1 Kanten ausgehen, ist der Strukturkoeffizient k(i) für einen beliebigen Knoten i gleich 1/(n - 1). Für unser Beispiel mit n = 5 Knoten erhalten wir daher für k(i) = 1/(n - 1) = 1/4 bzw. 0.25.

Zur Lösung der Gleichungssysteme benötigen wir nicht nur numerische Größen für k(i), sondern auch für l. Da Anderson in den meisten von ihm angegebenen Beispielen l mit 0.8 festgesetzt hat (vgl. z.B. Anderson, 1983c, S. 266f. und S.286), übernehmen wir diesen Wert. In Tabelle 10 sind die Aktivierungsbeträge des Ausgangsknotens und der restlichen n - 1 Knoten für vollständig vernetzte Strukturen unterschiedlicher Komplexität wiedergegeben. Es ist zu beachten, daß mit zunehmender Größe des Dämpfungsfaktors l mehr - und nicht weniger - Aktivität weitergeleitet wird. Die in Tabelle 10 dargestellten Ergebnisse zeigen drei wichtige Zusammenhänge.

1.) Mit zunehmender Komplexität der Netzwerke sinkt das Ausmaß der Aktivierung ab. Dies gilt für alle Knoten des Netzwerkes ebenso wie für verschiedene Dämpfungsfaktoren.
2.) Das Ausmaß der Aktivierungsabnahme wird zusätzlich durch die Größe des Dämpfungsfaktors l beeinflußt: Je größer l ist, desto stärker ist das Ausmaß der Aktivierungsabnahme.
3.) Je größer der Dämpfungsfaktor l ist, desto mehr Aktivität wird an die mit dem Ausgangsknoten verbundenen anderen Knoten des Netzwerkes weitergegeben und desto mehr Aktivität sammelt sich - bedingt durch reverberierende Aktivität - am Ausgangsknoten an.
   Nach den Annahmen von ACTstar ist die Geschwindigkeit eines Suchprozesses nur von der Stärke des aufzurufenden Knotens und nicht mehr - wie bei ACT - auch von der Geschwindigkeit der Aktivierungsausbreitung abhängig. Deswegen ist auch klar, daß ACTstar nicht imstande ist, die Vorhersagen des Vernetzungsmodells zu stützen. Im Gegenteil, die Vorhersagen beider Theorien stehen in Widerspruch zueinander. Der entscheidende Grund dafür ist die Annahme der begrenzten Kapazität der Aktivierungsausbreitung, die sich hier in der Festlegung des Strukturkoeffizienten widerspiegelt.

Da vollständig vernetzte Strukturen in jedem Fall mehr Aktivität sammeln als teilweise vernetzte Strukturen, kann nicht erwartet werden, daß sich die Vorhersagen des Vernetzungsmodells - auf der Grundlage von ACTstar - bei teilweise vernetzten Strukturen bestätigen wird. Aus diesem Grund können wir hier auf die Diskussion teilweise vernetzter Strukturen verzichten.

8.5 Die Eingrenzung der Aktivierungsausbreitung im Gedächtnis

Jede Gedächtnistheorie steht vor einem grundsätzlichen Problem: Durch welche Annahmen soll erklärt werden, daß die Aktivierungsausbreitung auf die jeweils relevanten Netzwerkteile begrenzt bleibt und letzlich nicht auf die gesamte Gedächtnisstruktur übergeht? Das Vernetzungsmodell versucht dieses Problem im wesentlichen durch die Repräsentationsannahme vernetzter Codes zu lösen. Vernetzte Strukturen führen zu einer Aktivierungsverstärkung, die zunächst nur innerhalb dieser Struktur wirksam wird. So ist gewährleistet, daß das Zurückfließen indirekter Aktivierung zum Ausgangsknoten auch tatsächlich den Abbruch des Aktivierungsprozesses bewirkt.

Wir werden im folgenden zeigen, daß auch dann, wenn die Knoten eines vernetzten Codes mit anderen vernetzten Codes verbunden sind, der Aktivierungsprozeß ebenso rasch gestoppt werden kann wie für isolierte bzw. mit anderen nicht verknüpfte Codes. Der Grund dafür ist leicht einzusehen, wenn man einerseits die geometrischen Eigenschaften vernetzter Strukturen (vgl. die Definition in Abschnitt 8.3) und andererseits die Bestimmung der Dauer des Suchprozesses nach Formel (7a) und (8a) berücksichtigt.

Wenn wir von der Defintion vernetzter Codes ausgehen und berücksichtigen, daß vernetzte Codes einerseits geschlossene Strukturen und andererseits verschiedene Ausgangsknoten aufweisen müssen (vgl. Abschnitt 8.3 und Abbildung 29), dann ergeben sich zunächst zwei Möglichkeiten für die Verknüpfung eines Codes X mit einem Code Z. Die beiden Codes X und Z können entweder über gemeinsame Komponenten (= Fall 1 von Abbildung 33) oder über zusätzliche Kanten (= Fall 2 von Abbildung 33) verbunden sein.

Fall 1: Code X und Z weisen einen gemeinsamen Knoten xz auf

Unabhängig davon, ob der Suchprozeß von X oder Z ausgeht, ein gemeinsamer Knoten xz kann in jedem Fall erst am Ende der ersten Aktivierungsstufe - nach 1/a Zeiteinheiten - aktiviert werden. Wenn wir z.B. annehmen, daß der Suchprozeß von x ausgeht, dann beginnt die erste Aktivierungsstufe in Code Z - im Vergleich zu Code X - erst mit einer Verzögerung von 1/a Zeiteinheiten. Die Aktivierungsstufen der beiden Codes sind genau um eine Stufe zeitlich versetzt: Noch bevor in Code Z die zweite Aktivierungsstufe endet, ist in Code X bereits die dritte Stufe abgeschlossen und der Suchprozeß beendet. Dies deswegen, weil die dritte Aktivierungsstufe in jedem Fall rascher ist als die zweite. Es ist daher nicht möglich, daß die Aktivierungsausbreitung in Code Z mit jener von Code X interferiert. In diesem Zusammenhang sei daran erinnert, daß es erst die dritte Aktivierungsstufe ist, die zu einer Abnahme der Suchzeit in vernetzten Strukturen führt (vgl. die Ausdrücke $1/(a + b(n - 2))$ und $1/(a + bf(n - 2))$ in den Formeln (7a) und (8a)).

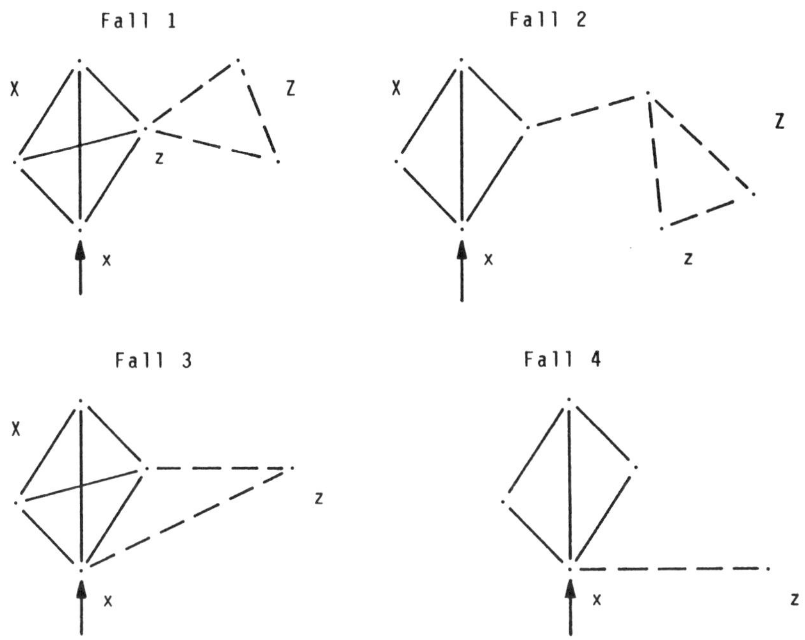

Abbildung 33(a–c): Zur Unterscheidung der im Text beschriebenen 4 Fälle. Der selbe Code X ist jeweils mit einer anderen Struktur (strichlierte Kanten) verknüpft. Der Suchprozeß beginnt am Ausgangsknoten x.

Fall 2: Code X und Z sind durch eine zusätzliche Kante verbunden

Ist ein beliebiger Knoten von X mit einem Knoten von Z über eine zusätzliche Kante verbunden und geht der Suchprozeß z.B. von x aus (vgl. Fall 2 von Abbildung 33), dann kann die Aktivierung erst nach der Zeit 1/a auf diese zusätzliche Kante übergehen. Nehmen wir an, daß die zu z hinführende Kante im Ausmaß c aktiviert wird (wobei c kleiner oder gleich b sein kann), dann wird z nach 1/a + 1/c Zeiteinheiten aktiviert. Inzwischen wurde aber – nach der Zeit 1/a + 1/b – die zweite Aktivierungsstufe des zuerst aktivierten Netzwerkes X beendet und die dritte und schnellste Aktivierungsstufe beginnt. Oder anders ausgedrückt, in Code Z beginnt die erste Aktivierungsstufe frühestens zu jenem Zeitpunkt, an dem in Code X die dritte und schnellste Aktivierungsstufe bereits begonnen hat. Da die dritte Aktivierungsstufe die schnellste ist, endet in X der Suchprozeß bereits zu einem Zeitpunkt, an dem in Code Z die erste Stufe noch nicht abgeschlossen ist.

Die gleichen Überlegungen gelten auch für Situationen, in denen mehrere gemeinsame Komponenten oder mehrere zusätzliche Kanten vorliegen. Auch in diesen Fällen wird das Abbruchkriterium nicht beeinflußt. Die einzige Vorraussetzung dafür ist nur, daß sich durch zusätzliche Kanten oder gemeinsame Komponenten die geometrischen Strukturen nicht so stark verändern, daß dadurch die in Abschnitt 8.3 besprochenen Definitionskriterien verletzt werden. Da zwei Codes keinen gemeinsamen Ausgangsknoten haben dürfen, beginnt die Aktivierungsausbreitung in einem zweiten Code frühestens dann, wenn im zuerst aktivierten Code die erste Aktivierungsstufe bereits abgeschlossen ist. Deswegen ist es nicht möglich, daß die Aktivierungsausbreitung, die von einem bestimmten Code ausgeht, durch das Vorhandensein anderer Codes beeinflußt wird.

Betrachten wir der Vollständigkeit halber noch Fälle, in denen ein Code X mit einem anderen Knoten - und nicht wie in unseren bisherigen Beispielen mit einem anderen Code - verbunden ist. Wir unterscheiden wieder zwei Möglichkeiten. Ein Knoten z kann mit einem Code X entweder vernetzt (= Fall 3) oder nicht vernetzt sein (= Fall 4)

Fall 3: Knoten z ist mit dem Ausgangsknoten x und mit mindestens einem der n - 1 Knoten von X verbunden

Aus der Definition vernetzter Strukturen folgt, daß in diesem Fall Knoten z selbst Bestandteil des betrachteten Netzwerkes ist (vgl. Abbildung 33, Fall 3).

Fall 4: Knoten z ist mit einem beliebigen Knoten von X verbunden

Da das Vernetzungsmodell die Annahme reverberierender Aktivität nicht zuläßt, hat ein isolierter Knoten keinen Einfluß auf die Ausbreitung indirekter Aktivierung (vgl. Abbildung 33, Fall 4).

Diese Überlegungen haben zu einem wichtigen Ergebnis geführt. Es zeigt sich nämlich, daß das Vernetzungsmodell keine Dämpfungsfunktion benötigt, um den Aktivierungsprozeß auf die jeweils relevanten Netzwerkteile zu konzentrieren bzw. auf diese begrenzt zu halten. Im Gegensatz dazu nehmen alle anderen Netzwerkmodelle (Anderson, 1976, 1983a,b,c; Collins und Loftus, 1975; Dell, 1986) an, daß das Ausmaß der Aktivierung mit der Anzahl aktivierter Kanten abnimmt. Nach der ACT- ebenso wie nach der ACTstar-Theorie vermindert sich die Aktivierungsausbreitung nach einer exponentiellen Funktion (vgl z.B. die Übersicht in Anderson und Pirolli, 1984).

Die Annahme einer gedämpften Aktivierungsausbreitung hat aber zur Folge, daß die für den Suchprozeß relevante Information sehr nahe am Ausgangsknoten repräsentiert sein muß. Ist dies nicht der Fall, dann besteht wegen der fortschreitenden Aktivierungsabnahme die Gefahr, daß entferntere aber relevante Netzwerkteile nicht mehr aufgerufen werden können.

8.5.1 Die Eingrenzung der Aktivierungsausbreitung durch Hemmung und Voraktivierung

Bei allen bisherigen Überlegungen sind wir davon ausgegangen, daß sämtliche Knoten und Kanten eines Netzwerkes «neutral» - d.h. mit Null - aktiviert sind, wenn der Suchprozeß beginnt (vgl. Prozeßannahme 7). Wenn wir aber annehmen, daß bestimmte Netzwerkteile gehemmt oder voraktiviert sind, dann wird der Aktivierungsprozeß im Vergleich zu einer neutralen Aktivierungsbedingung völlig andere Teile des Netzwerkes erfassen.

Der Aktivierungszustand eines Netzwerkes zu Beginn eines Suchprozesses kann neutral, hemmend oder aktivierend sein. Er ist neutral, wenn die Knoten und/oder Kanten mit Null aktiviert sind, hemmend, wenn diese negative Werte aufweisen und aktivierend, wenn diese bereits positive Werte aufweisen. Der zuletzt genannte Fall wird auch als «Voraktivierung» bezeichnet. Gehemmte Netzwerkteile sind von der Aktivierungsausbreitung ausgeschlossen. Im Gegensatz dazu konzentriert sich die Aktivierungsausbreitung auf jene Netzwerkteile, die voraktiviert sind.

Netzwerktheorien wird zu Unrecht der Vorwurf gemacht, daß Repräsentationsannahmen die geometrischen Eigenschaften von Gedächtnisstrukturen langfristig festlegen und daß gegebene Strukturen nur durch Lernprozesse und somit nur relativ langsam verändert werden können. Dabei wird völlig außer Acht gelassen, daß Prozesse der Voraktivierung und Hemmung die geometrischen Eigenschaften des Netzwerkes - im funktionellen Sinn - nicht nur schlagartig, sondern auch praktisch beliebig verändern können.

Die Wirksamkeit von Hemmung und Voraktivierung wird durch die Annahme einer Dämpfungsfunktion entscheidend negativ beeinflußt: Je weniger weit sich Aktivierung ausbreiten kann, desto weniger kann sie durch Prozesse der Hemmung und Voraktivierung beeinflußt werden. Die Anwendung dieser Konzepte ist daher nur im Rahmen jener Netzwerktheorien sinnvoll, die nicht von einer gedämpften Aktivierungsausbreitung ausgehen. Die Konzepte der Hemmung und Voraktivierung erweitern daher die Erklärungsmöglichkeiten des Vernetzungsmodells, haben aber auf die Erklärungsmöglichkeiten der ACT- oder ACTstar-Theorie nur wenig Einfluß.

8.6 Das Auffinden gemeinsamer Pfade zwischen verschiedenen Netzwerkteilen

So gut wie alle in der Literatur beschriebenen Netzwerktheorien gehen von der prinzipiellen Überlegung aus, daß der Suchprozeß von mindestens zwei Knoten ausgeht und das Ziel verfolgt, gemeinsame Netzwerkteile zu aktivieren bzw. zu finden. Wir haben bis jetzt nur den einfachen Fall der Aktivierung eines einzigen Codes besprochen. Das Vernetzungsmodell kann aber ebensogut auch erklären, wie zwischen zwei oder mehreren Codes ein gemeinsamer Pfad aufgerufen wird. Bei der Besprechung dieser Aktivierungsprozesse müssen wir - je nachdem ob die Codes gemeinsame Komponenten aufweisen oder nicht - zwei verschiedene Fälle unterscheiden, die wir in den nächsten Abschnitten ausführlich diskutieren werden.

8.6.1 Fall 1: Zwei Codes X und Y sind über gemeinsame Komponenten miteinander verbunden

Haben zwei Codes X und Y gemeinsame Komponenten und beginnt der Suchprozeß an beiden Ausgangsknoten x und y gleichzeitig, dann trifft sich der Aktivierungsvorgang wegen Annahme 7 (vgl. Abschnitt 8.3) an dem oder den gemeinsamen Knoten auch zum selben Zeitpunkt. Wir bezeichnen die von x kommende Aktivierung mit a(x) und die von y kommende Aktivierung mit a(y). Diese Beträge addieren sich an dem bzw. den gemeinsamen Knoten (vgl. Annahme 3). Wegen Annahme 1 und 7 muß gelten: a(y) + a(x) = 2a. Bei der Besprechung des weiteren Aktivierungsverlaufes stützen wir uns auf das in Abbildung 34 wiedergegebene Beispiel, das zwei Codes zeigt, die durch einen gemeinsamen Knoten xy verbunden sind.

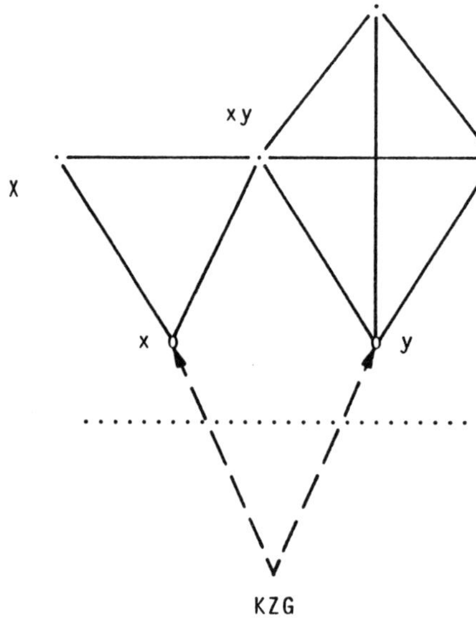

Abbildung 34: Zwei Codes X und Y teilen sich einen gemeinsamen Knoten xy. Der Suchprozeß geht vom KZG aus und beginnt bei den Ausgangsknoten x und y (vgl. die strichlierten Pfeile). Die punktierte Linie weist auf die Grenze zwischen Kurz- und Langzeitgedächtnis hin.

In der ersten Aktivierungsstufe (vgl. dazu Abschnitt 8.3.1) sind alle Knoten von X und Y - mit Ausnahme des gemeinsamen Knotens xy - im Ausmaß a aktiviert. Der gemeinsame Knoten weist hingegen den doppelten Aktivierungsbetrag von 2a auf. Da sich an diesem Knoten Aktivierungsprozesse treffen, die von verschiedenen Ausgangsknoten stammen, sprechen wir hier nicht von indirekter Aktivierung, sondern von Voraktivierung (vgl. dazu auch Abschnitt 8.2; Annahme B, letzter Absatz).

Um Mißverständnissen vorzubeugen, muß betont werden, daß unter «Voraktivierung» eine zusätzliche Aktivierung eines oder mehrerer Knoten verstanden wird, die von einem *anderen* Aktivierungsprozeß stammt. Der Begriff «Voraktivierung» bezeichnet daher nicht unbedingt das zeitlich frühere Eintreffen dieser von einem anderen Aktivierungsprozeß kommenden Aktivierung. Wenn sich die verschiedenen Aktivierungsprozesse - wie im vorliegenden Beispiel - zum selben Zeitpunkt treffen, ist der resultierende Effekt der gleiche, wie in jenem Fall, in dem die «Voraktivierung» früher, aber innerhalb einer kritischen Zeitspanne t(k) eingetroffen ist (vgl. dazu Annahme 2 in Abschnitt 8.3). Innerhalb dieser kritischen Zeitspanne ist daher der genaue Zeitpunkt des Eintreffens von «Voraktivierung» irrelevant. Aus diesem Grund und zur Vereinfachung der Terminologie werden wir auch eine simultane Aktivierung – vorausgesetzt, sie stammt von einem anderen Ausgangsknoten – als «Voraktivierung» bezeichnen.

Der für die Berechnung der weiteren Aktivierungsausbreitung entscheidende Gedanke bezieht sich jetzt auf Annahme 5. In der zweiten Aktivierungsstufe können die mit den Ausgangsknoten verbundenen Kanten in der Gegenrichtung nicht mehr aktiviert werden. Deswegen fließt die Aktivierung – wie in den im Abschnitt 8.3.1 besprochenen Beispielen – zu den entsprechenden anderen Knoten der Netzwerke X und Y weiter. Annahme 5 verhindert, daß die Aktivierung über den geometrisch kürzesten Pfad, d.h. direkt über den gemeinsamen Knoten xy zum jeweils anderen Ausgangsknoten fließt. Erst in der dritten Stufe fließt indirekte Aktivierung zu den Ausgangsknoten zurück und der Suchprozeß wird unterbrochen.

In der zweiten Aktivierungsstufe wird der gemeinsame Knoten sowohl von den n – 2 Knoten des Codes X als auch von den n – 2 Knoten des Codes Y indirekt aktiviert. Wenn wir die Anzahl der Knoten von X und Y mit n(x) bzw. n(y) bezeichnen, dann beträgt das Ausmaß indirekter Aktivierung des gemeinsamen und bereits voraktivierten Knotens xy in der zweiten Aktivierungsstufe für vollständig vernetzte Strukturen:

$$Ip(xy) = 2a + b(n(x) - 2) + b(n(y) - 2) \qquad (14)$$

Mit Ip wird – durch Voraktivierung verstärkte – indirekte Aktivierung bezeichnet. Der Buchstabe «p» steht für «preactivation» (= «Voraktivierung»).

In der dritten Stufe fließt dieser Aktivierungsbetrag von Ip(xy) sowohl zum Ausgangsknoten von X als auch von Y zurück und addiert sich dort mit jenen Aktivierungsbeträgen, die von den restlichen Knoten des jeweils eigenen Netzwerkes zum betreffenden Ausgangsknoten fließen.

Im vorliegenden Fall ist zu beachten, daß die Knoten der Codes X und Y zu Beginn der dritten Aktivierungsstufe – wegen der Voraktivierung des gemeinsamen Knotens xy – unterschiedlich stark aktiviert sind. Da Knoten xy im Vergleich zu allen anderen Knoten den mit Abstand höchsten Aktivierungsbetrag aufweist, folgt aus Annahme 6, daß der Ausgangsknoten von diesem am raschesten aktiviert wird. Wegen Annahme C würde der Suchprozeß bereits jetzt abgebrochen werden. Wir müssen dabei aber bedenken, daß die später eintreffende Aktivierung der schwächer aktivierten Knoten nicht mehr berücksichtigt werden könnte. Im Rahmen von Annahme D haben wir aber explizit darauf hingewisen, daß der Gesamtbetrag der indirekten Aktivierung nicht nur ein wichtiges Indiz für die positive Evidenz eines Suchprozesses, sondern auch für die Geschwindigkeit der Weiterverarbeitung des Suchergebnisses ist. Es ist daher nicht zielführend, Annahme C in ihrer ursprünglichen Form für den vorliegenden Fall beizubehalten. Oder anders ausgedrückt: Annahme C muß so modifiziert werden, daß sie Annahme D nicht widerspricht.

Wie wird nun festgestellt, daß zwischen X und Y ein gemeinsamer Pfad besteht? Diese Frage bezieht sich auf die Festlegung eines Kriteriums, das nicht nur den Abbruch des Suchprozesses, sondern auch eine klare Beurteilung seines Ergebnisses erlaubt. Wir nehmen nun an, daß der Suchprozeß so lange fortgesetzt wird, bis die zu einem der Ausgangsknoten zurückfließende indirekte Aktivierung jenen Betrag übersteigt, der im «Standardfall» zu erwarten wäre, in dem kein gemeinsamer Pfad und daher keine Voraktivierung vorliegt. Mit Is(x) und Is(y) kennzeichnen wir diese im Standardfall zum Ausgangsknoten x bzw. y zurückfließende indirekte Aktivierungsmenge. Die durch Voraktivierung bzw. gemeinsame Pfade verstärkte indirekte Aktivierung, die sich am Ende des Suchprozesse an den Ausgangsknoten x und y ansammelt, bezeichnen wir hingegen mit Ip(x) bzw. Ip(y). Das Abbruchkriterium bezieht sich nun auf einen Vergleich des indirekten Aktivierungsbetrages I eines aktuellen Suchprozesses mit dem gespeicherten Wert Is.

Nehmen wir der Einfachheit halber an, daß die Standardwerte Is(x) und Is(y) an den Ausgangsknoten gespeichert sind. Das Ergebnis eines Suchprozesses kann dann an jedem Ausgangsknoten durch einen Vergleich des gespeicherten mit dem jeweils aktuellen Wert I leicht überprüft werden. Übersteigt die auf einen Ausgangsknoten hinfließende indirekte Aktivierung den Standardfall Is, dann liegt ein positives Ergebnis vor. Wird dieser Wert jedoch nicht überschritten, dann ist das Ergebnis des Suchprozesses negativ. Die Bestimmung eines positiven Ergebnisses erfolgt nach Formel (15):

$$I = Ip > Is \qquad (15)$$

Ein negatives Ergebnis liegt hingegen vor, wenn die indirekte Aktivierungsmenge dem Standardfall entspricht:

$$I = Is \qquad (16)$$

Wir nehmen dabei an, daß das Abbruchkriterium wirksam wird, sobald es für einen der beiden Ausgangsknoten erfüllt wird.

Da Ip in jedem Fall größer ist als Is, und da die Voraktivierung wegen Formel (7a) und (8a) zu einer Verkürzung der Aktivierungszeit in der dritten Aktivierungsstufe führt, zeigt sich, daß zwei Codes mit einem oder mehreren gemeinsamen Knoten nicht nur mehr indirekte Aktivierung verursachen, sondern auch rascher abgesucht werden können als ein vergleichbarer, aber isolierter Code. Die selben Gründe führen auch dazu, daß ein negatives Suchresultat weniger indirekte Aktivierung verursacht und länger dauert als ein positiv verlaufender Suchprozeß.

Die beiden eingangs postulierten Vorhersagen (I nimmt mit der Anzahl an Knoten zu und t(I) wird mit der Anzahl an Knoten kürzer) werden auch hier in vollem Umfang gestützt: Je mehr Knoten die beiden Codes X und Y aufweisen, desto mehr indirekte Aktivierung fließt zu den Ausgangsknoten zurück und desto früher kann der Suchprozeß abgebrochen werden.

Bei der Erklärung der hier beschriebenen Aktivierungsausbreitung für zwei miteinander verbundene Codes wurde auf alle 7 Prozeßannahmen des Vernetzungsmodells zurückgegriffen. Allerdings haben wir zwei neue Annahmen verwendet, die als Erweiterung von Annahme C anzusehen sind. Die erste neue Annahme bezieht sich auf den Beginn eines Suchprozesses, die zweite auf die Art des Abbruchkriteriums. Diese, für das Auffinden gemeinsamer Pfade zwischen verschiedenen Codes geltenden Annahmen bezeichnen wir im folgenden mit Annahme C1 und Annahme C2.

C1 Werden zwei oder mehrere Codes abgesucht, dann beginnt der Suchprozeß an den entsprechenden Ausgangsknoten zum selben Zeitpunkt und mit der selben Aktivierungsstärke.

C2 Das Abbruchkriterium hängt vom Ziel des Suchprozesses ab. Sollen gemeinsame Pfade gefunden werden, dann wird der Suchprozeß mit einem positiven Resultat abgebrochen, wenn die zum Ausgangsknoten zurückfließende Aktivierung I jene indirekte Aktivierungsmenge Is übersteigt, die im Standardfall, d.h. ohne Voraktivierung entstehen würde. Ein negatives Resultat liegt hingegen vor, wenn I den Wert Is nicht überschreitet (vgl. dazu Formel (15) und (16)). Das Abbruchkriterium wird dann wirksam, wenn es für einen der beiden Ausgangsknoten erreicht wird.

Die Anwendung der Annahmen C1 und C2 auf der Grundlage der bereits bekannten 7 Prozeßannahmen hat uns gezeigt, daß die für das Absuchen eines Codes postulierten Vorhersagen 1 und 2 ohne Einschränkung auch für das Absuchen von zwei über gemeinsame Knoten verknüpfte Codes gelten. Je mehr Komponenten (bzw. Knoten) Code X und/oder Code Y aufweist, desto mehr und desto rascher fließt indirekte Aktivierung I zu den Ausgangsknoten x und y zurück. Ein vergleichbarer Zusammenhang gilt für die Anzahl der gemeinsamen Komponenten. Je mehr gemeinsame Komponenten vorliegen, desto größer wird das Ausmaß der Voraktivierung (vgl. dazu auch Formel (14)) und desto mehr indirekte Aktivierung fließt umso rascher zu den Ausgangsknoten zurück.

Es sind insgesamt vier Faktoren, die das Ausmaß der indirekten Aktivierung und die Geschwindigkeit des Suchprozesses beeinflussen. Drei dieser Faktoren beziehen sich auf Suchprozesse mit positivem Resultat und nur ein Faktor betrifft negativ verlaufende Suchprozesse. Suchprozesse mit positivem Resultat werden beeinflußt durch

a) die Anzahl der Komponenten von Code X,
b) die Anzahl der Komponenten von Code Y und durch
c) die Anzahl der gemeinsamen Komponenten von Code X und Y.

Für einen Suchprozeß mit negativem Resultat ist hingegen nur die Anzahl der Knoten jenes Codes maßgeblich, dessen Ausgangsknoten als erster das Abbruchkriterium erreicht. Wegen Formel (7a) und (7b) fließt indirekte Aktivierung umso rascher zurück, je größer ihr Ausmaß ist. Der Suchprozeß bricht mit einem negativen Resultat ab, sobald die Gleichung in Formel (16) für jenen Code erfüllt ist, der die meisten Komponenten aufweist und der daher das größte Ausmaß an indirekter Aktivierung am Ausgangsknoten sammelt. Suchprozesse mit negativem Resultat werden nur durch einen einzigen Faktor beeinflußt, nämlich durch

d) die Anzahl der Komponenten jenes Codes, der die meisten Komponenten aufweist.

Vergleichen wir Suchprozesse mit positivem und negativem Resultat, dann ergibt sich folgende zusätzliche Vorhersage:

e) Da bei einem Suchprozeß mit negativem Resultat der beschleunigende Einfluß gemeinsamer Merkmale bzw. der Voraktivierung fehlt, sind die Suchzeiten hier länger als bei einem Suchprozeß mit positivem Resultat.

8.6.2 Fall 2: Zwei Codes X und Y sind nicht über gemeinsame Komponenten, sondern über andere Codes verbunden

Bei der Besprechung dieses Falles beziehen wir uns auf das in Abbildung 35 wiedergegebene Beispiel. Es zeigt zwei verschiedene vernetzte Codes (Code X und Code Y) mit den Ausgangsknoten x und y, die über zwei andere vernetzte Codes (W und Z) miteinander verknüpft sind. Das Ziel des Suchprozesses besteht in der Feststellung, ob die Codes X und Y durch einen gemeinsamen Pfad miteinander verbunden sind oder nicht.

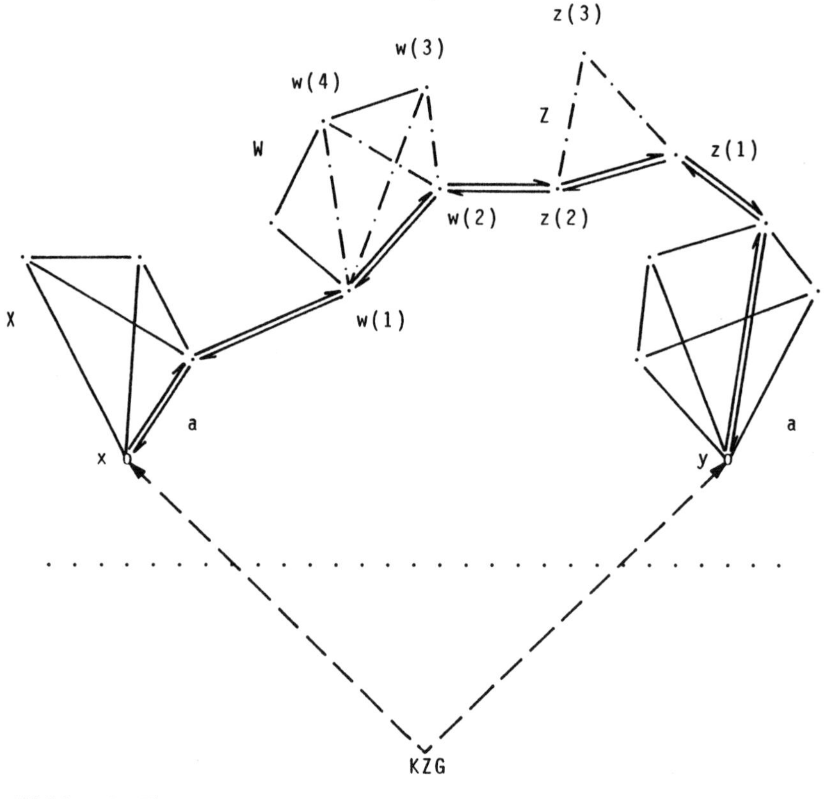

Abbildung 35: Eine Netzwerkstruktur, die aus insgesamt 4 vernetzten Codes, Code X, W, Z und Y zusammengesetzt ist. Die von x und y ausgehende Aktivierung trifft sich - wegen Annahme 7 - auf der Kante zwischen den Knoten w(2) und z(2). Die doppelt gezeichneten Kanten kennzeichnen den Weg der raschesten Aktivierungsausbreitung zwischen x und y. Die Aktivierungsstärke der ersten Aktivierungsstufe wird wieder - wie in allen bisher besprochenen Beispielen - mit a bezeichnet.

Aus Annahme C1 ergibt sich, daß der Suchprozeß von x und y gleichzeitig ausgeht und sich - wegen Annahme 7 - auf der Kante zwischen den Knoten w(2) und z(2) trifft. Der für uns entscheidende Gedanke ist, daß der von x kommende Suchprozeß, Knoten z(2) und der von y ausgegangene Suchprozeß bereits Knoten w(2) voraktiviert vorfindet. Da ab dieser Stelle in der Flußrichtung der Suchprozesse - in Abhängigkeit von der Geschwindigkeit der Suchprozesse und der Länge von t(k) (vgl. Annahme 2) – auch noch andere Knoten voraktiviert sein können, breitet sich der Aktivierungsvorgang jetzt umso schneller aus und erreicht daher umso rascher die Ausgangsknoten x und y. Die am Knoten x zum Zeitpunkt i von y her eintreffende und durch Voraktivierung p verstärkte Aktivierungsmenge a bezeichnen wir mit ap(xi). Die am Knoten y zum Zeitpunkt j eintreffende und von x kommende Aktivierung bezeichnen wir mit ap(yj).

Die Knoten x und y werden nicht nur mit Is(x) bzw. Is(y), sondern – nach einiger Zeit und abhängig von der Länge und Aktivierungsstärke des gemeinsamen Pfades – zusätzlich auch von den gegenüberliegenden Ausgangsknoten im Ausmaß ap(xi) und ap(yj) aktiviert. Die Summe dieser beiden Aktivierungen Is und ap wird mit Ip bezeichnet. Es gilt: Ip(x) = Is(x) + ap(xi) und Ip(y) = Is(y) + ap(yj). Von den Aktivierungen ap(xi) und ap(yj) erreicht jene mit dem höchsten Betrag als erste den entsprechenden Ausgangsknoten. Die raschere der beiden Aktivierungen ist für den Abbruch des Suchprozesses nach Formel (15) entscheidend.

Der wichtigste Unterschied zwischen Fall 1 und Fall 2 betrifft die Tatsache, daß die zur Bewertung des Abbruchkriteriums ausschlaggebende Aktivierung ap(xi) bzw. ap(yi) später eintreffen kann als Is(x) bzw. Is(y). Daraus ergibt sich die Vermutung, daß die Suchzeiten zu Fall 2 länger sein werden als jene zu Fall 1, und zwar unabhängig davon, ob ein negatives oder positives Suchresultat vorliegt (vgl. Vorhersage f weiter unten). Betrachten wir dazu den Prozeß der Aktivierungsausbreitung noch etwas genauer.

Am Ende der ersten Aktivierungsstufe sind alle Knoten von X und Y aktiviert. Zu Beginn der zweiten Stufe fließt Aktivierung nicht nur zu allen n(x) – 2 und allen n(y) – 2 Knoten, sondern ebenfalls zu den Knoten w(1) und z(1). Oder anders ausgedrückt: In der zweiten Stufe geht der Aktivierungsprozeß bereits über die Codes X und Y hinaus. Hier zeigt sich ein anderer wichtiger Unterschied zwischen Fall 1 und Fall 2. Im Gegensatz zu Fall 1 verhindert hier Annahme 5 nicht, daß der geometrisch kürzeste Weg (vgl. die doppelt gezeichneten Kanten in Abbildung 35) zwischen den Ausgangsknoten x und y aktiviert wird.

In der dritten Stufe fließt indirekte Aktivierung Is(x) bzw. Is(y) zu den Ausgangsknoten x bzw. y zurück. Da wir aber im Rahmen von Fall 2 annehmen, daß zwei Codes X und Y durch mindestens einen anderen Code miteinander verbunden sind, ist der kürzeste Pfad zwischen x und y mindestens 3 Kanten lang. Die dritte Aktivierungsstufe von Code X oder Y wird daher in der Regel bereits abgeschlossen sein, wenn die letzte Kante des gemeinsamen Pfades vom gegenüberliegenden Ausgangsknoten aktiviert wird. Diese Überlegung zeigt, daß das Erreichen des Abbruchkriteriums (nach Formel (15)) in Strukturen, die zu Fall 2 gehören, mehr Zeit benötigt, als in Strukturen, die zu Fall 1 gehören. Die Zeit, die hier zusätzlich benötigt wird, hängt – neben anderen Faktoren – von der Länge des gemeinsamen Pfades ab. Je länger er ist, desto mehr Zeit vergeht, bis das Abbruchkriterium erreicht werden kann. Im Gegensatz dazu steht jedoch der Einfluß der Voraktivierung. Ihr Ausmaß erhöht die Geschwindigkeit, mit der der gemeinsame Pfad aktiviert werden kann.

Wegen des verzögerten Eintreffens von Voraktivierung stellt sich die Frage, wie zwischen Nein-Antworten, die zu Fall 1 gehören und Ja-Antworten, die zu Fall 2 gehören, unterschieden werden soll. Welches Kriterium soll verwendet werden, um nicht fälschlicherweise den Suchprozeß abzubrechen, bevor ein – zu Fall 2 gehörendes positives Ergebnis eintreten kann? Bevor wir versuchen, diese Frage zu beantworten, muß geklärt werden, wie stark die Aktivierung des gemeinsamen Pfades durch Voraktivierung beschleunigt werden kann. Es wird sich dabei zeigen, daß die gegenseitige Voraktivierung der beiden Suchprozesse nicht der einzige Faktor ist, der zu einer Beschleunigung beiträgt. Die am gemeinsamen Pfad liegenden Codes W und Z, ebenso wie die 2. Aktivierungsstufe der Codes X und Y leisten einen erheblichen Beitrag zu einer rascheren Aktivierung des gemeinsamen Pfades.

Die gegenseitige Verstärkung der beiden Suchprozesse

Wie wir bereits erwähnt haben, bewirkt die Voraktivierung eine raschere Aktivierung des gemeinsamen Pfades. Im Beispiel von Abbildung 35 treffen sich die beiden Aktivierungsprozesse auf der Kantenmitte der beiden Knoten w(2) und z(2). Wenn wir einfachheitshalber annehmen, daß keine Dämpfungsfunktion wirksam ist, dann ist wegen Annahme 1 und 7 der Betrag jedes der beiden Aktivierungsprozesse in der Kantenmitte zwischen w(2) und z(2) gleich a. Nach der Kreuzung der Aktivierungsprozesse (vgl. Annahme 4) findet jeder Aktivierungsprozeß den Knoten w(2) bzw. z(2) bereits im Ausmaß a aktiviert vor. Wegen Annahme 3 verdoppelt sich die Aktivierung an diesen Knoten zu dem resultierenden Betrag von 2a. Diese Überlegungen gelten für die von der ersten Aktivierungsstufe stammende Aktivierung. Wir werden aber weiter unten zeigen, daß der hier errechnete Wert von 2a um den Faktor 5 zu niedrig ist, da die zweite Aktivierungsstufe von Code X und Y Knoten w(2) und z(2) früher erreicht als die erste Stufe.

Haben die nächsten, in der jeweiligen Flußrichtung liegenden Knoten ihre Aktivierung noch nicht verloren (vgl. Annahme 2), dann ergibt sich eine zusätzliche Verstärkung der Suchprozesse an den Knoten w(1) und z(1). Wie stark nun dieser Betrag bis zum Erreichen des gegenüberliegenden Ausgangsknotens weiter ansteigen wird, hängt nicht nur von Annahme 2 bzw. von der Länge des kritischen Zeitintervalles t(k), sondern vor allem auch von der Geometrie und indirekten Aktivierungsausbreitung der mit dem gemeinsamen Pfad verbundenen Codes W und Z ab.

Der Einfluß der am gemeinsamen Pfad liegenden Codes W und Z

In unserem Beispiel ist der wichtige Umstand zu beachten, daß indirekte Aktivierung der Codes Z und W (vgl. dazu die strichpunktierten Kanten in Abbildung 35) zu einer zusätzlichen Verstärkung bzw. Voraktivierung führt. Wenn der von x kommende Aktivierungsvorgang z(2) erreicht, wurden 4 Kanten durchlaufen. Ebensoviele Kanten hat auch der von y ausgehende, aber über z(3) kommende Aktivierungsprozeß hinter sich gelegt. Deshalb treffen sich die beiden Aktivierungsprozesse am Knoten z(2) mit dem Effekt, daß der von x kommende Aktivierungsvorgang zusätzlich verstärkt wird. Die gleiche Überlegung gilt sinngemäß für den von y ausgehenden Aktivierungsprozeß, der am Knoten w(2) zusätzlich von der über Knoten w(3) und von der über Knoten w(4) kommenden Aktivierung verstärkt wird. Am Knoten w(2) sammelt sich daher ein Aktivierungsbetrag von insgesamt 4a: w(2) wird von x, y, w(3) und w(4) im Ausmaß von je a Einheiten aktiviert. Im Gegensatz dazu sammeln sich am Knoten z(2) nur 3a Aktivierungseinheiten. Der komponentenreichere Code W trägt daher mehr zur Beschleunigung der Aktivierung des gemeinsamen Pfades bei als der weniger Komponenten umfassende Code Z.

Auch hier muß betont werden, daß die angegebenen Werte nur für die erste Aktivierungsstufe gelten. Der verstärkende Effekt von W und Z nimmt jedoch noch weiter zu, wenn auch die zweite Aktivierungsstufe berücksichtigt wird.

Generell zeigt sich der wichtige Befund, daß die zwischen den Codes X und Y liegenden anderen Codes die Geschwindigkeit der Aktivierungsausbreitung erheblich beschleunigen können. Das Ausmaß der Beschleunigung ist umso größer, je mehr Komponenten die dazwischenliegenden Codes aufweisen. Dieser Effekt ist durchaus plausibel, wenn man bedenkt, daß sehr informationsreiche Codes (d.h. Codes mit vielen Komponenten) die Bedeutung eines gemeinsamen Pfades aufwerten bzw. erhöhen: Je mehr Information der gemeinsame Pfad aufweist, desto mehr Aktivierung fließt zu mindestens einem der beiden Ausgangsknoten zurück und desto rascher wird das Abbruchkriterium erreicht und desto höher wird das Ausmaß der durch Voraktivierung verstärkten indirekten Aktivierung Ip(x) bzw. Ip(y). Dieser verstärkende Effekt dazwischenliegender Codes erlaubt es auch, daß sehr lange Pfade sehr rasch abgesucht werden können.

Der Einfluß der zweiten Aktivierungsstufe von Code X und Y

Das Ausmaß von Ip(x) bzw. Ip(y) wird nicht nur durch die Komplexität der dazwischenliegenden Codes, sondern ebenso auch durch die Anzahl der Komponenten von X und Y positiv beeinflußt. Dabei ist zu bedenken, daß wir bis jetzt nur jene Aktivierung des gemeinsamen Pfades betrachtet haben, die auf die erste Aktivierungsstufe von Code X und Y zurückzuführen ist. Es muß aber auch berücksichtigt werden, daß der gemeinsame Pfad in der zweiten Aktivierungsstufe von X und Y um wesentliches stärker als in der ersten Stufe, nämlich im Ausmaß von $a + b(n - 2)$ bzw. im Ausmaß von $a + bf(n - 2)$ aktiviert wird (vgl. dazu Formel (7) und (8)). Es ist daher damit zu rechnen, daß die Aktivität der zweiten Stufe jene der ersten Stufe am gemeinsamen Pfad einholen kann. Dies trifft in unserem Beispiel sowohl für die von x als auch für die von y ausgehende Aktivierung zu. Die Aktivierung der ersten Stufe erreicht nach $1/a + 1/a + 1/a = 3/a$ Zeiteinheiten Knoten w(2) bzw. Knoten z(2). Jene der zweiten Stufe erreicht Knoten w(2) bzw. z(2) nach $1/a + 1/b + 2(1/(a + 2b))$ Zeiteinheiten. Nehmen wir nun einfachheitshalber an, daß a gleich b ist, dann erhalten wir für die zweite Stufe: $2/a + 2/3a = 8/3a = 2.67/a$. Da dieser Betrag kleiner als $3/a$ ist, zeigt sich, daß die zweite von X bzw. Y kommende Aktivierung die erste bereits am Knoten w(2) bzw. z(2) einholt. Ist Knoten w(1) bzw. z(1) noch durch die erste Stufe im Ausmaß a aktiviert (vgl. Annahme 2), dann erreicht die Aktivierung der zweiten Stufe noch früher - nämlich nach $2/a + 1/3a + 1/4a = 2.58$ Zeiteinheiten - Knoten w(2) bzw. z(2). Hier addieren sich - wegen Annahme 3 - die Aktivierungsbeträge beider Stufen auf.

Der Aktivierungsbetrag der zweiten Stufe weist zum Zeitpunkt des Eintreffens an Knoten w(1) und z(1) einen Betrag von 3a auf. Da aber die Aktivierung der ersten Stufe zu diesem Zeitpunkt Knoten w(2) bzw. Knoten z(2) noch nicht erreicht hat, ist anzunehmen, daß die Knoten w(1) und z(1) noch von der ersten Stufe im Ausmaß a aktiviert sind, wodurch sich der Aktivierungsbetrag auf 4a erhöht. Die Knoten w(2) und z(2) werden nun nahezu gleichzeitig von der ersten Stufe im Ausmaß a und von der zweiten Stufe im Ausmaß 4a aktiviert. Die Aktivierungsbeträge von w(2) und z(2) betragen daher nach insgesamt 3/a Zeiteinheiten 5a. Da sich die beiden Aktivierungsprozesse zwischen w(2) und z(2) treffen, erhöht sich - durch Voraktivierung - der Aktivierungsbetrag von w(2) und z(2) auf jeweils 10a. Zusätzlich ist noch jene Aktivierung zu berücksichtigen, die über die Knoten w(2), w(3) und z(3) am Knoten w(2) bzw. z(2) eintrifft und zu einer weiteren Verstärkung des Suchprozesses führt.

Bezüglich der Suchgeschwindigkeit und der Komplexität der Codes X und Y zeigt sich der erwartete Zusammenhang: Da die Anzahl der Komponenten von X und Y die Aktivierungsstärke der zweiten Stufe erhöht, läuft der Suchprozeß schneller ab, je mehr Komponenten X und Y aufweisen.

Im Gegensatz zu allen bisher besprochenen Beispielen ist es hier nicht möglich, generell gültige Angaben über den Zeitpunkt des Eintreffens von Voraktivierung ap(xi) bzw. ap(yj) zu machen. Wir haben zeigen können, daß der Zeitpunkt des Eintreffens von Voraktivierung nicht nur von der Länge das gemeinsamen Pfades abhängig ist. Die beschriebenen drei Faktoren der Aktivierungsausbreitung, die gegenseitige Verstärkung der beiden Suchprozesse, der Einfluß dazwischenliegender Codes und der Einfluß der zweiten Aktivierungsstufe von X und Y führen zu einer massiven Beschleunigung der Aktivierung des gemeinsamen Pfades. Es ist aber die exakte Geometrie des Netzwerkes, die den genauen Zeitpunkt des Eintreffens von ap(xi) bzw. ap(yj) bestimmt.

Da wir keine generell gültige Regel für den Zeitpunkt des Eintreffens von ap(xi) bzw. ap(yj) gefunden haben, bleibt die eingangs gestellte Frage unbeantwortet, nach welchem Kriterium zwischen einem positiven Ergebnis, das zu Fall 2 gehört und einem negativen Ergebnis, das zu Fall 1 gehört, unterschieden werden soll. Wir werden uns im folgenden mit der Lösung dieses Problems, das wir als «Problem 1» bezeichnen, beschäftigen.

Problem 1: Zur Unterscheidung eines positiven Ergebnisses zu Fall 2 und eines negativen Ergebnisses zu Fall 1

Würden wir über ein Kriterium verfügen, das uns angibt, wie aufwendig ein Suchprozeß ist, dann könnten wir auch ohne jede Schwierigkeit und von vornherein zwischen den zu Fall 1 und Fall 2 gehörenden Suchprozessen differenzieren. Nach einem exakten Kriterium zur Einschätzung des Schwierigkeitsgrades zu suchen, wäre aber kaum zielführend. Dazu müßte vor dem Suchprozeß jene Information über den gemeinsamen Pfad zur Verfügung stehen, die das Ergebnis des Suchprozesses ausmacht. Es ist aber sehr leicht möglich, ein grobes Kriterium anzugeben, das sich auf die Unterscheidung einfacher Suchprozesse - die zu Fall 1 gehören - und komplexer Suchprozesse - die zu Fall 2 gehören - bezieht. Allerdings wird selbst dieses grobe Kriterium nicht vor Beginn des Suchprozesses zur Verfügung stehen, es wird sich erst im Laufe des Aktivierungsvorganges ergeben.

Wir werden im folgenden zeigen, daß nach Abschluß der dritten Aktivierungsstufe des komponentenreichsten Codes X oder Y eine grobe Abschätzung des Schwierigkeitsgrades möglich ist. Um diesen Gedanken plausibel zu machen, müssen wir auf die zu Fall 1 gefundenen Ergebnisse zurückgreifen. Wir haben dort festgestellt, daß sich Ip(x) bzw. Ip(y) rascher an den betreffenden Ausgangsknoten sammelt als Is(x) bzw. Is(y). Wenn zwei Codes nicht über einen oder mehrere gemeinsame Komponenten verbunden sind, dann ist zum Zeitpunkt des Eintreffens von Is(x) bzw. Is(y) klar, daß keine positive Antwort mehr erfolgen kann. Liegen aber gemeinsame Komponenten vor, dann trifft - wegen des verstärkenden Effektes der Voraktivierung - indirekte Aktivierung früher an den Ausgangsknoten ein. Zu dem Zeitpunkt, an dem Is des komponentenreichsten Codes am entsprechenden Ausgangsknoten eintrifft, steht fest, daß die beiden Codes X und Y keine einzige gemeinsame Komponente aufweisen und daß dann, wenn trotzdem ein gemeinsamer Pfad gefunden werden soll, ein komplexer Suchprozeß initiiert werden muß.

Ob jetzt eine negative Antwort erfolgt oder nicht, hängt vom Ziel des Suchprozesses ab (vgl. dazu Annahme C2). Bestand das Ziel im Auffinden gemeinsamer Komponenten, dann muß der Suchprozeß abgebrochen werden (Nein-Antwort zu Fall 1). Wurde aber das Suchziel relativ vage definiert, so wird ab jetzt eine kritische Wartezeit t(wI) für das Eintreffen von ap(xi) bzw. ap(yj) festgesetzt. Bei der Abschätzung von t(wI) wird die Definition des Suchzieles verwendet. Je vager das Suchziel ist, umso länger wird t(wI) sein und umgekehrt, je konkreter das Suchziel ist, umso kürzer kann t(wI) sein. Wie Abbildung 36 zeigt, steht spätestens am Ende der dritten Aktivierungsstufe (wenn vorher nicht schon eine Ja-Antwort gegeben wurde) mit dem Eintreffen von Is fest, daß ein komplexer Suchprozeß vorliegt.

Es gibt allerdings noch eine andere und wahrscheinlich noch einfachere Möglichkeit, ein Kriterium zur Unterscheidung einfacher und komplexer Suchprozesse zu definieren. Dieses Kriterium ist aber nur dann anwendbar, wenn wir Annahme 1 durch die Annahme teilweise begrenzter Kapazität (vgl. Abschnitt 8.4.1) ersetzen. Dabei machen wir uns die Tatsache zu Nutze, daß mit der Anzahl v der von einem Knoten weggehenden Kanten, die Aktivierung o(j) jeder Kante abnimmt (vgl. Formel (11) und Tabelle 8). Diese Eigenschaft erlaubt es nun anzugeben, ob ein Code isoliert - d.h. nicht mit anderen Codes verbunden - ist oder nicht. Ist ein Code isoliert, dann trifft mit dem Zeitpunkt t(Is), die für den Standardfall zu erwartende indirekte Aktivierung Is am Ausgangsknoten ein. Dies ist das Zeichen für eine Nein-Antwort zu Fall 1. Geht aber von diesem Code zumindestens ein Pfad zu einem anderen Code ab, dann fließt - wegen dieser einen zusätzlichen Abzweigung - in der dritten Aktivierungsstufe *weniger* indirekte Aktivierung I zum Ausgangsknoten. Unterschreitet I den Wert von Is, dann ist klar, daß ein komplexer Suchprozeß vorliegt.

Daß dieses Kriterium hier nur nebenbei erwähnt wird, liegt daran, daß wir die Erläuterungen zu allen bis jetzt besprochenen Beispielen unnötig kompliziert hätten, wären wir von der Annahme teilweise begrenzter Aktivität ausgegangen. Die hier zu Fall 1 und Fall 2 aufgezeigten Zusammenhänge gelten aber auch dann, wenn wir an Stelle von Annahme 1 die Annahme teilweise begrenzter Kapazität verwendet hätten.

Kehren wir aber wieder zur Besprechung unseres Beispiels zurück. Dem aufmerksamen Leser wird nicht entgangen sein, daß wir uns noch mit einem anderen Problem auseinandersetzen müssen, das mit der Eingrenzung der Aktivierungsausbreitung zu tun hat.

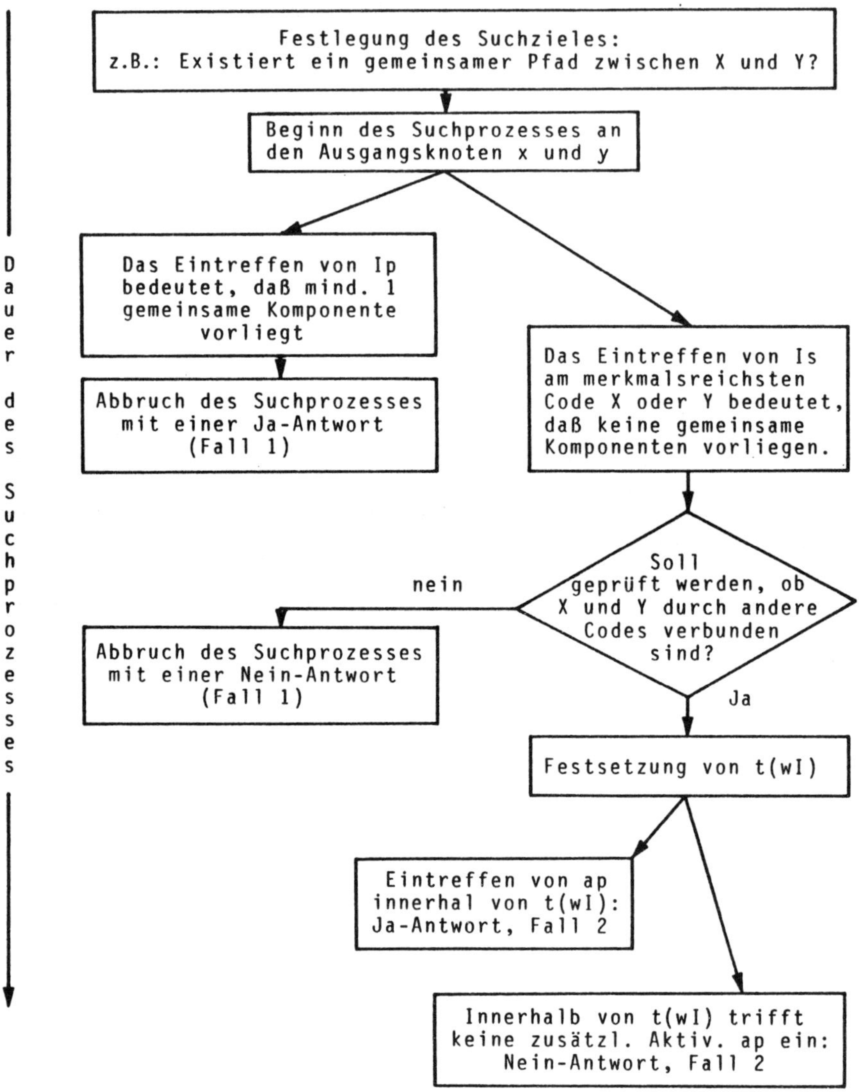

Abbildung 36: Die Unterscheidung einfacher und komplexer Suchprozesse.

Problem 2: Wie wird gewährleistet, daß der Suchprozeß nicht durch indirekte Aktivierung oder Voraktivierung gestoppt wird, die von irrelevanten Codes stammt?

Zur Veranschaulichung dieses Problems nehmen wir an, daß z.B. Code X nicht nur mit dem am gemeinsamen Pfad liegenden Code Y, sondern auch mit einem anderen Code V verbunden ist, der nicht am gemeinsamen Pfad zwischen X und Y liegt (vgl. dazu Abbildung 37). Indirekte Aktivierung, die von Code V zurückfließt, ist für das Auffinden des gemeinsamen Pfades irrelevant, könnte aber den Suchprozeß fälschlicherweise mit einem positiven Ergebnis beenden. Eine ähnliche Überlegung gilt auch für Code U, der ebenfalls nicht am gemeinsamen Pfad liegt und fälschlicherweise zu einer Überbewertung der Verbindung zwischen X und Y führen würde.

So kompliziert Problem 2 auch erscheinen mag, so einfach ist aber seine Lösung. Wir verwenden dabei die Tatsache, daß in vernetzten Codes immer drei Aktivierungsstufen unterschieden werden können und nehmen - im Rahmen von Annahme C3 - an, daß ab dem Zeitpunkt, an dem Is am Ausgangsknoten x bzw. y eintrifft,

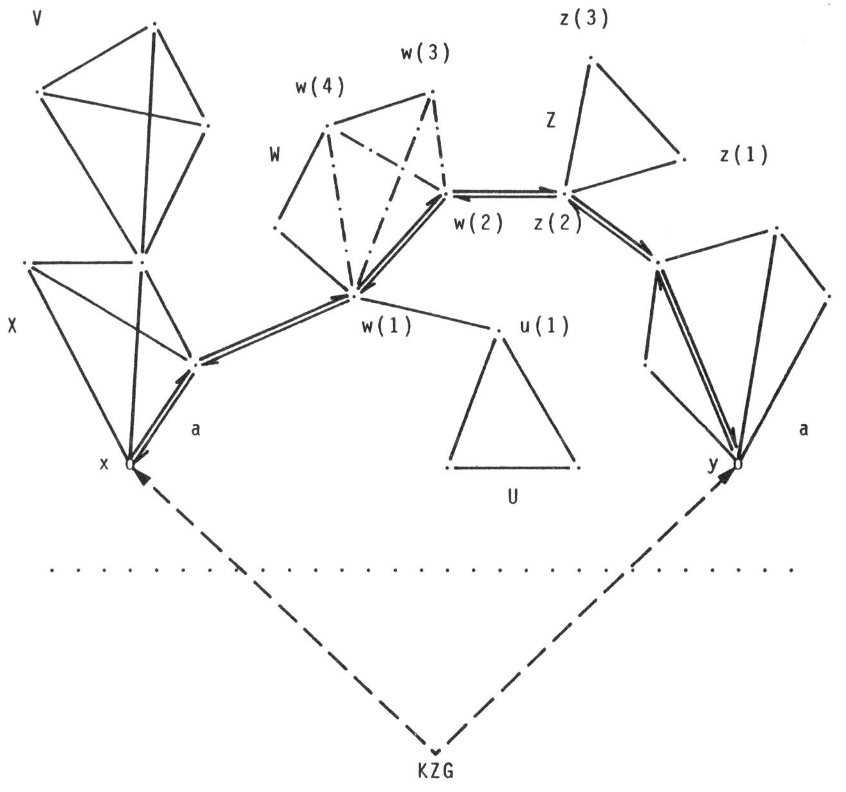

Abbildung 37: Zur Veranschaulichung von Problem 2: Indirekte Aktivierung, die von Code V zu x zurückfließt, könnte fälschlicherweise den Suchprozeß mit einem positiven Ergebnis beenden.

die Aktivierungsausbreitung in allen anderen Codes mit der Beendigung der zweiten Aktivierungsstufe abgebrochen wird.

C3 Das Kriterium für den Beginn eines komplexen - zu Fall 2 gehörenden - Suchprozesses ist das Eintreffen von Is an einem der beiden Ausgangsknoten x oder y. Is ist die dem Betrag nach größere - und daher rascher eintreffende - der beiden Aktivierungsmengen Is(x) und Is(y). Ab dem Zeitpunkt t(Is) wird die Aktivierungsausbreitung innerhalb aller anderen Codes nach Abschluß der zweiten Aktivierungsstufe abgebrochen. Die Wirksamkeit von Annahme C3 erlischt erst dann, wenn der Suchprozeß nach Formel (15) oder (16) abgebrochen wird.

Annahme C3 verhindert das Zurückfließen indirekter Aktivierung zu jenem Knoten eines Codes, von dem der Aktivierungsvorgang ausgegangen ist. Dies trifft - wenn man von den Codes X und Y absieht - für sämtliche Codes des Netzwerkes zu. Dadurch wird jeder irrelevante Einfluß von Codes, die nicht am gemeinsamen Pfad liegen (vgl. Code U und V in Abbildung 37), ausgeschlossen. Die Argumentation ist hier die gleiche wie bei den in Abschnitt 8.5 besprochenen Beispielen (vgl. vor allem Fall 1 in Abbildung 33).

Bei Codes, die am gemeinsamen Pfad liegen, sind zwei Möglichkeiten der Verknüpfung zu unterscheiden. Ein Code kann eine Kante (wie z.B. Code W) - bei verzweigten Pfaden auch mehrere Kanten - oder nur einen Knoten (wie z.B. Code Z in Abbildung 37) mit dem Pfad zwischen x und y gemeinsam haben.

Aus Annahme C3 folgt, daß Codes, die am gemeinsamen Pfad liegen und sich mit diesem nur an einem einzigen Knoten überlappen, den Suchprozeß nicht beeinflussen können. Nehmen wir als Beispiel Code Z (in Abbildung 37) und betrachten wir den von y ausgehenden Aktivierungsvorgang. Wenn die Aktivierung Knoten z(2) erreicht hat, ist die zweite Aktivierungsstufe von Code X und Y bereits abgeschlossen und die dritte und rascheste Stufe beginnt. Indirekte Aktivierung Is trifft daher an den Ausgangsknoten x und y bereits ein, bevor die Knoten z(1) und z(3) erreicht werden können. Zu diesem Zeitpunkt wird Annahme C3 wirksam. Sie führt dazu, daß die zweite Aktivierungsstufe in Code Z zwar abgeschlossen werden kann, daß aber die dritte Aktivierungsstufe unterbleibt. Es fließt daher keine indirekte Aktivierung von den Knoten z(1) und z(3) zum gemeinsamen Pfad bzw. zu Knoten z(2).

Codes, von denen mindestens zwei Knoten am gemeinsamen Pfad liegen, beeinflussen aber - trotz Gültigkeit von Annahme C3 - den Suchprozeß, indem sie zu einer Aktivierungsverstärkung beitragen. Betrachten wir dazu als Beispiel die strichpunktierten Kanten von Code W: Auch dann, wenn eine über Knoten w(3) oder w(4) fließende Aktivierung an Knoten w(1) oder w(2) ankommt und dort gestoppt wird, kann sie zu einer verstärkten Aktivierung des gemeinsamen Pfades beitragen.

Codes, von denen zwei Knoten und eine Kante am gemeinsamen Pfad liegen, tragen mehr zu seiner Bedeutung bei als Codes, von denen nur ein einziger Knoten am gemeinsamen Pfad liegt. Es ist daher durchaus plausibel, daß nur diese mit mindestens 2 Knoten am gemeinsamen Pfad liegenden Codes zu einer Aktivierungsverstärkung und damit zu einer höheren Bewertung des gemeinsamen Pfades beitragen.

Abschließend sei noch erwähnt, daß die Besprechung der Aktivierungsausbreitung zu dem Beispiel in Abbildung 35 wegen Annahme C3 nachträglich nicht modifiziert werden muß. Der Grund dafür ist die unterschiedliche Geometrie der Netzwerke von Abbildung 35 und 37. In Abbildung 35 gibt es keinen Code, der mit einem anderen gemeinsame Komponenten aufweist. Außerdem sind alle am gemeinsamen Pfad liegenden Codes mit diesem durch eine Kante und nicht nur durch einen Knoten verbunden.

Wenden wir uns schließlich noch einem dritten Problem zu. Es ergibt sich aus Annahme 5, spielt aber in seiner Bedeutung nur eine untergeordnete Rolle.

Problem 3: Annahme 5 kann zu einer kurzfristigen Verzögerung des Suchprozesses führen

Trifft sich die von x und von y ausgegangene Aktivierung an ein und dem selben Knoten (vgl. dazu Knoten w(2) in Abbildung 37; nicht zu verwechseln mit Abbildung 35), dann kann sich - wegen Annahme 5 - die Aktivierung erst nach der Zeit 1/sh in der entgegengesetzten Richtung ausbreiten. Da wir ursprünglich h gleich 1 gesetzt haben, würde hier eine Verzögerung der Größenordnung 1/s eintreten. Die Festsetzung von h = 1 erfolgte aber ausschließlich zum Zweck einer einfacheren Darstellung. Wählen wir einen Wert für h, der größer als 1 (z.B. 2) ist, so gibt es keine Verzögerung mehr, wenn sich die beiden Aktivierungen in der Kantenmitte treffen (vgl. dazu das ursprüngliche Beispiel von Abbildung 35). Zusätzlich muß daran erinnert werden, daß wir - im Vergleich zur Ausgangsaktivierung - sehr hohe Werte für die Aktivierung des gemeinsamen Pfades errechnet haben. Je mehr Aktivierung über eine Kante transportiert wird (= Kantenstärke s), desto kürzer wird auch die Blockierungszeit 1/sh. Es zeigt sich daher, daß Annahme 5 zu keiner nennenswerten Verzögerung des Suchprozesses führt.

Annahme 5 kann aber auch dazu führen, daß nachkommende und schnellere Aktivierung sich früher mit einer vorausgegangenen langsameren Aktivierung trifft. Es ist aber ebenso möglich, daß sich gleich schnelle und nacheinander fließende Aktivierungen nur dann treffen, wenn Annahme 5 an irgendeinem Punkt des gemeinsamen Pfades die vorausgegangene Aktivierung aufhält. Dieser Effekt der Verstärkung durch nachkommende Aktivierung führt aber - wegen Annahme 6 - zu einer beschleunigten Aktivierung des gemeinsamen Pfades.

Alle bisher getroffenen Aussagen, die das Ausmaß der indirekten Aktivierung betreffen, gelten auch in Fall 2 ohne jede Einschränkung. Das Erreichen des Abbruchkriteriums für Suchprozesse mit positivem und negativem Ausgang kann hier im Prinzip ebenso beschrieben werden wie in Fall 1. Deswegen gelten auch hier die für den ersten Fall beschriebenen Vorhersagen. In jedem Fall erhöht die Anzahl der Komponenten von X und Y das Ausmaß indirekter Aktivierung. Es kann aber durchaus sein, daß starke Vernetzungen des gemeinsamen Pfades, die durch dazwischenliegende Codes verursacht werden, das Ausmaß indirekter Aktivierung so stark erhöhen, daß der auf X und/oder Y zurückzuführende Effekt quantitativ in den Hintergrund tritt.

Vergleichen wir die Länge der Suchzeiten zu Fall 1 und 2, dann ergibt sich in Ergänzung zu den Vorhersagen a–e eine weitere Vorhersage:

f) Die Suchzeiten zu Fall 2 sind in der Regel länger als jene zu Fall 1. Dies gilt für Suchprozesse mit positivem Resultat ebenso wie für jene mit negativem Resultat.

8.6.3 Kontrollprozesse zur Steuerung der Aktivierungsausbreitung: Zur Begründung von Annahme C3

Zur Erklärung von Gedächtnisprozessen gehören nicht nur Annahmen über die Art der Codierung und der Aktivierungsausbreitung, sondern auch Annahmen über die Art der Steuerung und Kontrolle der Aktivierungsausbreitung. Die erste Gruppe von Annahmen beschäftigt sich mit den Eigenschaften der Informationsspeicherung (vgl. dazu Annahme A und die zu B gehörenden 7 Prozeßannahmen), die zweite Gruppe bezieht sich hingegen auf Kontrollprozesse (vgl. alle zu C gehörenden Annahmen), die dem Abrufen von Information aus dem Gedächtnis zu Grunde liegen.

Bei der Beantwortung der Frage, wie Annahme C3 physisch - z.B. in einem Simulationsprogramm oder in einem Neuronennetzwerk - realisiert sein könnte, stoßen wir erstmals und explizit auf die Überlegung, daß jene Gedächtnisstrukturen, die der Informationsspeicherung dienen, nicht - oder zumindest nicht ohne zusätzliche Annahmen - ausreichen, um auch Kontrollprozesse zu erklären. Annahme C3 setzt nämlich voraus, daß es für jeden Code eine Art von «Kontrollinstanz» geben muß, die zu jedem Zeitpunkt über den Stand der Aktivierungsausbreitung informiert ist. Es ist naheliegend, daß der Ausgangsknoten - der ja ohnehin mit allen Komponenten eines Codes verbunden ist - mit dieser Aufgabe betraut ist. Sie wird aber nur dann erfüllt werden können, wenn jede der n - 1 Kanten, die den Ausgangsknoten mit allen Knoten des Codes verbindet, auch die Information transportiert, die für diese Kontrollfunktion relevant ist. Eine mögliche physische Realisierung könnte so aussehen, daß die Information, die den Aktivierungsverlauf betrifft, z.B. durch eine andere Impulsfolge verschlüsselt wird als jene Information, die sich auf die Kontrollinformation bezieht. Wir könnten aber auch - und dies ist die für unsere Zwecke einfachere Annahme - vermuten, daß parallel verlaufende «Kontrollkanten» existieren.

Mit Hilfe dieser Annahme ist es einfach, die Überwachung der Aktivierungsausbreitung, die am Ausgangsknoten erfolgt, zu erklären. Jeder der n - 1 Knoten eines Codes sendet zum Zeitpunkt seiner Aktivierung einen Impuls über die «Kontrollkante» zum Ausgangsknoten zurück. Am Ausgangsknoten wird registriert, wie oft und wann jeder der n - 1 Knoten aktiviert wurde. Die Wirksamkeit von Annahme C3 kann dann so erklärt werden, daß ab dem Zeitpunkt, an dem einer der n - 1 Knoten zum zweiten Mal aktiviert wurde, die Aktivierungsausbreitung in diesem Code unterbrochen wird. Es ist wichtig zu beachten, daß der Ausgangsknoten seine Kontrollfunktion auch dann erfüllen kann, wenn nicht er selbst, sondern ein beliebiger der anderen n - 1 Knoten zuerst aktiviert wurde.

Die bisherigen Überlegungen betreffen die «lokale» Wirkung von Annahme C3 auf die zuerst aktivierten Codes. Es ist aber ebenso notwendig, daß auch die Ausgangsknoten aller anderen am aktivierten Pfad liegenden Codes darüber informiert werden, die Aktivierungsausbreitung mit der zweiten Stufe abzubrechen. Um diese Funktion zu gewährleisten, müssen wir annehmen, daß die Ausgangsknoten aller

Codes durch ein eigenes «Kontrollnetzwerk» untereinander verbunden sind. Da dieses Netzwerk nur alle Ausgangsknoten - nicht aber die Knoten der Codes - miteinander verbindet, kann Annahme C3 auch «lokal» rechtzeitig wirksam werden.

Wir wollen mit Nachdruck darauf hinweisen, daß die Annahme eines «Kontrollnetzwerkes» keineswegs als Besonderheit des Vernetzungsmodells angesehen werden darf. Jede Gedächtnistheorie muß sich mit der - zumeist aber vernachlässigten - Frage auseinandersetzen, wie Kontrollprozesse repräsentiert sind. Nehmen wir als Beispiel die ACT-Theorie und die in Abschnitt 6.1 besprochenen Experimente. In Satzverifikationsexperimenten besteht das Suchziel im Auffinden eines gemeinsamen Knotens, der von mindestens zwei Pfaden aktiviert wird. Je höher der Aktivierungsbetrag dieses Knotens ist, desto rascher kann die durch ihn repräsentierte Information abgerufen werden. Im Rahmen unserer Überlegungen stellt sich aber die Frage, *wie* diese Information *abgerufen* - und nicht wie nach ihr gesucht - wird. Die im Rahmen der ACT- oder ACTstar-Theorie angegebenen Repräsentationsannahmen geben darüber keine Auskunft. Wenn wir aber Kontrollnetzwerke annehmen, die eine Rückmeldung über das Aktivierungsausmaß der Knoten liefern, dann ist es möglich, direkt auf jene Teile des Netzwerkes zuzugreifen, die durch einen Suchprozeß besonders intensiv aktiviert wurden. Oder anders ausgedrückt, die durch einen Suchprozeß aufgefundene (bzw. aktivierte) Information muß auch abgerufen werden können. Dazu muß aber auf die jeweils relevante Stelle im Netzwerk direkt zugegriffen werden können. Wir werden auf diese Frage noch im Rahmen der Unterscheidung zwischen generellen und spezifischen Suchprozessen zurückkommen (vgl. dazu Abschnitt 8.7.1 weiter unten).

8.7 Die Nahtstelle zwischen KZG und LZG: begrenzte versus nicht begrenzte Ausbreitungskapazität

Suchprozesse werden gezielt und bewußt durchgeführt. Es ist daher anzunehmen, daß sie vom KZG ausgehen (vgl. dazu Annahme C1 und die Gegenüberstellung von Bewußtseins- und Gedächtnisprozessen in Klimesch, 1988). Dies bedeutet jedoch nicht, daß auch alle im Laufe eines Suchprozesses aktivierte Information dem KZG bzw. Bewußtsein zur Verfügung steht bzw. «mitgeteilt» wird. Es ist viel plausibler anzunehmen, daß ein vom KZG initiierter Suchprozeß im LZG weitgehend automatisch und unabhängig vom KZG abläuft (Baddeley, Lewis, Eldridge und Thomson, 1984). Wegen der kaum vorstellbar großen Menge der im LZG gespeicherten Information und der damit verbundenen Komplexität der Suchprozesse, würde die Kapazität des KZG einfach nicht ausreichen, alle im Zuge eines Suchprozesses aktivierten Informationskomponenten in das KZG einzuspeichern. Diese Überlegung zeigt einerseits, daß jene Informationsmenge, die das Resultat eines Suchprozesses ausmacht, den kapazitativen Begrenzungen des KZG entsprechen muß und daß andererseits nur ein geringer Teil der durch einen Suchprozeß im LZG aktivierten Information dem KZG mitgeteilt werden kann.

Die empirisch gut gestützte Annahme der begrenzten Kurzzeitgedächtniskapazität hat aber nicht nur Auswirkungen auf die Menge an Information, die im KZG gespeichert werden kann. Wenn Suchprozesse vom KZG ausgehen, dann ist es naheliegend zu vermuten, daß sie hier - im Gegensatz zum LZG - auch selbst kapazitativen Begrenzungen unterworfen sind. In Abschnitt 8.4.1 haben wir gezeigt, daß sich die Frage der begrenzten Kapazität von Suchprozessen auf die Relation zwischen Input- und Outputaktivierung bzw. auf die Art der Verteilung der Aktivität an Verzweigungspunkten im Netzwerk bezieht (vgl. dazu auch Abbildung 32). Wir haben betont, daß die Prozeßannahmen von ACT und ACTstar der Annahme einer begrenzten Kapazität von Suchprozessen entsprechen. Im Gegensatz dazu steht Prozeßannahme 1 des Vernetzungsmodells, nach der die Kapazität von Suchprozessen nicht begrenzt ist. Es erscheint naheliegend, die Prozeßannahmen des ACT- bzw. ACTstar-Modells eher auf das KZG und jene des Vernetzungsmodells eher auf das LZG anzuwenden (vgl. Abschnitt 8.4.1).

Wir gehen hier von der Annahme aus, daß die Aktivierungsmenge A, die im KZG für den Beginn bzw. zur Auslösung eines Suchprozesses zur Verfügung steht, begrenzt ist. Vom KZG kann zwar auf mehrere Ausgangsknoten gleichzeitig zugegriffen werden, die Aktivierungsmenge, die jeder dieser Ausgangsknoten erhält, sinkt aber (nach Formel (1) oder (2)) in dem Ausmaß ab, in dem die Anzahl der gleichzeitig aufgerufenen Ausgangsknoten bzw. Zugriffspunkte zunimmt. Die Begriffe «Ausgangsknoten» und «Zugriffspunkte» unterscheiden sich primär durch ihre verschiedene Bedeutung im Rahmen von Suchprozessen. Ausgangsknoten sind durch ihre strukturell-geometrischen Eigenschaften definiert (vgl. die Abschnitte 8.2 und 8.3), Zugriffspunkte hingegen durch ihre funktionalen Eigenschaften. Greift ein vom KZG ausgehender Suchprozeß direkt auf einen Ausgangsknoten des LZG zu, dann wird dieser Ausgangsknoten als «Zugriffspunkt» bezeichnet. Abbildung 38 veranschaulicht den hier beschriebenen Sachverhalt an Hand eines Beispiels.

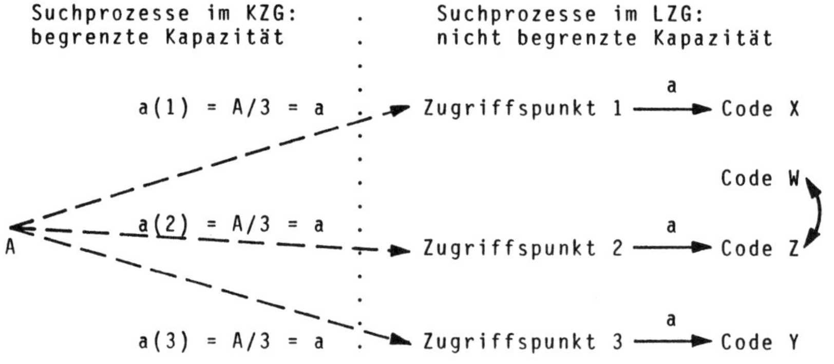

Abbildung 38: Im KZG steht eine begrenzte Aktivitätsmenge A für den Beginn eines Suchprozesses zur Verfügung. Dieser Betrag teilt sich zu gleichen Anteilen a auf jene Ausgangsknoten auf, die als Zugriffspunkte zum LZG verwendet werden. Ab hier breitet sich der Suchprozeß nach den Prozeßannahmen des Vernetzungsmodells ohne Kapazitätsbegrenzung aus.

Die Annahme der begrenzten Aktivierungsausbreitung bedeutet, daß die Geschwindigkeit eines Suchprozesses im KZG abnimmt, je mehr Zugriffspunkte aufgerufen bzw. aktiviert werden. Da im KZG nicht nur die Aktivierungsausbreitung, sondern auch die Speicherkapazität limitiert ist, muß angenommen werden, daß auch die Anzahl der Zugriffspunkte für einen Suchprozeß begrenzt ist. Diese Überlegung steht in Zusammenhang mit Annahme C, wonach die zu jedem Zugriffspunkt zurückfließende indirekte Aktivierungsmenge Aufschluß über das Ergebnis des Suchprozesses liefert. Je mehr Zugriffspunkte verwendet wurden, desto mehr Information liefert das Ergebnis eines Suchprozesses und desto mehr wird die Kapazität des KZG belastet.

8.7.1 Suchziel und Auslastung des KZG: Generelle und spezifische Suchprozesse

Wir haben betont, daß nur ein Teil der im Laufe eines Suchprozesses aktivierten Information dem KZG zur Verfügung gestellt werden kann. Nach welchen Kriterien wird die im LZG aktivierte Information ausgewählt? Bei der Beantwortung dieser Frage werden wir zeigen, daß es von der Art des Suchzieles abhängt, in welchem Ausmaß die Kapazität des KZG belastet wird.

Bei allen bisherigen Überlegungen sind wir von der Annahme ausgegangen, daß das Ergebnis eines Suchprozesses zunächst nur darüber informiert, ob und in welchem Umfang die gesuchte Information zur Verfügung steht. Die Menge der indirekten Aktivierung I gibt darüber Auskunft. Das Ziel dieser Art von Suchprozessen besteht also nicht darin, den Inhalt eines oder mehrerer Codes abzurufen, sondern nur in der Feststellung, ob die gesuchte Information gespeichert ist und wie rasch sie abgerufen werden kann. Es zeigt sich daher, daß auf Grund der Zielsetzung zwei verschiedene Arten von Suchprozessen unterschieden werden können. Generelle Suchprozesse verfolgen das Ziel festzustellen, ob die gesuchte Information im Gedächtnis zur Verfügung steht. Spezielle Suchprozesse begnügen sich nicht mit dieser Feststellung. Ihr Ziel ist es, den Inhalt der gesuchten Information abzurufen.

Generelle Suchprozesse

Ein gutes Beispiel zur Erläuterung des Unterschiedes zwischen generellen und spezifischen Suchprozessen sind semantische Vergleichsaufgaben vom Typ «ist Begriff X (z.B. «Adler») ein Y (z.B. «Vogel»)?». In Aufgaben dieser Art muß nur festgestellt werden, ob eine bestimmte Information, nämlich die Oberbegriffszugehörigkeit von «Adler» zu «Vogel» zutrifft oder nicht. Dieses Beispiel kennzeichnet einen generellen Suchprozeß. Die Gemeinsamkeit der beiden Codes bezieht sich auf die Zugehörigkeit zu einer bestimmten semantischen Kategorie. Hier genügt das Ausmaß indirekter Aktivierung (vgl. dazu Abschnitt 8.6 und die Formeln (15) und (16)), um das Suchziel - nämlich die Oberbegriffsrelation zwischen «Adler» und «Vogel» - beurteilen zu können. Das Ausmaß indirekter Aktivierung informiert nicht nur über das Vorhandensein bzw. Nichtvorhandensein einer Relation zwischen zwei oder mehreren Codes, sondern auch darüber, in welchem Umfang diese Relation zutrifft. Die Frage «Ist ein Adler ein Vogel?» werden wir im Gegensatz zur Frage «Ist ein Pinguin ein Vogel?» rasch und ohne Nachdenken beantworten können. Ein Pinguin ist zwar auch - im zoologischen Sinn - ein Vogel und deswegen trifft die gesuchte Oberbegriffsrelation auch zu. «Pinguin» ist aber im Gegensatz zu «Adler» ein untypisches Beispiel und die fragliche Oberbegriffsrelation ist daher nicht in dem Ausmaß relevant wie für «Adler». Im Rahmen des Vernetzungsmodells vermuten wir für das vorliegende Beispiel, daß die Menge indirekter Aktivierung zwar ausreicht, um die gesuchte Relation positiv zu bewerten (d.h. $I = Ip > Is$), daß sie aber im Vergleich zu «Adler» um wesentliches schwächer ausgeprägt ist.

Generelle Suchprozesse weisen zwei wichtige Eigenschaften auf. Erstens: das Suchziel besteht immer im Aufrufen einer Relation (semantische Relation, Ähnlichkeitsrelation, Lokationsrelation, Zeitrelation etc.), die zwischen zwei oder mehreren Codes vermutet wird. Zweitens: das Resultat des Suchprozesses läßt sich immer mit «Ja» bzw. «Nein» beurteilen. Weitere Beispiele für generelle Suchprozesse sind: «Ist eine Baum ein Lebewesen?», «Sehen sich Person X und Y ähnlich?», «Liegt Ortschaft X im Bundesland Y?», «Hat sich Tatsache X im Zeitabschnitt Y ereignet?» etc.

Spezifische Suchprozesse

Eine gänzlich andere Art von Suchprozessen liegt vor, wenn festgestellt werden soll, warum z.B. ein Adler ein Vogel ist. Hier besteht das Suchziel nicht nur im Auffinden gemeinsamer Pfade bzw. Merkmale sondern auch im Abrufen jener Information, die durch diese gemeinsamen Pfade bzw. Merkmale repräsentiert wird. Im Rahmen des Vernetzungsmodells ist anzunehmen, daß hier das Suchziel in zwei Etappen erreicht wird. In der ersten Etappe, die einem allgemeinen Suchprozeß gleichkommt, wird geprüft, ob die gesuchte Information im Gedächtnis zur Verfügung steht. Das Ausmaß indirekter Aktivierung gibt darüber Auskunft. In der zweiten Etappe, die wir im folgenden als spezifischen Suchprozeß bezeichnen werden, wird die relevante Information (= der am stärksten aktivierte Netzwerkteil) gezielt abgerufen und erst jetzt kann angegeben werden, warum ein bestimmter Sachverhalt zutrifft.

Nach welchen Kriterien kann die relevante Information ausgewählt werden? Im Rahmen des Vernetzungsmodells nehmen wir an, daß jene Knoten des Netzwerkes, die im Laufe des allgemeinen Suchprozesses am stärksten aktiviert wurden, die für den spezifischen Suchprozeß relevante Information darstellen. Bei dieser Überlegung zeigt sich neuerlich die Notwendigkeit der Annahme eines Kontrollnetzwerkes. Erst diese Annahme erlaubt es zu erklären, wie auf stark aktivierte Knoten gezielt zugegriffen werden kann.

Erläutern wir diesen Sachverhalt an Hand des Beispiels «Warum ist ein Adler ein Vogel?» und nehmen wir dazu an, daß beide Begriffe durch zum Teil gemeinsame Merkmale bzw. Codekomponenten im Gedächtnis repräsentiert sind (vgl. dazu Abschnitt 9.1). Wir haben es dann mit dem in Abschnit 8.6 beschriebenen «Fall 1» zu tun. Demnach werden in der ersten Etappe, bzw. im Zuge des allgemeinen Suchprozesses alle Codekomponenten der beiden Codes aktiviert. Die für beide Codes gemeinsamen Komponenten werden aber - wegen ihres hohen Vernetzungsgrades und der Tatsache, daß sie von beiden Ausgangsknoten gleichzeitig aktiviert werden - den mit Abstand größten Aktivierungsbetrag aufweisen (vgl. Formel (14)). Der spezifische Suchprozeß greift jetzt auf diese am stärksten aktivierten Komponenten zu, die gleichzeitig die für beide Codes gemeinsamen Knoten sind. Wenn wir annehmen, daß zwischen «Adler» und «Vogel» zwei gemeinsame Komponenten vorliegen, in denen die Information «hat Federn» und «kann fliegen» repräsentiert ist, dann haben wir die Lösung zu unserem Beispiel gefunden. Der spezifische Suchprozeß greift direkt auf diese am höchsten aktivierten gemeinsamen Komponenten zu und die Antwort lautet: «Ein Adler ist ein Vogel, weil er Federn hat und fliegen kann».

Die Erläuterungen zu den spezifischen und allgemeinen Suchprozessen zeigen, daß beide Suchprozesse eine sehr ökonomische Auslastung der Kapazität des KZG erlauben. In beiden Fällen wird nur ein verschwindend kleiner Anteil der im LZG aktivierten Information in das KZG übertragen. Generelle Suchprozesse sind noch ökonomischer als spezifische. Ihr Suchergebnis besteht nur in einem einzigen Maß, nämlich der Menge an indirekter Aktivierung. Es ist daher zu erwarten, daß generelle Suchprozesse rascher durchgeführt und bewertet werden können als spezifische. Diese Vermutung trifft zweifellos zu, wie uns die besprochenen Beispiele zeigen. Die Frage, ob ein Adler ein Vogel ist, kann sicher rascher beantwortet werden als die Frage, warum ein Adler ein Vogel ist.

8.8 Die Bedeutung der Parameter I und t(I) für die Vorhersage der Reaktionszeiten in Gedächtnisexperimenten

Bevor wir im nächsten Kapitel auf die Vorhersagen des Vernetzungsmodells eingehen, müssen wir noch auf den folgenden wichtigen Tatbestand hinweisen. Die Ergebnisse der Priming-Experimente von Ratcliff und McKoon (1981) legen den Schluß nahe, daß Aktivierungs- und Suchprozesse im Gedächtnis so rasch ablaufen, daß sie kaum als Determinanten für die in Gedächtnisexperimenten gemessenen Reaktionszeiten in Frage kommen. Dieser Befund war auch für eine Revision des ACT-Modells und für die neuen Annahmen von ACTstar ausschlaggebend, wonach die Aktivierungszeit pro Netzwerkkante zu vernachlässigend klein ist.

Diese empirisch gut begründete Annahme extrem rascher Aktivierungs- und Suchzeiten stellt für die Vorhersagen des Vernetzungsmodells kein Problem dar. Der Grund dafür ist, daß die beiden Parameter I (= Ausmaß der indirekten Aktivierung) und t(I) (= die Ausbreitungsgeschwindigkeit von t(I)) korreliert sind: Je größer I ist, desto stärker sinken auch die Werte von t(I). Das Ausmaß indirekter Aktivierung I entspricht dem Ausmaß positiver Evidenz, die in einem Suchprozeß gefunden wurde. Je mehr positive Evidenz gefunden wurde, desto rascher kann das Ergebnis des Suchprozesses weiter verarbeitet werden und desto kürzer wird die Reaktionszeit (vgl. Annahme D). Das Ausmaß indirekter Aktivierung kann daher als der primäre Faktor für die Vorhersage der Reaktionszeiten angesehen werden.

Trotz der herausragenden Bedeutung von I und der engen Korrelation zwischen I und t(I) gibt es Fälle, in denen die Werte von t(I) für die Vorhersage der Reaktionszeiten ausschlaggebend sein können. Die Bedeutung von t(I) tritt vor allem dann in Erscheinung, wenn das Abbruchkriterium für einen Suchprozeß der kritische Faktor ist. Ein gutes Beispiel dafür ist Vorhersage d: Ein Suchprozeß mit negativem Resultat wird nur von der Komponentenanzahl des merkmalsreichsten Codes beeinflußt, da dieser kürzere Suchzeiten t(Is) aufweist als der merkmalsärmere der beiden Codes X und Y. Auch nur eine geringfügige – und für die Vorhersage der Reaktionszeiten völlig irrelevante – Zeitdifferenz zwischen den beiden Werten t(Is) entscheidet darüber, welcher der beiden Ausgangsknoten x oder y den Suchprozeß stoppt und welche indirekte Aktivierungsmenge – die von X oder Y – zur Vorhersage der Reaktionszeit verwendet werden soll.

Wie dieses Beispiel zeigt, ist die explizite Berücksichtigung der Aktivierungs- bzw. Suchzeiten notwendig, um exakte Vorhersagen treffen zu können. Bei fehlenden Annahmen zu t(I) wären wir nicht imstande gewesen, zwischen der Bedeutung der von Code X und Y stammenden indirekten Aktivierungsmengen unterscheiden zu können.

Auch dann, wenn wir davon überzeugt sind, daß die Suchzeiten im Gedächtnis so kurz sind, daß sie auf die Vorhersage der Reaktionszeit keinen Einfluß haben können, dürfen wir sie bei der Theorienbildung keineswegs außer Acht lassen. Gedächtnistheorien, wie z.B. ACTstar, die diesen Fehler begehen, laufen Gefahr, zwischen wichtigen Determinanten der Reaktionszeit nicht unterscheiden zu können.

9. Ein Vernetzungsmodell für die Repräsentation semantischer Information

Die Untersuchung der Wortbedeutung ist das zentrale Thema der semantischen Gedächtnisforschung. Wir haben in Kapitel 7 unter anderem gezeigt, daß die meisten Modelle zur Wortbedeutung von zwei grundlegenden Hypothesen - der semantischen Merkmals- oder Dekompositionshypothese und der Hypothese einer hierarchischen Merkmalsstruktur - ausgehen. Im Rahmen der ersten Hypothese wird angenommen, daß die Bedeutung von Wörtern durch semantische Merkmale repräsentiert ist, die zweite Hypothese beruht hingegen auf der Annahme, daß die Struktur, die die Merkmale eines Begriffes miteinander verbindet, hierarchisch ist (vgl. z.B. die Übersicht in McNamara und Sternberg, 1983). Diese Auffassung, die von Gentner (1981) als Komplexitätstheorie bezeichnet wurde, führt zur Vorhersage, daß Begriffe mit vielen Merkmalen langsamer verarbeitet werden als Begriffe mit wenigen Merkmalen. Da diese Vorhersage der Komplexitätstheorie jedoch nicht eindeutig bestätigt werden konnte (vgl. dazu die Übersicht in Kintsch, 1974; Gentner, 1981 und Smith und Medin, 1981), kommt z.B. Kintsch (1980) zu dem Schluß, daß Begriffe nicht durch Merkmale, sondern durch ganzheitliche «supraword units» (vgl. dazu auch Fodor et al., 1980) repräsentiert sind. Diese Kontroverse betrifft daher im wesentlichen die Frage, ob Begriffe durch ganzheitliche oder durch Komponentencodes repräsentiert sind.

Die Schlußfolgerung von Kintsch (1980), daß das Versagen der Komplexitätstheorie gegen die Dekompositions- bzw. Merkmalshypothese spricht, ist keineswegs zwingend, für die in der Literatur vertretene Auffassung aber durchaus charakteristisch (vgl. dazu auch Smith und Medin, 1981; S. 43 f). Das Scheitern der Komplexitätstheorie kann aber ebensogut auch für die Ungültigkeit der Annahme einer hierarchischen Merkmalsstruktur sprechen.

Wir haben bereits in Kapitel 3 und 4 mit Nachdruck darauf hingewiesen, daß die Annahme eines ganzheitlichen Codierungsformates zu unauflösbaren Widersprüchen führt. Aus diesem Grund wäre es falsch, die Annahme der merkmalsorientierten Repräsentation von Begriffen von vornherein zugunsten der Annahme ganzheitlicher «supraword units» aufzugeben. Alle Ergebnisse unserer bisherigen Diskussion legen vielmehr die Vermutung nahe, daß die Annahme einer hierarchischen Merkmalsstruktur nicht nur unzutreffend, sondern auch als die wichtigste Ursache für die aufgezeigten Widersprüche anzusehen ist.

Es ist das Ziel des vorliegenden Kapitels zu zeigen, daß das Vernetzungsmodell eine konsistente, widerspruchsfreie Interpretation der Ergebnisse semantischer Gedächtnisexperimente erlaubt. Das vorangegangene Kapitel hat sich ausschließlich mit den theoretischen Grundlagen des Vernetzungsmodells beschäftigt. In diesem Kapitel werden wir seine Vorhersagen einer experimentellen Überprüfung unterziehen. Daß wir dabei primär auf semantische Gedächtnisexperimente zurückgreifen, hat folgenden Grund. Die Repräsentationsannahmen (Annahme A und Prozeßannahme 1, vgl. Abschnitt 8.3) des Vernetzungsmodells beziehen sich ausschließlich auf die Struktur des LZG. Die Herstellung einer intensiven Vernetzung zwischen verschiedenen Codierungskomponenten benötigt Zeit und es ist kaum anzunehmen, daß die Repräsentationsannahmen des Vernetzungsmodells auch für kurzfristig bzw. für nur vorübergehend gemerkte Information (vgl. dazu die experimentellen Paradigmen zum Faktenabruf und die Diskussion in den Abschnitten 8.4.1 und 8.7) zutreffend sind. Wir haben bereits an verschiedenen Stellen (Einleitung zu Kapitel 5 und 7) darauf hingewiesen, daß reine Langzeitgedächtnisanforderungen nur bei semantischen Gedächtnisexperimenten, nicht aber bei Experimenten zum Faktenabruf vorliegen. Es ist daher naheliegend, semantische Gedächtnisexperimente zur Überprüfung des Vernetzungsmodells heranzuziehen.

9.1 Die Repräsentation der Wortbedeutung auf der Basis vernetzter Strukturen

Sieht man von der Frage der semantischen Repräsentation ab (vgl. z.B. die Übersicht in Johnson-Laird, 1987), so scheint es bezüglich der folgenden zwei Annahmen zur Wortencodierung grundsätzliche Einigkeit zu geben (vgl. z.B. die Übersichten in Nelson, 1979 und Klimesch, 1982a):
- Die semantische und die graphemisch-phonemische Information eines Wortes wird in funktional unabhängigen Speichern repräsentiert. Graphemisch-phonemische Information bezieht sich auf die perzeptuellen Merkmale eines Wortes in seiner Funktion als Zeichen bzw. Symbol und wird daher im folgenden auch als perzeptueller Wortcode bezeichnet.
- Die semantische Information eines Wortes steht erst dann zur Verfügung, wenn bereits vorher die perzeptuelle Wortinformation encodiert wurde.

Diese grundlegenden Annahmen beruhen auf der einfachen Tatsache, daß die Eigenschaften des perzeptuellen Wortcodes keinesfalls die Bedeutung eines Wortes erkennen lassen. Sieht man vom linguistischen Kontext und den sich daraus ergebenden Erwartungs- und Primingprozessen ab, dann bedeutet dies, daß die graphemisch-phonemische Information eines isoliert dargebotenen Wortes nicht nur früher, sondern auch vollständig encodiert sein muß, bevor auf die Wortbedeutung zugegriffen werden kann. Daraus ergibt sich die wichtige Konsequenz, daß der semantische Code eines Wortes einen spezifischen Zugriffspunkt aufweisen muß. Dieser spezifische Zugriffspunkt wird allgemein als «Begriffsknoten» (= concept node) bezeichnet.

Die Bedeutung eines Wortes wird nicht durch den Begriffsknoten selbst, sondern durch die mit ihm direkt verbundenen semantischen Merkmale und der zwischen diesen Merkmalen existierenden Struktur repräsentiert. Art, Anzahl und Struktur der semantischen Merkmale sind daher die entscheidenden Variablen für die Encodierung der Wortbedeutung. Abbildung 39 veranschaulicht die hier besprochenen Annahmen.

Die Darstellung in Abbildung 39 soll auch zeigen, welch besonderer Stellenwert der Annahme von Begriffsknoten zuzuschreiben ist und daß wir hier bei der Anwendung des Vernetzungsmodells auf semantische Encodierungsstrukturen die Bezeichnung «Ausgangsknoten» durch «Begriffsknoten» ersetzen können. Begriffsknoten dienen dem Zugriff auf die Wortbedeutung bzw. auf die im semantischen Netzwerk gespeicherte Information. Unter «Wortmarke» verstehen wir hingegen den korrespondierenden Zugriffspunkt zum graphemisch-phonemischen Netzwerk (vgl. Adams, 1979 und Brown, 1987 für eine Übersicht zu verschiedenen Wortencodierungsmodellen).

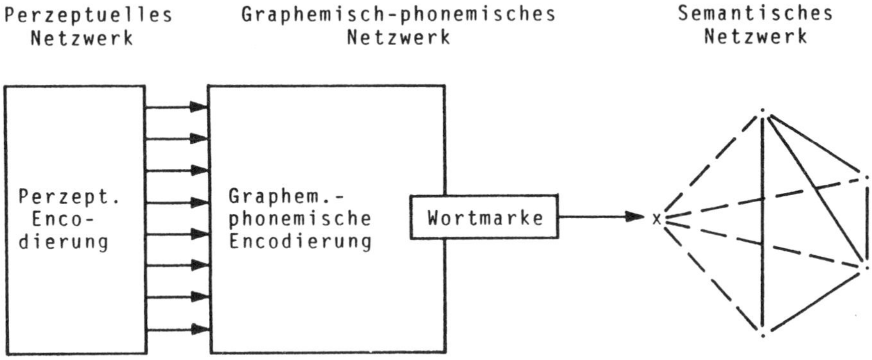

Abbildung 39: Die hypothetische Struktur der Wortencodierung. Der Begriffsknoten des vernetzten semantischen Codes ist mit «x» bezeichnet. Die semantischen Merkmale sind durch Knoten (Punkte) symbolisiert.

9.1.1 Komponentencodes können funktional ganzheitlich sein

In Kapitel 3 haben wir bei der Gegenüberstellung von ganzheitlichen und Komponentencodes explizit darauf hingewiesen, daß nur ganzheitliche, nicht aber Komponentencodes spezifische Zugriffspunkte bzw. Adressen benötigen. Handelt es sich daher um einen Widerspruch, wenn wir hier von der Annahme spezifischer Zugriffspunkte ausgehen? Diese Frage ist deswegen zu verneinen, weil die Annahme spezifischer Zugriffspunkte zur Erklärung der Verbindung zwischen zwei funktional verschiedenen Netzwerken, dem graphemisch-phonemischen und dem semantischen Netzwerk dient. Innerhalb des semantischen Netzwerkes können Aktivierungsprozesse auf beliebige Komponenten eines semantischen Codes direkt zugreifen, ohne daß vorher der Zugriffspunkt bzw. Begriffsknoten des betreffenden Codes aufgerufen werden muß. Die selbe Überlegung gilt sinngemäß für das graphemisch-phonemische Netzwerk. Nur der Übergang von einem auf das andere Netzwerk ist durch spezifische Zugriffspunkte geregelt. Oder anders ausgedrückt: Annahme A des Vernetzungsmodells (vgl. Abschnitt 8.3) gilt nur innerhalb des semantischen oder graphemisch-phonemischen Netzwerkes bzw. für die in diesen Netzwerken gespeicherten Codes, nicht aber für die Verbindungen zwischen den beiden Netzwerken.

Diese Überlegungen führen uns zu einer interessanten Schlußfolgerung: Ein Komponentencode kann *funktional* ganzheitlich sein, wenn er von einem anderen Speichernetzwerk aus aufgerufen wird. Wird der semantische Komponentencode eines Wortes vom graphemisch-phonemischen Netzwerk bzw. vom perzeptuellen Wortcode aufgerufen, dann weist der semantische Code funktional ganzheitliche Eigenschaften auf und es gilt das in Abschnitt 3.4 beschriebene «Alles oder Nichts»-Prinzip. Als ein gutes Beispiel dafür können Wortfindungsstörungen (z.B. im Rahmen eines aphatischen Krankheitsbildes) oder das damit – dem Prinzip nach – verwandte «tip of the tongue»-Phänomen angesehen werden: Ein Wort kann zu einem bestimmten Zeitpunkt aus dem Gedächtnis nicht abgerufen werden, obwohl der zugehörige semantische Code zur Verfügung steht. Zu einem späteren Zeitpunkt aber ist das gesuchte Wort plötzlich und unerwartet wieder verfügbar. Die klassischen Befunde von Brown und McNeill (1966) haben aber auch gezeigt, daß in diesem Zustand einer Wortfindungsstörung z.B. Anfangs- und Endbuchstaben des gesuchten Wortes mit überzufällig hoher Wahrscheinlichkeit erraten werden können. Gegen unsere Argumentation könnte daher zurecht eingewendet werden, daß die Verfügbarkeit einzelner Buchstaben für die Annahme von Komponentencodes spricht (vgl. dazu auch die Argumentation in Abschnitt 3.5). Dieser Einwand ist richtig, bezieht sich aber nur auf den graphemisch-phonemische Code allein und nicht auf die Verbindung zwischen dem graphemisch-phonemischen und dem semantischen Netzwerk. Bezüglich dieser Verbindung, die zwischen zwei Codes verschiedener Netzwerke existiert, gilt das für ganzheitliche Codes charakteristische «Alles oder Nichts»-Prinzip: Die Verbindung zwischen den beiden Codes kann nur schlagartig, nicht aber graduell bzw. mehr oder minder zur Verfügung stehen.

9.1.2 Wortbedeutung und semantische Merkmale

Im Rahmen des Vernetzungsmodells nehmen wir an, daß die Wortbedeutung nicht nur durch semantische Merkmale, sondern ebenso auch durch die zwischen ihnen definierten Kanten bzw. Relationen repräsentiert wird. Die Struktur der Merkmale ist ebenso wichtig wie die Merkmale selbst.

Semantische Merkmale, die der Bedeutung eines Wortes zu Grunde liegen, werden nicht als voneinander unabhängige Informationskomponenten verstanden. Im Gegenteil, sie sind aufeinander bezogen und bilden vernetzte Codes. Diese Annahme steht in engem Zusammenhang mit der Auffassung, daß die semantischen Merkmale natürlicher Begriffe korreliert sind bzw. mit hoher Wahrscheinlichkeit gemeinsam auftreten (Rosch, 1978; Malt und Smith, 1984 und Medin und Smith, 1984). So ist z.B. ein Tier, das Federn hat, mit hoher Wahrscheinlichkeit imstande zu fliegen und hat dann auch die Merkmale «Flügel», «Schnabel», «Füße», «Krallen» usw. Die Kanten eines vernetzten Codes repräsentieren die Relation zwischen Merkmalen. So bedeutet beispielsweise eine Kante zwischen den Merkmalen «Flügel» und «Federn», daß ein Flügel von einem Vogel - nicht aber z.B. von einem Flugzeug oder Insekt - Federn hat.

Was sind semantische Merkmale? Wir haben schon an anderer Stelle auf die Vielfalt unterschiedlicher Auffassungen zu dieser Frage hingewiesen (vgl. dazu Kapitel 7). Was immer auch semantische Merkmale sein mögen, ob sie aus anschaulichen Merkmalen oder abstrakten semantischen Primitiven bestehen, sie sind jedenfalls eines nicht, nämlich verbale Einheiten. Für das Vernetzungsmodell ergeben sich daraus die folgenden wichtigen Konsequenzen.

Nehmen wir als Beispiel wieder den Begriff «Vogel» und die Merkmale «fliegt», «Federn» und «Flügel». Diese sogenannten Merkmale sind selbst Begriffe, die ebenfalls durch eine Wortmarke, einen Begriffsknoten und eine Struktur von Merkmalen repräsentiert sein müssen. Würden wir annehmen, daß die Wortmarken oder Begriffsknoten von «fliegt», «Federn» und «Flügel» die Merkmalsknoten des Begriffes «Vogel» wären, dann wäre dies letztlich gleichbedeutend mit der Annahme, daß semantische Merkmale (bzw. Begriffsmerkmale) verbale Einheiten sind. Dies deswegen, da die gleiche Überlegung für die Merkmale der Merkmale («fliegt», «Federn» und «Flügel») des Begriffes Vogel gelten müßte und für diese wieder die selbe Überlegung usw. Vermeiden wir diese Annahme nicht, dann wird die Merkmalshypothese deswegen ad absurdum geführt, weil die Bedeutung eines Wortes nur noch durch andere Wörter und nicht mehr durch objektbezogene Merkmale repräsentiert wäre (vgl. dazu auch die Kritik von Johnson-Laird, Herrmann und Chaffin, 1984 an den traditionellen Netzwerktheorien).

Das Vernetzungsmodell verbietet uns ebenfalls - aber aus anderen Gründen -, von dieser Annahme auszugehen. In Abschnitt 8.5 haben wir gezeigt, daß verschiedene vernetzte Codes keinesfalls gemeinsame Ausgangsknoten aufweisen dürfen. Aus diesem Grund dürfen die Komponenten bzw. Merkmale eines Codes nicht gleichzeitig Ausgangsknoten bzw. Begriffsknoten für andere Codes sein.

Als naheliegende Lösung zu diesem Problem bietet sich die Annahme überlappender Merkmalsrepräsentationen an (vgl. dazu auch Annahme I im übernächsten Abschnitt). Betrachten wir dabei die hypothetische Encodierungsstruktur in Abbildung 40 zu unserem Beispiel mit «Vogel» als Begriff und «fliegt», «Federn» und «Flügel» als Merkmale.

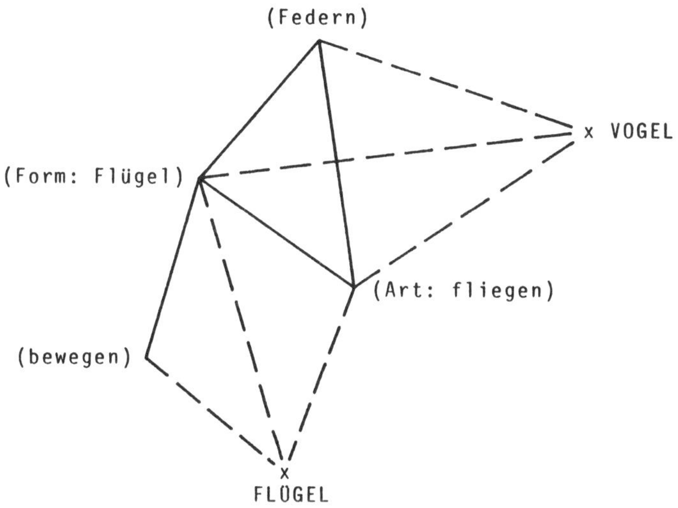

Abbildung 40: Die hypothetische, der Wortbedeutung zu Grunde liegende Encodierungsstruktur für die Begriffe «Vogel» und «Flügel». Semantische Merkmale (durch runde Klammern gekennzeichnet) sind keine verbalen Einheiten und können nicht gleichzeitig Begriffe (in Grobuchstaben geschrieben) sein. Die spezifische Form eines Flügels und die spezifische Art zu fliegen sind Merkmale, die die Begriffe «Vogel» und «Flügel» gemeinsam haben. Strichlierte Linien kennzeichnen die Verbindung zwischen Merkmalen und Begriffsknoten (x).

Der für Abbildung 40 entscheidende Gedanke ist, daß «Flügel» im Kontext «Vogel» eine sehr spezifische Bedeutung hat, die z.B. durch seine besondere Form dargestellt werden kann. Jetzt wird klar, daß das Merkmal «Form eines Flügels» einerseits nicht gleich dem Begriff «Flügel» ist und andererseits sowohl als Merkmal für den Begriff «Vogel» als auch für den Begriff «Flügel» in Frage kommt. Ähnliche Überlegungen gelten für das Merkmal «fliegt», das ebenfalls im Kontext «Vogel» eine sehr spezifische Bedeutung hat und keinesfalls gleichbedeutend ist mit dem Begriff «Fliegen».

Diese Überlegungen sind auch mit der Annahme konsistent, daß Merkmale keine verbalen Einheiten sind. Die spezifische Form eines Flügels, ebenso wie die spezifische Art z.B. eines Vogels, Flugzeuges oder Helikopters zu fliegen, läßt sich zwar verbal beschreiben, ein einziger Begriff zur Kennzeichnung des gemeinten Sachverhaltes fehlt aber. Oder anders ausgedrückt, semantische Merkmale können sprachlich nur umschrieben werden, der durch einen Begriff gemeinte Sachverhalt läßt sich hingegen unmittelbar durch ein Wort ausdrücken. Fragt man z.B. eine Versuchsperson in einem Merkmalserhebungsexperiment (vgl. dazu die in Tabelle 12 wiedergegebenen Ergebnisse), welches die Merkmale von «Vogel» sind, dann umschreibt sie z.B. mit dem Wort «Flügel» seine spezifische Form und Bewegung, versteht darunter aber keineswegs den Begriff «Flügel» in seiner abstrakten Funktion und physikalischen Bedeutung.

Die Annahme gemeinsamer Codierungskomponenten (bzw. gemeinsamer semantischer Merkmale) ist mit dem Vernetzungsmodell gut vereinbar. In Abschnitt 8.5 haben wir z.B. gezeigt, daß das Abbruchkriterium für das Absuchen isolierter Codes ebenso rasch erreicht werden kann wie für Codes, deren Komponenten mit anderen Codes verknüpft sind.

9.1.3 Wortbedeutung und Kontext

Die Wortbedeutung läßt sich nicht generell (Fodor et al., 1980) und unabhängig vom Kontext definieren. Diese Tatsache wurde vor allem den Merkmalstheorien entgegengehalten: Wie kann die in Abhängigkeit vom Kontext variierende Wortbedeutung durch eine bestimmte Menge von Merkmalen definiert werden?

Diese scheinbar so schwierige Frage kann auf der Grundlage des Vernetzungsmodells sehr leicht beantwortet werden. Es sind die in Abschnitt 8.5.1 beschriebenen Prozesse der Voraktivierung und Hemmung, die – auf unser Beispiel von Abbildung 40 angewendet – die Wortbedeutung sowohl beliebig verändern als auch spezifizieren können. «Flügel» hat im Kontext «Vogel» eine andere Bedeutung wie z.B. im Kontext «Flugzeug» oder «Insekt». Die Spezifizierung der Wortbedeutung erfolgt durch die Aktivierung der relevanten und/oder Hemmung der irrelevanten Merkmale. Wird z.B. in einem Primingexperiment zuerst «Vogel» und dann «Flügel» dargeboten, dann ist anzunehmen, daß jenes Merkmal von «Flügel» voraktiviert wird, das sich auf die typische Flügelform eines Vogels bezieht und daß gleichzeitig das die typische Form einer Flugzeugtragfläche kennzeichnende Merkmal gehemmt wird. Voraktivierung und Hemmung gewährleisten die Selektion einer spezifischen Bedeutung auf Kosten anderer möglicher Bedeutungen und verhindern, daß alle Bedeutungsaspekte gleichzeitig ins Bewußtsein treten.

Die Ergebnisse von Primingexperimenten haben in Übereinstimmung mit dieser Überlegung immer wieder gezeigt, daß relevante Merkmale (bzw. relevante «Primes») zu kürzeren Reaktionszeiten führen als irrelevante (vgl. z.B. Tabossi und Johnson-Laird, 1980, sowie die Übersicht in Tanenhaus und Lucas, 1987). Auch die in Abschnitt 9.6 erläuterten Befunde von Kroll und Klimesch (1988) belegen die spezifische Wirksamkeit der Voraktivierung relevanter Begriffsmerkmale.

Johnson-Laird (1987) unterscheidet drei verschiedene Auswirkungen des Kontextes. Der Kontext erlaubt

- die Selektion einer der verschiedenen Bedeutungen mehrdeutiger Begriffe,
- die Spezifizierung der Bedeutung eindeutiger Begriffe und
- die Hervorhebung eines bestimmten Bedeutungsaspektes auf Kosten anderer Aspekte.

Alle drei Kontexteffekte können im Rahmen des Vernetzungsmodells durch Voraktivierungs- und/oder Hemmungsprozesse erklärt werden. Dies gilt für die Selektion und Spezifizierung der Wortbedeutung ebenso wie für das Zurücktreten eines Bedeutungsaspektes hinter einen anderen.

9.1.4 Begriffshierarchien, Typikalität und vernetzte Strukturen

Die Annahme hierarchischer Begriffsstrukturen ist problemgeschichtlich sehr alt und empirisch gut abgesichert, wie wir in Kapitel 7 gezeigt haben. Sie ist außerdem nicht nur auf die verbal-semantische, sondern auch auf die visuelle Informationsverarbeitung anwendbar (Palmer, 1977; Johnston und McClelland, 1980; Hoffmann und Zießler, 1986). Wie aber kann eine hierarchische Struktur durch vernetzte Codes repräsentiert bzw. codiert werden? Handelt es sich hier nicht um einen unüberwindlichen Widerspruch und ist es nicht notwendig anzunehmen, daß hierarchisch geordnete Information auch hierarchisch repräsentiert sein muß? Wir werden im folgenden zeigen, daß dieser Einwand nicht zielführend ist und daß vernetzte Repräsentationsstrukturen auch hierarchisch geordnete Information speichern können.

Die entscheidende Frage, die sich hier stellt, betrifft die Art und Weise, in der Begriffe unterschiedlichen hierarchischen Ranges aber ein und derselben Kategorie miteinander verbunden sind. Bezüglich dieser Frage werden wir im Rahmen des Vernetzungsmodells von den unten angeführten zwei Annahmen ausgehen. Unter «Kategorie» verstehen wir dabei jene Menge untergeordneter Begriffe, die durch einen entsprechenden übergeordneten Begriff gekennzeichnet bzw. zusammengefaßt werden können.

(I) Die Merkmale eines übergeordneten Begriffes sind die typischen Merkmale der durch diesen Begriff bezeichneten Kategorie.

(II) Jedes Begriffsmerkmal einer Kategorie ist nur an einer Stelle im Netzwerk gespeichert.

Annahme (II) soll die redundante Abspeicherung von Merkmalen verhindern. Sie ist keineswegs für das Vernetzungsmodell spezifisch und entspricht dem so gut wie allen anderen Netzwerktheorien zu Grunde liegenden Prinzip einer möglichst ökonomischen Ausnutzung der vorhandenen Speicherkapazität. Die sich aus Annahme (I) ergebenden Konsequenzen sind wahrscheinlich nicht unmittelbar einsichtig und sollen daher im folgenden ausführlicher diskutiert werden. Vorher wird es aber notwendig sein, näher auf den Begriff «Typikalität» einzugehen.

Typikalität, Basisbegriffe und typische Merkmale

Die Typikalitätsforschung ist eng mit den Arbeiten von Eleanor Rosch verbunden. Ihrer Auffassung nach (vgl. z.B. die Übersicht in Rosch, 1978) ist Typikalität eine Relation, die nur innerhalb ein und derselben Kategorie gültig ist und hier das Ausmaß der Übereinstimmung eines untergeordneten mit einem übergeordneten Begriff angibt.

Obwohl sich die Typikalitätsrelation im Prinzip auf alle verschiedenen Arten von Kategorien und Unter-Oberbegriffsrelationen anwenden läßt, kommt ihr im Rahmen von Basisbegriffen («basic level concepts», Rosch, Mervis, Gray, Johnson und Boyes-Braem, 1976; vgl. die dazu praktisch gleichbedeutende Definition von «Primärbegriff» durch Hoffmann, z.B. in Hoffmann, 1986) doch eine besondere Bedeutung zu. Basisbegriffe und Primärbegriffe (z.B. «Auto» oder «Vogel» im Gegensatz zu «Fahrzeuge» oder «Lebewesen») sind dadurch ausgezeichnet, daß sie einerseits besonders viele Merkmale mit untergeordneten Begriffen gemeinsam haben und daß sie andererseits durch sensorisch definierbare Prototypen oder Schemata beschrieben werden können. So eignet sich z.B. die typische Silhouette eines Autos oder eines Vogels dazu, eine große Menge verschiedener, aber ähnlicher Objekte zusammenzufassen (Rosch et al. 1976). Der Prototyp kennzeichnet die typische Merkmalsstruktur, die das Gemeinsame und Ähnliche dieser Kategorie ausmacht (vgl. dazu auch Tversky, 1977). Je ähnlicher ein Begriff dem Prototyp ist, desto typischer ist dieser Begriff. Typische Merkmale geben das Charakteristische einer Kategorie wieder, sie eignen sich aber nicht für eine logisch zwingende Definition der Zugehörigkeit von Begriffen zu einer Kategorie (vgl. dazu Medin, Altom und Murphy, 1984; McCloskey und Glucksberg, 1978 sowie die Übersichten in Medin und Smith, 1984 und Smith und Medin, 1981).

Eine der zielführendsten Definitionen von Typikalität stammt von Rosch und Mervis (1975). In dieser Arbeit konnte gezeigt werden, daß das Ausmaß der Typikalität durch die Anzahl und Häufigkeit jener Bergiffsmerkmale angegeben werden kann, die in den meisten Begriffen einer Kategorie vorkommen. Bestimmt man in einem Merkmalserhebungsexperiment die Häufigkeit, mit der jedes Merkmal eines Begriffes in allen anderen Begriffen derselben Kategorie vorkommt und bildet man die Summe über die Häufigkeiten aller Merkmale eines Begriffes, dann erhält man ein Maß, das umso höher ist, je mehr gemeinsame und häufige Merkmale ein Begriff aufweist. Nehmen wir als Beispiel eine hypothetische Kategorie, die aus nur 4 Begriffen und 6 verschiedenen Merkmalen (M1, M2 ... M6) besteht. Nehmen wir ferner an, daß einer der 4 Begriffe (Begriff 4) insgesamt nur zwei Merkmale (M1, M6) aufweist, von denen das eine Merkmal (M1) auch in allen anderen Begriffen vorkommt, das andere Merkmal (M6) aber nur für diesen Begriff spezifisch ist und in keinem der anderen Begriffe enthalten ist (vgl. Tabelle 11). In unserem Beispiel kommt M1 insgesamt viermal, M6 hingegen nur einmal vor. Die Häufigkeitssumme für Begriff 4 beträgt daher 5. Dieses Maß – die Häufigkeitssumme der Merkmale eines Begriffes – wurde von Rosch und Mervis (1975) als Maß der «family resemblance» bezeichnet. Es ist in Tabelle 11 an Hand eines Beispiels dargestellt.

Rosch und Mervis (1975) konnten zeigen, daß zwischen dem Maß für die «family resemblance» und der durch Rating bestimmten Typikalität eine signifikante Übereinstimmung besteht und daß daher die Typikalität eines Begriffes letztlich durch seine Merkmalsstruktur beschrieben werden kann. Jene Merkmale, die in der ge-

Tabelle 11: Das «family resemblance» Maß nach Rosch und Mervis (1975), dargestellt an Hand eines hypothetischen Beispiels für eine Kategorie mit 4 Begriffen und insgesamt 6 verschiedenen Merkmalen (M1, M2, ... M6). Der in Klammer gesetzte Wert gibt an, wie häufig ein Merkmal in der gesamten Kategorie vorkommt. Die Summe dieser Werte ist gleich dem Ausmaß der «family resemblance» bzw. der Typikalität (vgl. auch Medin et al., 1987).

	Merkmalsverteilung:			"family resemblance":
Begriff 1	M1(4)	M2(2)	M3(2)	8
Begriff 2	M1(4)	M3(2)	M4(1)	7
Begriff 3	M1(4)	M2(2)	M5(1)	7
Begriff 4	M1(4)	M6(1)	----	5

samten Kategorie sehr häufig vorkommen, bestimmen das Ausmaß, in dem ein Begriff als typisch eingestuft wird. Wir können daher diese in einer Kategorie sehr häufig vorkommenden Merkmale als typische Merkmale bezeichnen.

Die linear additive Struktur des «family resemblance» Maßes könnte fälschlicherweise den Eindruck erwecken, daß typische Merkmale voneinander unabhängig sind (vgl. dazu auch Armstrong, Gleitman und Gleitman, 1983). Da Unabhängige Merkmale eine hierarchische Repräsentation implizieren, würden wir in krassen Widerspruch zu den Repräsentationsannahmen des Vernetzungsmodells geraten (vgl. dazu auch die Unterscheidung zwischen Independent Cue und relationalen Encodierungsmodellen in Abschnitt 9.1.5). In einer Serie von insgesamt sieben Experimenten konnten Medin, Wattenmaker und Hampson (1987) zeigen, daß sich das «family resemblance» Maß nur dann zur Beschreibung der Typikalität eignet, wenn die für die Klassifizierung relevanten Merkmale untereinander korreliert sind. Die Autoren schließen daraus, daß die Typikalität durch ein Netzwerk von Merkmalsrelationen beschrieben werden kann (vgl. auch Murphy und Medin, 1985).

Begriffshierarchie und typische Merkmale

Obwohl Annahme (I) in allen wesentlichen Punkten mit den Ergebnissen von Rosch übereinstimmt, muß doch ein wichtiger Unterschied hervorgehoben werden. Der Erklärungsansatz von Rosch berücksichtigt nur die Merkmalsverteilung, die zwischen den Begriffen einer Kategorie vermutet wird. Die entscheidende Aussage von Annahme (I) bezieht sich jedoch auf die Struktur des übergeordneten Begriffes: Die typischen Merkmale in einer Kategorie sind gleichzeitig die Merkmale jenes übergeordneten Begriffes, der diese Kategorie kennzeichnet.

Was bedeuten nun die Ergebnisse von Rosch im Zusammenhang mit Annahme (I) und (II)? Da ein typisches Merkmal sehr häufig vorkommt und da jedes Merkmal nur an einer Stelle im Netzwerk repräsentiert sein darf, muß dieses typische Merkmal mit vielen anderen Codes verbunden sein. Typische Merkmale führen daher zu einer wesentlich stärkeren Vernetzung innerhalb einer Kategorie als weniger typische Merkmale. Typischen Merkmalen kommt daher eine absolute Sonderstellung zu. Dies nicht nur deswegen, da sie zu einer verstärkten Vernetzung führen, sondern auch deswegen, da sie (wegen Annahme (I)) die Verbindung zwischen mehreren untergeordneten zu einem übergeordneten Begriff herstellen.

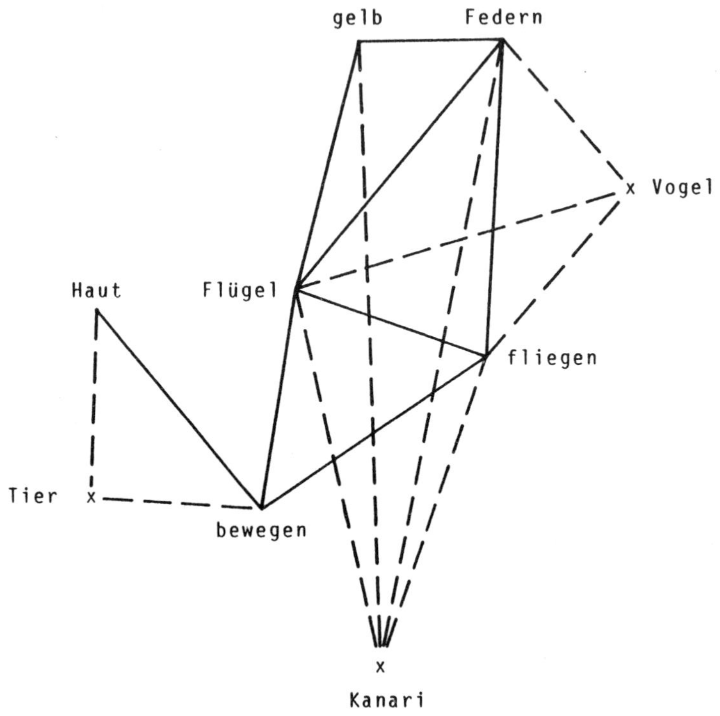

Abbildung 41: Eine vernetzte Struktur kann auch zur Repräsentation hierarchischer Begriffsstrukturen verwendet werden. Das vorliegende Beispiel zeigt drei Codes, einen Unterbegriff (Kanari) mit vier Merkmalen, einen Mittelbegriff (Vogel) mit drei und einen Oberbegriff (Tier) mit zwei Merkmalen. Strichlierte Linien kennzeichnen die Verbindung zwischen einem Begriffs- und einem Merkmalsknoten. Durchgezogene Kanten weisen auf eine spezifische Relation zwischen Merkmalen hin. So z.B. ist «Flügel» mit «Federn», nicht aber «gelb» mit «fliegen» verbunden. Der hierarchische Rang eines Begriffes ergibt sich aus der Art, der Anzahl und der Struktur seiner Merkmale: Der Unterbegriff ist - in der Regel - am merkmalsreichsten. Er umfaßt nicht nur die typischen Merkmale der Kategorie «Vogel» (wie z.B. «Flügel», «Federn» und «fliegen»), sondern zusätzlich auch spezifische Merkmale (hier «gelb» für Kanari). Der Mittelbegriff besteht nur aus typischen Merkmalen, die besonders intensiv vernetzt sind, da sie mit allen anderen Begriffen der selben Kategorie ebenfalls verbunden sind (dieser Sachverhalt ist hier nicht wiedergegeben). Oberbegriffe haben die wenigsten Merkmale und sind nur durch relativ abstrakte Merkmale repräsentiert, die nur indirekt mit anderen Begriffen (vgl. «bewegen»-«Flügel») verknüpft sind. Die Sonderstellung von Primär- oder Basisbegriffen ist in der hier wiedergegebenen Netzwerkstruktur nur angedeutet, aber nicht systematisch berücksichtigt worden (Erläuterungen, siehe Text). Im vorliegenden Beispiel gibt es nur zwischen Unter- und Mittelbegriff gemeinsame Merkmale (vgl. Fall 1 von Abschnitt 8.6.1). Der Oberbegriff ist mit untergeordneten Begriffen nur durch gemeinsame Pfade verbunden (vgl. Fall 2 von Abschnitt 8.6.2).

Wie nun ein hierarchisches Begriffssystem durch eine vernetzte Struktur repräsentiert werden kann, zeigt das Beispiel in Abbildung 41. Es weist drei verschiedene Begriffsebenen auf, die wir mit Hoffmann (vgl. z.B. Hoffmann, 1986) als Unter-, Mittel- und Oberbegriffsebene bezeichnen.

Die in Abbildung 41 dargestellte hypothetische Struktur zeigt drei vernetzte Codes unterschiedlicher Komplexität. Der Code für «Tier» umfaßt zwei, der für «Vogel» drei und der für «Kanari» vier Komponenten. Zusätzlich ist zu beachten, daß nur zwischen Kanari und Vogel, nicht aber zwischen Kanari und Tier sowie zwischen Vogel und Tier gemeinsame Merkmale vorliegen.

Der geometrischen Anordnung dieser drei Codes lag folgender Gedanke zu Grunde. Die Merkmale «Federn», «Fügel» und «fliegen» können als typisch für die überwiegende Mehrzahl an Beispielen, die zum Mittelbegriff «Vogel» gehören, angesehen werden. Wegen Annahme (I) und (II) muß sich ein untergeordneter Begriff (in unserem Beispiel «Kanari») die typischen Merkmale mit dem Mittelbegriff teilen. Im Gegensatz zu den Unterbegriffen weist aber der Mittelbegriff keine spezifischen Merkmale (wie z.B. «gelb» für «Kanari») auf. Er ist nur durch typische Merkmale definiert. Da in unserem Beispiel gemeinsame Merkmale zwischen Unter- und Mittelbegriff vorliegen, entspricht die hier angenommene Netzwerkstruktur Fall 1 von Abschnitt 8.6.1 und es gelten die dort beschriebenen Vorhersagen.

Es darf nicht übersehen werden, daß die Typikalität eine Relation ist, die vorwiegend für die Basisbegriffsebene von Bedeutung ist. Der Grund für diese Behauptung ist leicht einzusehen, wenn man den Abstraktionsgrad und die Spezifität der Merkmale berücksichtigt. Die Merkmale «Flügel», «Federn» und «fliegen» sind anschaulich in dem Sinne, daß sie z.B. leicht visualisiert werden können. Obwohl der Mittelbegriff «Vogel» abstrakter ist als der Unterbegriff «Kanari», ist es zu «Vogel» trotzdem noch möglich, einen sensorischen definierbaren (z.B. visuellen) Prototyp anzugeben. Für «Tier» existiert - im Gegensatz zu Vogel - kein sensorisch definierbarer Prototyp. So kann z.B. zu «Tier» - im Gegensatz zu «Vogel» - kein gemeinsamer visueller Prototyp angegeben werden, dessen Merkmale in gleicher Weise auch für andere Tierarten wie z.B. Fische und Säugetiere zutreffend wären. Die Merkmale für «Tier» sind - bezogen auf die Unterbegriffe - relativ abstrakt und unspezifisch, da sie für eine sehr große und heterogene Menge von untergeordneten Begriffen gültig sein müssen. Betrachten wir dazu das zu «Tier» gehörende Oberbegriffsmerkmal «bewegen». «Bewegen» ist insofern abstrakt und unspezifisch, als darunter viele verschiedene Formen von «Bewegung» (wie z.B. kriechen, krabbeln, gehen, etc.) - und nicht nur die für Vögel typische und spezifische Fortbewegungsart «fliegen» - verstanden werden können. Es wäre daher falsch, das Merkmal «fliegen» auch dem Oberbegriff «Tier» zuzuordnen. Viel naheliegender erscheint es, das abstraktere Merkmal«bewegen» für den Oberbegriff anzunehmen.

Wie unser Beispiel von Abbildung 41 zeigt, teilt sich der Oberbegriff kein einziges Merkmal mit einem der untergeordneten Begriffe, Kanari oder Vogel. Zwischen Oberbegriff und untergeordneten Begriffen gibt es nur gemeinsame Pfade, aber keine gemeinsamen Merkmale. Diese Netzwerkstruktur entspricht daher Fall 2 von Abschnitt 8.6.2. Für Fall 1 und 2 gelten zwar ähnliche Vorhersagen, es ist aber zu berücksichtigen, daß die Suchzeiten zu Fall 2 länger sind als jene zu Fall 1 (vgl. Vorhersage f).

Annahme (I) ist nicht nur für Fall 1, sondern ebenso auch für Fall 2 gültig. Ob nun die typischen Merkmale die zwischen über- und untergeordneten Begriffen gemeinsamen Merkmale sind, oder ob sie nur an einem gemeinsamen Pfad liegen, hängt von der Heterogenität der Begriffe einer Kategorie ab. Bei sehr heterogenen Kategorien (wie z.B. Tier), die sehr unterschiedliche Begriffe zusammenfassen, scheint es plausibler, von relativ abstrakten typischen Merkmalen (wie z.B. «bewegen») auszugehen. Sie eignen sich zwar nicht zur unmittelbaren Kennzeichnung der untergeordneten Begriffe, kommen aber als aus diesen «abgeleitete» Merkmale für den Oberbegriff in Frage. Für homogene Kategorien (wie z.B. Vogel) ist die Annahme relativ abstrakter typischer Merkmale sinnlos. Hier eignen sich die typischen Merkmale der Kategorie sowohl zur Kennzeichnung der unter- wie auch der übergeordneten Begriffe. Diese Überlegung zeigt uns, daß die Typikalität in homogenen Kategorien (wie z.B. in Basisbegriffskategorien) einen besonderen Stellenwert einnimmt und hier auch eine andere Bedeutung hat wie in heterogenen und relativ abstrakten Kategorien.

Im Rahmen des Vernetzungsmodells kann der hierarchische Rang eines Begriffes somit durch drei Kriterien, durch die Anzahl, die Struktur und die Art seiner Merkmale angegeben werden. Lassen wir die Sonderstellung von Basisbegriffen zunächst außer Acht, dann zeigt sich generell, daß nicht nur die Merkmalsanzahl, sondern auch die Vernetzungsdichte mit dem hierarchischen Rang abnimmt: Je abstrakter ein Begriff ist, desto weniger Merkmale weist er auf und desto heterogener und daher weniger vernetzt sind die Merkmale. Aber auch die Art der Merkmale wird durch die Begriffshierarchie bestimmt: Je höher der hierarchische Rang eines Begriffes ist, desto abstrakter und weniger anschaulich sind seine Merkmale.

Die Typikalität kann im Rahmen des Vernetzungsmodells durch die zwischen untergeordneten und übergeordneten Begriffen gegebene Merkmalsstruktur erklärt werden. Typikalität ist demnach nicht ein zusätzliches Merkmal von Begriffen, sondern eine entscheidende Eigenschaft der Merkmalsstruktur selbst: Viele gemeinsame Merkmale einer Kategorie führen zu einer intensiv vernetzten Merkmalsstruktur, die den «typischen Bedeutungskern» dieser Kategorie ausmachen.

Basisbegriff und Typikalität sind verwandte Konzepte. Wir haben betont, daß Basisbegriffe besonders viele Merkmale mit den ihnen untergeordneten Begriffen gemeinsam haben. Dadurch entsteht eine intensiv vernetzte Struktur, die sich im wesentlichen auf die in der Kategorie gemeinsamen, nicht aber auf die spezifischen Merkmale bezieht. Diese besonders intensiv vernetzte Struktur gemeinsamer Merkmale kann daher als das Typische der Kategorie angesehen werden. Typikalität und Basisbegriff beziehen sich demnach nur auf verschiedene Aspekte jener Struktur, die das Gemeinsame, Typische oder die zentrale Tendenz (Rosch et al. 1976; Whitney und Kellas, 1984 und mit Einschränkungen auch Medin et al., 1984 und Barsalou, 1985) einer Kategorie ausmachen.

Unter «Basisbegriff» verstehen wir den vergleichsweise hohen Merkmalsreichtum eines übergeordneten Begriffes. Die Typikalität bezeichnet hingegen den Grad der Merkmalsüberlappung zwischen Begriffen mit unterschiedlichem hierarchischen Rang. Je größer die Merkmalsüberlappung ist, desto typischer ist der untergeordnete im Vergleich zum übergeordneten Begriff. Für die Vorhersagen des Vernetzungsmodells ist es daher irrelevant, welche Variablen zur Kennzeichnung dieser intensiv vernetzten und gemeinsamen Struktur herangezogen werden (vgl. die im Prinzip ähnliche Argumentation bei Chumbley, 1986).

Diese Überlegungen zeigen uns auch, daß die Typikalität vor allem auf jene Kategorien angewendet werden kann, die auch tatsächlich eine hohe durchschnittliche Merkmalsüberlappung aufweisen. So scheint es z.B. sinnvoll zu sagen «Ein Adler ist ein typischer Vogel». Ist aber ein Adler ein typisches Tier oder typisches Lebewesen? Gibt es überhaupt ein typisches Tier oder gar ein typisches Lebewesen? Je abstrakter eine Kategorie wird, desto geringer wird die durchschnittliche Merkmalsüberlappung und desto weniger sinnvoll ist es, von typischen Begriffen zu sprechen.

Das Ergebnis unserer Diskussion läßt sich durch folgenden Satz zusammenfassen: *Die vernetzte Struktur gemeinsamer Merkmale ist das zentrale Konzept zur Erklärung der Typikalität, der Begriffshierarchie und der Struktur von Basisbegriffen.*

9.1.5 Das Vernetzungsmodell und andere Kategorisierungsmodelle

Die Struktur gemeinsamer Merkmale ist das zentrale theoretische Konzept, das im Rahmen des Vernetzungsmodells zur Erklärung der begrifflichen Kategorisierung verwendet wird. Wir haben gezeigt, daß der Prototyp sensu Rosch dieser Struktur gemeinsamer Merkmale entspricht. Kategorisierungsprozesse können im Rahmen des Vernetzungsmodells als Suchprozesse zwischen zwei Codes beschrieben werden (vgl. dazu Kapitel 8): Liegen gemeinsame Merkmale vor, dann kann ein Begriff sehr rasch als zur betreffenden Kategorie zugehörig erkannt werden. Alle Vorhersagen, die wir in Abschnitt 8.6 zu Fall 1 (= zwei Codes weisen gemeinsame Merkmale auf) und Fall 2 (= zwei Codes sind nur durch einen gemeinsamen Pfad miteinander verbunden) getroffen haben, können auf der Basis der beiden hier besprochenen Annahmen (Annahme (I) und (II) von Abschnitt 9.1.4) ohne jede Einschränkung auf Kategorisierungsprozesse angewendet werden. Mit diesen Vorhersagen werden wir uns weiter unten in Abschnitt 9.5 und 9.6 noch ausführlich beschäftigen.

In welcher Relation steht nun das Vernetzungsmodell zu anderen Kategorisierungsmodellen? Bei der Beantwortung dieser Frage dürfen wir nicht vergessen, daß das Vernetzungsmodell mit dem Ziel konzipiert wurde, auf der Grundlage expliziter und gedächtnispsychologisch begründbarer Repräsentationsannahmen, die Geschwindigkeit von Suchprozessen im LZG erklären zu können. Es ist daher nicht überraschend, wenn wir feststellen, daß andere Kategorisierungsmodelle bei weitem nicht so explizite Repräsentationsannahmen aufweisen wie das Vernetzungsmodell. Diese unterschiedliche Ausgangsposition macht es schwer, das von uns vorgeschlagene Modell mit anderen zu vergleichen.

In der Literatur wird üblicherweise zwischen probabilistischen Modellen, Prototyp- und Exemplar-Modellen unterschieden (vgl. die Übersicht in Medin und Smith, 1984). Neuerdings finden auch Distributed-Memory Modelle (Knapp und Anderson, 1984) sowie Independent Cue und relationale Encodierungsmodelle (Medin et al. 1984) Beachtung.

Wir haben in den vorangegangenen Abschnitten am Beispiel der Arbeiten von Rosch zeigen können, daß Prototypmodelle mit den Annahmen des Vernetzungsmodells gut übereinstimmen. Das Gleiche gilt auch für probabilistische Modelle. Ob nun Begriffsmerkmale als Variablen aufgefaßt und ihre relative Bedeutung für einen Begriff durch Wahrscheinlichkeiten angegeben werden, oder ob wir sie – wie im Rahmen des Vernetzungsmodells – auf der Basis netzwerktheoretischer Überlegungen definieren, ist eine Frage der Art und Genauigkeit der Repräsentationsannahmen. Beide Ansätze sind zwar verschieden, können aber durchaus kompatibel sein. So wäre es z.B. möglich, die in Kapitel 8 beschriebenen Aktivierungswerte einzelner Merkmale im Sinne von Wahrscheinlichkeiten zu interpretieren.

Exemplar-Modelle sind ebenfalls mit dem Vernetzungsmodell vereinbar: Ein oder auch mehrere typische Beispiele einer Kategorie können durchaus zur Beschreibung ihrer zentralen Charakteristik dienen. Typische Beispiele partizipieren - nach den Annahmen des Vernetzungsmodells - an der vernetzten Struktur gemeinsamer Merkmale und erfassen so wesentliche Aspekte des Charakteristischen und Typischen einer Kategorie. So gesehen beziehen sich Exemplar-Modelle auf einen Teilaspekt jener Annahmen, die auch dem Vernetzungsmodell zu Grunde liegen.

Die Frage, in welcher Form die Ähnlichkeit von Begriffen einer Kategorie beschrieben wird, ob durch probabilistische Ansätze, durch Beispiele, deren typische Struktur sich erst beim Abrufen aus «Aggregaten» ähnlicher Gedächtnisspuren ergibt (Hintzman und Ludlam, 1980; Hintzman, 1986), oder durch mengentheoretische Ansätze (Sattath und Tversky, 1987) betrifft auch hier wieder die Art der Repräsentationsannahmen. Die Repräsentationsannahmen dieser Modelle sind nur dann mit dem Vernetzungsmodell kompatibel (deswegen aber noch keineswegs identisch), wenn sie die Annahme korrelierter bzw. voneinander abhängiger Merkmale zulassen. Independent Cue Modelle sind im Gegensatz zu den Relationalen Codierungsmodellen mit dem Vernetzungsmodell nicht vereinbar, da sie von unabhängigen Beschreibungsdimensionen für Begriffe ausgehen. Eine Reihe jüngerer Arbeiten (Medin et al. 1984, Medin et al. 1987, Murphy und Medin, 1985) spricht aber für die Gültigkeit Relationaler Encodierungsmodelle und stützt so eine wichtige Annahme des Vernetzungsmodells.

Distributed Memory Modelle gehen von der zentralen Annahme aus, daß sich ähnliche Codes überlagern und nicht getrennt gespeichert werden (Knapp und Anderson, 1984; McClelland und Rumelhart, 1985). Diese Modelle sind daher nicht nur mit der Annahme korrelierter und vernetzter Merkmale, sondern ebenso auch mit Annahme I und II (vgl. Abschnitt 9.1.4 oben) des Vernetzungsmodells kompatibel.

Der wichtigste Unterschied dieser in der Literatur beschriebenen Modelle zu dem hier vorgeschlagenen Vernetzungsmodell bezieht sich - nach wie vor - auf die zentrale Frage, welchen Einfluß die Komplexität der Codes auf ihre Verarbeitungsgeschwindigkeit hat. Auf diese Frage geben die hier beschriebenen Modelle jedoch keine Antwort (vgl. auch Abschnitt 10.1).

9.2 Das Vernetzungsmodell und empirische Befunde zum Hierarchie-Effekt

Der Befund, daß in semantischen Entscheidungsaufgaben vom Typ «ist X ein Y?» die Reaktionszeit ansteigt, je weiter die beiden Begriffe X und Y in ihrem hierarchischen Rang auseinander liegen, ist seit Collins und Quillian (1969) bekannt und inzwischen von einer Vielzahl von Arbeiten (vgl. z.B. die Übersicht in Hoffmann, 1986 und Hoffmann und Klimesch, 1984) - allerdings mit einigen wichtigen Ausnahmen - repliziert worden. Wie kann nun das Vernetzungsmodell diesen Befund erklären?

Die einfachste Erklärung bezieht sich auf die Annahme, daß Unterbegriffe mehr Merkmale aufweisen als Mittelbegriffe und diese wiederum mehr Merkmale besitzen als Oberbegriffe. Diese Annahme scheint deswegen plausibel zu sein, da übergeordnete Begriffe abstrakter sind als konkrete. Da wir in Kapitel 8 zeigen konnten, daß merkmalsreiche Codes rascher verarbeitet werden können als merkmalsarme Codes ist auch anzunehmen, daß in semantischen Entscheidungsaufgaben Unterbegriffe rascher beurteilt werden als Mittelbegriffe und diese wiederum rascher als Oberbegriffe. In einem Merkmalserhebungsexperiment konnten Hoffmann und Zießler (1982) auch tatsächlich zeigen, daß die Anzahl der Merkmalsassoziationen mit steigendem hierarchischen Rang der untersuchten Begriffe abnimmt (vgl. auch Hoffmann, 1986, S. 68ff.). Diese Ergebnisse führen im Rahmen des Vernetzungsmodells zu einer denkbar einfachen Erklärung des Hierarchie-Effektes: Je mehr Merkmale ein Begriff aufweist, desto rascher kann er verarbeitet werden.

Wie wir einleitend erwähnt haben, gibt es aber auch wichtige Ausnahmen zum Hierarchie-Effekt. Diese Ausnahmen treten immer dann auf, wenn der übergeordnete Begriff nicht mit dem Basisbegriff zusammenfällt (Rosch et al. 1976; Smith, Balzano und Walker, 1978; Murphy und Smith, 1982; Hoffmann, 1982; Hoffmann, Zießler und Grosser 1984; Jolicoeur, Gluck und Kosslyn, 1984). Ein Basisbegriff ist der in der Begriffshierarchie ranghöchste Begriff, der noch durch gemeinsame anschauliche Merkmale oder durch einen gemeinsamen sensorischen Prototyp beschrieben werden kann. Betrachten wir als Beispiel die Begriffshierarchie: «Eiche - Laubbaum - Baum». Hier ist der Oberbegriff «Baum» der Basisbegriff, da er der ranghöchste Begriff ist, der noch die wesentlichen gemeinsamen sensorischen Merkmale der betreffenden Kategorie aufweist. Bei der Begriffshierarchie «Jeep - Auto - Fahrzeug» ist der Mittelbegriff «Auto» der Basisbegriff. Es ist aber auch möglich, daß der Basisbegriff auf der Ebene des Unterbegriffes liegt, wie das Beispiel «Banane - Frucht - Nahrung» zeigt. Hier weist der Mittelbegriff «Frucht» keine gemeinsamen sensorischen Merkmale mehr auf, die für alle oder zumindest die Mehrzahl verschiedener Arten von Früchten gelten würden. Werden nun mit diesen Begriffshierarchien semantische Entscheidungsexperimente vom Typ «ist X ein Y?» durchgeführt (vgl. dazu die Beschreibung des experimentellen Paradigmas in Abschnitt 7.1.1), dann zeigt sich einheitlich, daß die Basisbegriffe «Baum», «Auto» und «Banane» ungeachtet ihres Ranges in der Begriffshierarchie die kürzesten Entscheidungszeiten aufweisen (vgl. z.B. Hoffmann, 1986, S. 89 und Hoffmann und Klimesch, 1984, S. 17), wie die Ergebnisse in Abbildung 42 dokumentieren.

Diese Ergebnisse zeigen klar, daß der hierarchische Rang eines Begriffes keineswegs der einzige Faktor sein kann, der die Reaktionszeiten in semantischen Entscheidungsexperimenten beeinflußt. Einfache hierarchische Codierungsmodelle - wie z.B. jenes von Collins und Quillian (1969) - sind daher nicht imstande, die hier besprochenen Befunde zu erklären.

Der für das Vernetzungsmodell wichtigste Tatbestand bezieht sich jedoch auf einen zusätzlichen Befund, der in dem schon erwähnten Merkmalserhebungsexperiment von Hoffmann und Zießler (1982) gefunden wurde. In dieser Arbeit konnte nämlich gezeigt werden, daß die Unterbegriffe nur dann die meisten Merkmale aufweisen, wenn sie gleichzeitig Basisbegriffe sind und daß Basisbegriffe generell mehr Merkmale aufweisen als Begriffe, die keine Basisbegriffe sind. Vergleichbare Ergebnisse fanden auch Tversky und Hemenway (1984): Die meisten Merkmale (hier im engeren Sinn als «parts of objects» verstanden) werden von den Versuchspersonen

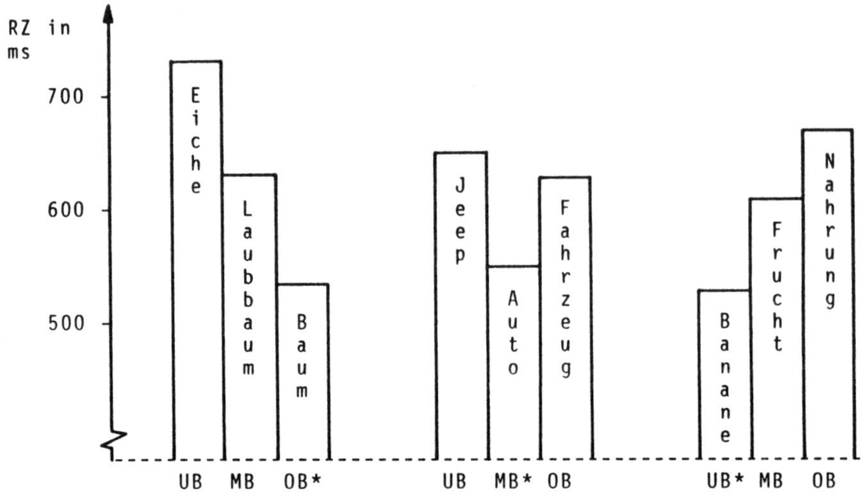

Abbildung 42: In einer semantischen Entscheidungsaufgabe vom Typ «Ist X ein Y?» zeigen Basisbegriffe (sie sind mit einem «Sternchen» gekennzeichnet) ungeachtet ihres Ranges in der Begriffshierarchie (UB = Unterbegriff, MB = Mittelbegriff, OB = Oberberbergiff) die mit Abstand kürzesten Reaktionszeiten (nach Hoffmann, 1986, S. 89; vgl. auch Hoffmann und Klimesch, 1984).

auf der Ebene der Basisbegriffe, die wenigsten auf der Oberbegriffsebene genannt. Diese wichtigen Befunde führen auf der Grundlage des Vernetzungsmodells wieder zu einer verblüffend einfachen Erklärung: Es ist die Anzahl der Merkmale und nicht der hierarchische Rang per se, der die Länge der semantischen Entscheidungszeit bestimmt. Je mehr Merkmale ein Begriff aufweist, desto kürzer ist seine Verarbeitungszeit. Da Basisbegriffe die meisten Merkmale besitzen, weisen sie die kürzesten Entscheidungszeiten auf.

Wir haben bei der Beschreibung des Vernetzungsmodells in Abschnitt 8.6.1 gezeigt, daß die Verarbeitungsgeschwindigkeit auch von der Anzahl gemeinsamer Merkmale abhängt. Basisbegriffe sind dadurch definiert, daß sie viele sensorische Merkmale mit untergeordneten Begriffen gemeinsam haben. Wir haben angenommen, daß die gemeinsamen Merkmale gleichzeitig die typischen sind (vgl. Annahme (I) und (II)). Daraus ergibt sich, daß Basisbegriffe auch deswegen besonders rasch verarbeitet werden, weil sie viele typische bzw. gemeinsame Merkmale aufweisen (vgl. dazu das Beispiel in Abbildung 41, in dem «Vogel» der Basisbegriff ist).

Wegen der starken Merkmalsüberlappung zwischen Basis- und untergeordneten Begriffen ist zu erwarten, daß Reaktionszeitunterschiede zwischen typischen und weniger typischen Begriffen relativ schwach ausgeprägt sind. Nehmen wir als Beispiel den Oberbegriff Baum, der gleichzeitig Basisbegriff ist. Die typische Eiche sollte nicht um vieles rascher als Baum erkannt werden als die untypische Akazie. Die Begründung für diese Vermutung ergibt sich aus der Überlegung, daß in diesem Beispiel die «family resemblance» allgemein so hohe Werte aufweisen sollte, daß unterschiedliche Ausprägungen dieses Maßes nur geringe Auswirkungen haben. Betrachten wir aber im Gegensatz dazu die Typikalitätsrelation zwischen dem Oberbegriff Nahrung, der kein Basisbegriff ist, und untergeordneten Begriffen (wie z.B.

Brot, Banane, Kürbis etc), dann müssen wir annehmen, daß generell nur sehr wenige gemeinsame bzw. typische Merkmale in dieser Kategorie vorliegen und folglich die durchschnittliche «familiy resemblance» nur sehr niedrige Werte zeigt. Gerade aus diesem Grund aber sollten hier die Unterschiede zwischen typischen und untypischen Begriffen stärker ausgeprägt sein. Die Ergebnisse von Hoffmann (vgl. Hoffmann, 1986, S.90 f) stützen diese Vermutung und zeigen, daß Typikalitätsunterschiede bei Oberbegriffen, die keine Basisbegriffe sind, um wesentliches stärker ausgeprägt sind als Typikalitätsunterschiede bei Oberbegriffen, die Basisbegriffe sind.

9.3 Das Vernetzungsmodell und empirische Befunde zum Typikalitätseffekt: die Überprüfung von Annahme (I)

Die bisher beschriebenen Befunde haben gezeigt, daß das Vernetzungsmodell imstande ist, jene Effekte zu erklären, die sich in irgendeiner Form auf die hierarchische Struktur von Begriffen bezieht. Der entscheidende Gedanke dabei bezog sich auf Annahme (I): Die typischen Merkmale einer Kategorie sind die Merkmale des diese Kategorie bezeichnenden übergeordneten Begriffes. Diese grundlegende Annahme wurde in einem speziell für diese Fragestellung geplanten Experiment (Experiment 1 in Klimesch, 1987) überprüft.

In diesem Experiment wurden für 72 Unterbegriffe und 6 übergeordnete Begriffe (Vogel, Frucht, Gemüse, Kleidungsstücke, Fahrzeug, Waffen) semantische Merkmale erhoben. Von den 72 Unterbegriffen gehörten jeweils 12 Begriffe zu einem der 6 Mittelbegriffe. Die Versuchspersonen wurden aufgefordert, zu jedem Wort Merkmale zu assozieren, die wichtige Eigenschaften, Teile oder Funktionen des durch einen Begriff bzw. Wort bezeichneten Gegenstandes oder Sachverhaltes ausmachen (vgl. dazu die Instruktion in Klimesch 1987, S.56f). Für diese Stichprobe von 72 Wörtern standen nicht nur die von Toglia und Battig (1978) erhobenen Wortnormen für die Variablen Konkretheit (Concreteness), Bildhaftigkeit (Imagery), Kategorisierbarkeit (Categorizability), Bedeutungshaltigkeit (Meaningfulness), Gebräuchlichkeit (Familiarity) und die (geschätzte bzw. geratete) Anzahl der semantischen Merkmale (Number of Features) zur Verfügung, sondern ebenfalls auch die von Rosch (1975, S.229 f.) erhobenen Typikalitätsscores. Die Untersuchung ist zwar im amerikanischen Sprachbereich durchgeführt worden, wir verwenden aber im folgenden die ins Deutsche übersetzten Begriffe.

In die Auswertung kamen nur jene Merkmalsnennungen, die von mindestens 2 Versuchspersonen übereinstimmend angegeben wurden. Die Berechnung eines split-half Reliabilitätskoeffizienten – berechnet über die Häufigkeit der Merkmalsnennungen in zwei Zufallsstichproben mit je 14 Versuchspersonen – ergab einen Wert von $r = .71$ ($p < .001$, $N = 397$).

Bei der Überprüfung von Annahme (I) ist folgende Vorraussetzung zu beachten. Bevor gezeigt werden kann, daß die Merkmale eines übergeordneten Begriffes die typischen Merkmale der betreffenden Kategorie sind, muß geklärt werden, ob zwischen über- und untergeordneten Begriffen gemeinsame Merkmale vorliegen oder nicht. Der Übersicht halber werden wir auf diese beiden Aspekte von Annahme (I) getrennt eingehen.

Gibt es zwischen über- und untergeordneten Begriffen gemeinsame Merkmale?

Vergleicht man die Merkmale der Unterbegriffe mit jenen des zugehörigen übergeordneten Begriffes, dann zeigt sich, daß für 62 der insgesamt 72 Unterbegriffe gemeinsame Merkmale vorliegen. Die diesbezüglichen Ergebnisse sind für die Kategorien «Fahrzeuge» und «Vögel» in Tabelle 12 wiedergegeben. Wie Tabelle 12 zeigt, bestätigt sich – von einer Ausnahme (vgl. Yacht in Tabelle 12a) abgesehen – die Annahme, daß zwischen über- und untergeordneten Begriffen gemeinsame Merkmale existieren. Von den insgesamt 72 Unterbegriffen haben 62 Begriffe gemeinsame Merkmale. Das heißt, daß in knapp 90% aller untersuchten Fälle ein Unterbegriff mindestens ein gemeinsames Merkmal mit seinem zugehörigen übergeordneten Begriff aufweist. Berücksichtigt man, daß die hier erhobenen Daten nur als verbale Korrelate der im semantischen Gedächtnis repräsentierten Merkmale aufgefaßt werden dürfen und daß die Art der Benennung dieser Merkmale zwischen den Versuchspersonen stark variieren kann, dann ist das Ausmaß der Merkmalsüberlappung zweifellos groß genug, um von einer generellen Bestätigung von Annahme (I) sprechen zu können.

Sind die gemeinsamen Merkmale auch die typischen Merkmale?

Bei der Überprüfung dieser Frage wurde zunächst von der Überlegung ausgegangen, daß Merkmale, die sehr häufig genannt wurden (vgl. z.B. «fliegt» für «Vogel» in Tabelle 12b), wichtiger sind als solche, die nur sehr selten angegeben wurden (wie z.B. «legt Eier»). Die Häufigkeiten können daher als Gewichte interpretiert werden. Bei den gemeinsamen Merkmalen einer Kategorie sind zwei verschiedene Gewichte bzw. Häufigkeiten zu berücksichtigen. Die eine der beiden Häufigkeiten gibt an, wie wichtig ein Merkmal für den Mittelbegriff ist (vgl. dazu die Spalteneingänge von Tabelle 12a and 12b), die andere gibt hingegen Aufschluß darüber, wie wichtig das selbe Merkmal für einen Unterbegriff ist (vgl. dazu die nicht in Klammer gesetzten Zahlen in den Zeilen von Tabelle 12a und 12b). Da wir nun im Rahmen des Vernetzungsmodells angenommen haben, daß die Typikalität eine Funktion der Anzahl der gemeinsamen Merkmale ist, wurde zur Schätzung der Typikalität die Summe der Produkte der beiden Gewichte (vgl. die in Klammer gesetzten Zahlen von Tabelle 12a und 12b) über alle gemeinsamen Merkmale gebildet. Diese Produktsumme – die in der Folge mit «WSC» (weighted sum of common features) bezeichnet wird – kann als Maßzahl für die Typikalität eines Unterbegriffes interpretiert werden (vgl. die Werte in der letzten Spalte von Tabelle 12a und 12b). Sie gibt an, in welchem Ausmaß ein Unterbegriff viele und wichtige gemeinsame Merkmale aufweist. Je größer diese Maßzahl ist, umso typischer ist der betreffende Begriff.

Die hier beschriebene Vorgangsweise ist jener ähnlich, die von Rosch und Mervis (1975) zur Bestimmung der «family resemblance» verwendet wurde. Der wesentlichste Unterschied zwischen beiden Methoden besteht in der Art und Weise, wie gemeinsame Merkmale definiert werden. Rosch und Mervis verstehen unter gemeinsamen Merkmalen solche, die in vielen Unterbegriffen einer Kategorie vorkommen. Wir hingegen verstehen unter gemeinsamen Merkmalen jene, die sich ein übergeordneter Begriff mit einem oder mehreren untergeordneten Begriffen teilt. Wir haben auf der Grundlage des Vernetzungsmodells angenommen, daß die in einer Kate-

Tabelle 12(a,b): Die Verteilung der für unter- und übergeordnete Begriffe gemeinsamen Merkmale in der Kategorie «Fahrzeuge» (Tab. 12a) und «Vögel» (Tab. 12b). Im Spaltenkopf der Tabellen sind nur jene Merkmale angeführt, die von den Vpn zum entsprechenden übergeordneten Begriff genannt wurden. Die unter den Merkmalen stehenden Zahlen, bezeichnen die Häufigkeit, mit der ein Merkmal von den insgesamt 28 Vpn zum jeweiligen übergeordneten Begriff angegeben wurde. Die in den Zeilen der Tabellen wiedergegebenen und nicht in Klammer gesetzten Zahlen beziehen sich hingegen auf die Häufigkeit, mit der ein Merkmal eines übergeordneten Begriffes zu einem Unterbegriff genannt wurde. Multipliziert man diese beiden Häufigkeiten, dann erhält man die in Klammer gesetzten Zahlen. Die Summe dieser Produkte, die mit WSC (= weighted sum of common features) bezeichnet ist, ergibt schließlich die geschätzten Typikalitätsscores, die in der letzten Spalte rechts wiedergegeben sind (nach Klimesch, 1986a,b und 1987). M = Mittelwert, S = Streuung.

Tabelle 12a: Fahrzeug

	Transport 14	Räder 13	Schnell 7	Motor 7	Lenken 4	WSC
Auto	10(140)	17(221)	5(35)	11(77)	2(8)	481
Lastauto	6(84)	18(234)	0	9(63)	0	381
Moped	4(56)	15(195)	3(21)	9(63)	0	335
Jeep	2(28)	14(182)	3(21)	2(14)	2(8)	253
Jet	3(42)	0	16(112)	6(42)	0	196
Traktor	0	14(182)	0	2(14)	0	196
Anhänger	0	14(182)	0	0	0	182
Zug	4(56)	2(26)	3(21)	10(70)	0	173
Obus	4(56)	6(78)	0	0	0	134
Boot	0	0	3(21)	9(63)	0	84
Schiff	0	0	0	2(14)	0	14
Yacht	0	0	0	0	0	0
	33	100	33	60	4	M = 202 S = 143

Tabelle 12b: Vogel

	Fliegt 20	Federn 14	Flügel 13	Schnabel 12	Singt 7	baut Nester 6	legt Eier 5	WSC
Spatz	12(240)	10(140)	10(130)	7(84)	4(28)	6(36)	3(15)	673
Rotkehlchen	11(220)	11(154)	10(130)	4(48)	9(63)	2(12)	2(10)	637
Adler	12(240)	13(182)	9(117)	7(84)	0	0	2(10)	633
Ente	7(140)	18(252)	5(65)	9(108)	0	0	2(10)	575
Lerche	12(240)	7(98)	6(78)	4(48)	13(91)	0	0	555
Taube	9(180)	10(140)	11(143)	7(84)	0	0	0	547
Falke	11(220)	10(140)	7(91)	8(96)	0	0	0	547
Gimpel	10(200)	10(140)	8(104)	7(84)	0	0	0	528
Eule	10(200)	14(196)	5(65)	3(36)	0	0	0	497
Drossel	8(160)	11(154)	8(104)	2(24)	3(21)	3(18)	2(10)	491
Schwalbe	10(200)	7(98)	7(91)	6(72)	2(14)	0	0	475
Krähe	8(160)	8(112)	9(117)	7(84)	0	0	0	473
	120	129	95	71	31	11	11	M= 554 S= 67

gorie sehr häufig vorkommenden typischen Merkmale gleichzeitig auch die Merkmale des übergeordneten Begriffes sind. Es ist deshalb zu vermuten, daß beide Definitionen zu ähnlichen Resultaten führen.

Bei der Überprüfung dieser Vermutung kam folgende Auswertungsstrategie zur Anwendung: In einem ersten Auswertungsschritt wurden für jede der sechs Kategorien jene Merkmale bestimmt, die in mindestens vier der 12 Unterbegriffe vorkamen. Die so bestimmten Merkmale sind in einem zweiten Auswertungsschritt mit den Merkmalen des zugehörigen Mittelbegriffes verglichen worden. Es hat sich dabei gezeigt, daß 70% der im ersten Auswertungsschritt bestimmten Merkmale mit den Merkmalen des zugehörigen übergeordneten Begriffes identisch sind. Diese gute Übereinstimmung bestätigt die Annahme, daß die gewichtete Produktsumme gemeinsamer Merkmale (Variable WSC) und die family resemblance ähnliche Maße sind.

Ist die gewichtete Produktsumme gemeinsamer Merkmale (Variable WSC) aber tatsächlich ein geeignetes Maß zur Erfassung der Typikalität? Um diese Frage zu beantworten, wurde die gewichtete Produktsumme mit den von Rosch (1975) gewonnenen Typikalitätsscores (Variable TYP) über alle 72 Begriffe korreliert. Das Ergebnis zeigt einen hochsignifikanten Zusammenhang zwischen WSC und TYP von $r = -.39$ ($p < .001$; $N = 72$). Das negative Vorzeichen ist auf die Art der Skalierung von Variable TYP zurückzuführen: ein niedriger Ratingscore bedeutet hohe Typikalität. Um Mißverständnissen vorzubeugen, muß betont werden, daß die hier verwendete Variable TYP nicht auf der Basis des family resemblance Maßes, sondern durch Rating-Experimente (Rosch, 1975) bestimmt wurde.

Merkmalsüberlappung, Vernetzungsdichte und Basisbegriffe

Wegen Annahme (I) und der in Abschnitt 9.2 erläuterten Zusammenhänge ist anzunehmen, daß die zu einem Basisbegriff gehörenden Unterbegriffe – im Vergleich zu solchen, die nicht durch einen Basisbegriff zusammengefaßt werden – besonders viele gemeinsame Merkmale aufweisen. Da Variable WSC als Maßzahl für die Anzahl und Wichtigkeit gemeinsamer Merkmale angesehen werden kann, ist zu erwarten, daß Basisbegriffskategorien im Durchschnitt höhere WSC-Werte aufweisen als Kategorien, die nicht zu einem Basisbegriff gehören. Von den in der vorliegenden Untersuchung verwendeten sechs übergeordneten Begriffen ist nur einer, nämlich «Vogel» ein Basisbegriff. Die durchschnittlichen WSC-Werte und Standardabweichungen der 12 Unterbegriffe jeder Kategorie sind in Tabelle 13 wiedergegeben.

Wie die Ergebnisse von Tabelle 13 zeigen, bestätigt sich die Vermutung, daß Basisbegriffskategorien mehr gemeinsame Merkmale aufweisen als Kategorien, die nicht

Tabelle 13: Ein Vergleich der sechs Kategorien zeigt, daß die Basisbegriffskategorie «Vogel» den höchsten Durchschnittswert (M) und die kleinste Streuung (S) für Variable WSC aufweist (nach Klimesch, 1987).

Anzahl und Gewichtigkeit gemeinsamer Merkmale, ausgedrückt durch Variable WSC

	Vogel*	Frucht	Gemüse	Waffen	Fahrzeug	Kleidungsstücke
M =	554	162	136	103	202	80
S =	67	69	159	86	143	80

durch einen Basisbegriff gekennzeichnet sind. Im Rahmen des Vernetzungsmodells bedeutet dieses Ergebnis, daß Basisbegriffskategorien besonders viele und besonders intensiv vernetzte Merkmale aufweisen und daher besonders rasch verarbeitet werden können. Diese Vorhersage des Vernetzungsmodells, auf die wir in Abschnitt 9.5 noch genauer eingehen werden, wird auch durch die Ergebnisse von Hoffmann (vgl. dazu Abbildung 42) in vollem Umfang gestützt: Basisbegriffe führen unabhängig von ihrem Rang in der Begriffshierarchie zu den kürzesten Verarbeitungszeiten in semantischen Entscheidungsaufgaben.

Diese Ergebnisse erlauben aber auch ein besseres Verständnis jenes von Hoffmann (1986, S. 90 f.) beschriebenen Befundes, wonach die Typikalitätseffekte bei Basisbegriffskategorien - im Vergleich zu allen anderen Kategorien - am schwächsten ausgeprägt sind. Berücksichtigt man die Tatsache, daß Variable WSC für die Basisbegriffskategorie «Vogel» die kleinste Streuung, aber den größten Mittelwert aufweist, dann ist dieser Befund verständlich. Die durchschnittlich sehr hohe Typikalität und geringe Streuung führen dazu, daß die relativen Typikalitätsunterschiede innerhalb einer Basisbegriffskategorie nur sehr schwach ausfallen (vgl. dazu auch Abschnitt 9.2).

9.4 Das Vernetzungsmodell und empirische Befunde zu den traditionellen Begriffsvariablen

Es ist seit langem bekannt, daß die Begriffsvariablen Typikalität (Typicality bzw. TYP), Konkretheit (Concreteness bzw. CON), Bildhaftigkeit (Imagery bzw. IMG), Gebräuchlichkeit (Familiarity bzw. FAM), Bedeutungshaltigkeit (Meaningfulness bzw. MNG), Kategorisierbarkeit (Categorizability bzw. CAT), Annehmlichkeit (Pleasantness bzw. PLS) und die Anzahl der Merkmale (Number of Attributes or Features bzw. NOA) einen empirisch gesicherten Einfluß nicht nur auf die Reaktionsgeschwindigkeit in semantischen Entscheidungsaufgaben, sondern auch auf die Merkleistung in Gedächtnisaufgaben haben. Die Definition und empirische Erhebung dieser Variablen ist in Rosch (1975), Toglia und Battig (1978) und Rubin (1980) ausführlich beschrieben worden. Welche Bedeutung haben diese traditionellen Begriffsvariablen im Rahmen des Vernetzungsmodells?

In diesem Abschnitt soll gezeigt werden, daß das Vernetzungsmodell ohne Zuhilfenahme neuer Annahmen imstande ist, die gedächtnispsychologische Repräsentation verschiedener Begriffsvariablen zu erklären. In welcher Form die Typikalität von Begriffen repräsentiert ist, haben wir bereits ausführlich diskutiert, auf sie brauchen wir hier nicht mehr eingehen.

Betrachten wir zunächst die Variablen Konkretheit und Bildhaftigkeit. Es ist anzunehmen, daß konkrete und bildhafte Begriffe durch viele sensorische Merkmale repräsentiert sind. Je konkreter und bildhafter ein Begriff ist, desto mehr sensorische Merkmale wird er vermutlich aufweisen. Die Repräsentation von Konkretheit und Bildhaftigkeit kann demnach durch die Art und die Anzahl der Merkmale erklärt werden. Da mit zunehmender Konkretheit und/oder Bildhaftigkeit auch die Merkmalsanzahl zunimmt, ist auf Grund des Vernetzungsmodells anzunehmen, daß konkrete und bildhafte Begriffe nicht nur rascher verarbeitet, sondern auch besser gemerkt werden als weniger konkrete und bildhafte Begriffe.

Eine im Prinzip ähnliche Argumentation gilt für die Variable Gebräuchlichkeit und Bedeutungshaltigkeit. Es erscheint plausibel anzunehmen, daß die häufige Verwendung eines Begriffes zu einer zunehmenden Differenzierung seiner Bedeutung führt. Im Rahmen des Vernetzungsmodells ergibt sich daraus, daß die Anzahl der Merkmale, vor allem aber die Vernetzungsdichte zwischen den Merkmalen zunimmt. Wahrscheinlich sind es die selben Faktoren, die auch für die Bedeutungshaltigkeit ausschlaggebend sind: Bedeutungsvolle Begriffe haben mehr und intensiver vernetzte Merkmale als weniger bedeutungshaltige Begriffe. Beide Faktoren führen daher zu einer höheren Verarbeitungsgeschwindigkeit und besseren Merkleistung.

Bei der Erklärung der Variable Kategorisierbarkeit kann auf jene Überlegungen zurückgegriffen werden, die bereits bei der Typikalität ausführlich diskutiert wurden. Hier geht es wieder um die Anzahl der gemeinsamen Merkmale, die in einer Kategorie vorliegen. Viele gemeinsame Merkmale erleichtern die Kategorisierbarkeit von Begriffen und beschleunigen somit die Verarbeitungsgeschwindigkeit, führen aber nicht unbedingt zu einer besseren Merkleistung.

Die Repräsentation der Variable Annehmlichkeit ist im Vergleich zu allen anderen Begriffsvariablen deswegen schwieriger zu erklären, da hier die positive bzw. negative Valenz emotional bedeutsamer Merkmale zu berücksichtigen ist. Welche Auswirkungen die unterschiedliche Valenz hat und ob angenehmere Begriffe durch mehr (emotionale) Merkmale repräsentiert sind als weniger angenehme, ist auf Grund theoretischer Überlegungen nicht entscheidbar. Das weitgehende Fehlen empirisch vertretbarer Annahmen zur Repräsentation emotionaler Merkmale erlaubt es daher nicht, die Bedeutung der Variable Annehmlichkeit im Rahmen des Vernetzungsmodells zu erklären.

Zur Variable Anzahl der Merkmale erübrigen sich alle weiteren Erläuterungen. Sie steht im Mittelpunkt der Vorhersagen des Vernetzungsmodells: Begriffe mit vielen Merkmalen werden rascher verarbeitet und besser gemerkt als Begriffe mit wenigen Merkmalen.

9.4.1 Der Zusammenhang zwischen der Anzahl der Merkmale und den traditionellen Begriffsvariablen

Die empirische Bewertung der hier postulierten Zusammenhänge zwischen den verschiedenen Begriffsvariablen und der Anzahl der Merkmale ist mit Hilfe einer korrelationsstatistischen Auswertung möglich, die mit den in Klimesch (1987, Experiment 1) verwendeten 72 Begriffen durchgeführt wurde. Zur Schätzung der Merkmalsanzahl stehen drei verschiedene Variablen zur Verfügung, die von Toglia und Battig (1978) in einem Ratingexperiment erhobene Variable NOA (Number of Attributes) und die von Klimesch (1987) in einer Merkmalserhebungsstudie bestimmten Variablen NOF (Number of Features) und WSF (Weighted Number of Features). Variable NOA kann als indirektes Maß der Merkmalsanzahl angesehen werden, da sie über Schätzurteile gewonnen wurde. Im Gegensatz dazu bezieht sich Variable NOF unmittelbar auf die Anzahl der Merkmale. Sie gibt an, wie viele Merkmale von verschiedenen Versuchspersonen übereinstimmend zu einem Begriff genannt wurden. Variable WSF berücksichtigt nicht nur die Anzahl, sondern auch die Häufigkeit, mit der die einzelnen Merkmale genannt wurden. Wenn wir mit h(i,j) die Nennungshäufigkeit bezeichnen, mit der ein bestimmtes Merkmal j zu einem Be-

Tabelle 14(a,b): Die Korrelationen für die transformierten (Tab. 14a) und die nicht transformierten (Tab. 14b) Daten von 11 verschiedenen Begriffsvariablen. Es bedeuten: TYP = Typicality bzw. Typikalität nach Rosch (1975), CON = Concreteness bzw. Konkretheit, IMG = Imagery bzw. Bildhaftigkeit, CAT = Categorizability bzw. Kategorisierbarkeit, MNG = Meaningfulness bzw. Bedeutungshaltigkeit, FAM = Familiarity bzw. Gebräuchlichkeit, NOA = Number of Attributes or Features bzw. die geratete Anzahl an Merkmalen, PLS = Pleasantness bzw. Annehmlichkeit, WSC = weighted sum of common features bzw. die gewichtete Summe der zwischen unter- und übergeordnetem Begriff gemeinsamen Merkmale, NOF = number of features bzw. Anzahl der Merkmale und WSF = weighted sum of features = die gewichtete Summe der Merkmale. Es gilt WSF(i) = Σ h(i,j). WSF(i) ist daher gleich der Summe der Nennungshäufigkeiten h für alle Merkmale j eines Unterbegriffes i. Eine genaue Beschreibung dieser Variablen ist in Klimesch (1987) zu finden. Für das 5%-Niveau liegt die Signifikanzgrenze bei r = .23 (N = 72).

Tabelle 14a: Korrelationen für die transformierten Daten

	1 TYP	2 CON	3 IMG	4 CAT	5 MNG	6 FAM	7 NOA	8 PLS	9 WSC	10 NOF	11 WSF
1 TYP	*										
2 CON	-.05	*									
3 IMG	-.13	.49	*								
4 CAT	-.17	.51	.71	*							
5 MNG	-.17	.49	.46	.41	*						
6 FAM	-.21	.24	.39	.32	.69	*					
7 NOA	-.19	.29	.25	.43	.58	.43	*				
8 PLS	-.08	.22	.25	.20	.24	.06	.20	*			
9 WSC	-.39	.08	.10	.09	.06	.16	.19	-.08	*		
10 NOF	-.33	.04	.30	.32	.36	.36	.40	-.04	.38	*	
11 WSF	-.40	.08	.35	.45	.34	.37	.37	-.03	.42	.84	
M =	2.1	6.0	5.8	5.9	4.5	6.1	3.8	4.3	206	5.5	53.8
S =	.82	.29	.31	.38	.44	.32	.40	.49	103	1.7	17.6

Tabelle 14b: Korrelationen für die nicht transformierten Daten

	1 TYP	2 CON	3 IMG	4 CAT	5 MNG	6 FAM	7 NOA	8 PLS	9 WSC	10 NOF	11 WSF
1 TYP	*										
2 CON	-.08	*									
3 IMG	-.15	.49	*								
4 CAT	-.26	.55	.68	*							
5 MNG	-.12	.38	.41	.20	*						
6 FAM	-.19	.28	.37	.26	.69	*					
7 NOA	.07	.02	.17	.00	.50	.22	*				
8 PLS	-.19	.27	.35	.47	.15	.16	-.03	*			
9 WSC	-.28	-.04	.08	.24	-.14	-.17	.07	.22	*		
10 NOF	-.30	-.09	.28	.18	.34	.21	.41	.10	.44	*	
11 WSF	-.44	.03	.36	.43	.25	.24	.19	.13	.43	.81	*
M =	2.1	6.0	5.8	5.9	4.5	6.1	3.8	4.3	206	5.5	53.8
S =	.88	.32	.33	.46	.48	.36	.57	.76	190	2.0	19.6

griff i angegeben worden ist, dann ist die über die Anzahl der Merkmale j eines Begriffes i gebildete Summe von h(i,j) der entsprechende Wert von Variable WSF.

Da die Stichprobe von 72 Begriffen aus sechs verschiedenen Kategorien besteht, ist zu bedenken, daß nicht nur die Varianz innerhalb jeder Kategorie, sondern auch die Varianz zwischen den Kategorien in die Korrelation mit eingeht. Variieren die Abweichungen dieser beiden Varianzquellen in die selbe Richtung, dann steigt die Korrelation, andernfalls sinkt sie. Die Konsequenz daraus ist eine Verzerrung des Korrelationskoeffizienten. Um diesen unerwünschten Effekt zu vermeiden, kann man die Daten so transformieren, daß Mittelwertsunterschiede zwischen den Kategorien vollständig eliminiert werden. In Tabelle 14 sind die Ergebnisse sowohl für die transformierten (Tabelle 14a) als auch für die nicht transformierten Daten (Tabelle 14b) wiedergegeben. Die Ergebnisse zu den nicht transformierten Daten sind nur der Vollständigkeit halber angegeben und dienen dem interessierten Leser zum Vergleich. Bei der Interpretation der Ergebnisse werden wir uns aber ausschließlich auf die transformierten Daten beziehen.

Wie die Ergebnisse zeigen (vgl. die Korrelationen von Variable NOA in Zeile 7 mit den Variablen CON, IMG, CAT, MNF, FAM in Tabelle 14a), werden die aus dem Vernetzungsmodell abgeleiteten Hypothesen voll bestätigt. Je größer der (mit Hilfe einer Ratingskala geschätzte) Merkmalsreichtum eines Begriffes ist, desto konkreter, bildhafter, leichter zu kategorisieren, bedeutungshaltiger und gebräuchlicher ist dieser Begriff. Auch die von Klimesch (1987) bestimmten Variablen NOF und WSF zeigen - wenn man von der nicht signifikanten Korrelation mit Variable CON absieht - das gleiche Resultat: Die Bildhaftigkeit, Kategorisierbarkeit, Bedeutungshaltigkeit und Gebräuchlichkeit nimmt zu, je größer die Anzahl der (in einem Merkmalserhebungsexperiment bestimmten) Begriffsmerkmale ist. Auch die von Toglia und Battig (1978) berichteten und in Tabelle 15 wiedergegebenen Korrelationen lassen die selbe Interpretation zu. Auch hier weist Variable NOA mit allen anderen Begriffsvariablen signifikante Zusammenhänge auf.

Variable PLS (Annehmlichkeit) ist die einzige aller Variablen,die weder mit der gerateten noch mit der in einem Merkmalserhebungsexperiment bestimmten Anzahl der Merkmale signifikant korreliert. Aber auch mit anderen Variablen sind die Korrelationen sehr schwach ausgeprägt und überschreiten nur in zwei Fällen geringfügig das Signifikanzniveau von 5%. Ein dem Trend nach ähnliches Ergebnis findet sich bei Toglia und Battig (vgl. Tabelle 15). Auch hier zeigt Variable PLS

Tabelle 15: Interkorrelationen zwischen den von Toglia und Battig (1978) erhobenen Begriffsvariablen. Für das 5%-Niveau liegt die Signifikanzgrenze bei r = .04 (N = 2854).

	CON	IMG	CAT	MNG	FAM	NOA	PLS
CON	*						
IMG	.883	*					
CAT	.887	.905	*				
MNG	.425	.675	.589	*			
FAM	.319	.557	.488	.820	*		
NOA	.386	.543	.524	.749	.554	*	
PLS	.215	.267	.278	.309	.267	.390	*
M =	4.40	4.55	4.33	4.03	5.59	3.56	4.01
S =	1.23	1.14	1.19	0.89	1.13	0.73	0.84

im Vergleich zu allen anderen Begriffsvariablen die relativ schwächsten Interkorrelationen. Dieses Ergebnis spricht für die schon weiter oben erwähnte Vermutung, daß die Repräsentation emotional bedeutsamer Information nicht befriedigend durch die Anzahl der Merkmale erklärt werden kann. Ohne auf die Repräsentation der emotionalen Valenz einzugehen, wird es wahrscheinlich nicht möglich sein, die Encodierungsstruktur emotional wichtiger Begriffe zu erfassen.

Die Ergebnisse von Toglia und Battig stimmen nur mit jenen Korrelationen von Tabelle 14 überein, die für die transformierten Variablen berechnet wurden. Diese Tatsache ist zunächst deswegen überraschend, da Toglia und Battig keine Datentransformation vorgenommen haben. Bedenkt man aber, daß die Anzahl natürlicher Kategorien begrenzt ist, dann ist es plausibel anzunehmen, daß der verzerrende Einfluß unterschiedlicher Kategorien in dem Ausmaß abnimmt, in dem die Stichprobengröße der verwendeten Unterbegriffe zunimmt. Ein Vergleich des Stichprobenumfanges (N = 2854 bei Toglia und Battig, N = 72 bei Klimesch) stützt diese Vermutung und zeigt, daß sehr große Stichproben mit nicht transformierten Daten offensichtlich zu ähnlichen Effekten führen wie kleine Stichproben mit transformierten Daten.

In den vorangegangenen Abschnitten haben wir gezeigt, daß die Typikalität durch die Anzahl gemeinsamer Merkmale erklärt werden kann, die sich ein übergeordneter Begriff mit seinen untergeordneten Begriffen teilt. Es ist zwar naheliegend anzunehmen, daß die Anzahl der gemeinsamen Merkmale zunimmt, je mehr Merkmale die gesamte Kategorie umfaßt, mit allen anderen Variablen ist aber kein unmittelbarer und systematischer Zusammenhang zu erwarten. Die Ergebnisse von Tabelle 14a bestätigen diese Vermutung und zeigen, daß der Variable Typikalität (TYP) nach Rosch eine absolute Sonderstellung zukommt: Sie korreliert mit keiner einzigen der traditionellen Begriffsvariablen wie CON, IMG, CAT, MNG, FAM und PLS. Mit den Variablen WSC, NOF und WSF liegen aber hochsignifikante Zusammenhänge vor. Die hohe Korrelation zwischen der Typikalität nach Rosch und der gewichteten Summe gemeinsamer Merkmale (WSC) - die ja ebenfalls die Typikalität mißt - wurde bereits besprochen und entspricht in idealer Weise den Vorhersagen des Vernetzungsmodells. Die hochsignifikanten Zusammenhänge mit der Anzahl der Merkmale (NOF) und der gewichteten Anzahl der Merkmale (WSF) waren aufgrund der in Tabelle 12 dargestellten Ergebnisse auch zu erwarten: Kategorien mit vielen Merkmalen weisen auch mehr gemeinsame Merkmale auf. Das negative Vorzeichen ist auf die Art der Skalierung der Typikalität zurückzuführen, wonach ein niedriger Wert hochtypische Begriffe kennzeichnet.

Die hier besprochenen Ergebnisse lassen sich wie folgt zusammenfassen:

1.) Wie auf Grund des Vernetzungsmodells zu erwarten war, korreliert die Anzahl der Merkmale (gemessen durch NOA, NOF oder WSF) signifikant mit den traditionellen Begriffsvariablen CON, IMG, CAT, MNG und FAM.
2.) Dieses unter Punkt 1 beschriebene Ergebnis entspricht jener Annahme des Vernetzungsmodells, wonach die Repräsentation der Variablen CON, IMG, CAT, MNG und FAM durch die Anzahl und Struktur der Begriffsmerkmale erklärt werden kann. Es ist daher zu erwarten, daß diese 5 Variablen auch untereinander sehr hoch korrelieren. Die Ergebnisse bestätigen diese Vermutung (vgl. dazu die durch Dreiecke hervorgehobenen Korrelationen in Tabelle 14a und 15). Sie zeigen, daß jede dieser fünf Variablen mit jeder anderen signifikant korreliert.

3.) Im Vergleich zu den Variablen CON, IMG, CAT, MNG und FAM bildet Variable PLS eine Ausnahme: Sie korreliert nicht mit der Anzahl der Merkmale (weder mit NOA noch mit NOF und WSF) und weist keinen systemantischen Zusammenhang mit anderen Variablen auf.
4.) Eine absolute Sonderstellung weist die Variable Typikalität nach Rosch auf. Dies deswegen, da sie als einzige aller Variablen ausschließlich durch die Anzahl der zwischen Mittel- und Unterbegriff *gemeinsamen* Merkmale erklärt werden kann. Übereinstimmend mit dieser Erklärung zeigt sich auch, daß Variable TYP mit keiner der traditionellen Begriffsvariablen signifikant korreliert.

9.4.2 Der Zusammenhang zwischen der Anzahl der Merkmale und dem Ausmaß der Merkleistung

Das Vernetzungsmodell bezieht sich in seinen Vorhersagen nicht nur auf die Geschwindigkeit der Verarbeitung, sondern auch auf die Güte der Merkleistung: Je mehr Komponenten ein Code aufweist, desto besser ist er im Langzeitgedächtnis integriert und desto leichter kann er erinnert werden (vgl. dazu das Komponenten-Zerfallsmodell von Abschnitt 4.3). Es ist daher zu erwarten, daß Begriffe mit vielen Merkmalen besser gemerkt werden als Begriffe mit nur wenigen Merkmalen. Die Ergebnisse einer umfangreichen Arbeit von Rubin (1980), in der für eine Stichprobe von 125 Wörtern 51 verschiedene Wort- und Begriffsvariablen korreliert und faktoranalysiert wurden, eignen sich in idealer Weise zur Überprüfung dieser Hypothese. Zu den für uns wichtigsten Variablen dieser Arbeit zählen freie Reproduktions- und Wiedererkennungsscores, die Rubin in eigens dazu durchgeführten Experimenten für die gesamte Stichprobe von 125 Wörtern erhoben hat. Die hier relevanten Befunde sind in Tabelle 16 wiedergegeben.

Die Ergebnisse zeigen einen hochsignifikanten und positiven Zusammenhang zwischen dem Ausmaß der Merkleistung und der Anzahl der Begriffsmerkmale (gemessen durch Variable NOA) und bestätigen somit eine wesentliche Vorhersage des Vernetzungsmodells. Je mehr Merkmale ein Begriff aufweist, desto besser ist

Tabelle 16: Interkorrelationen zwischen der freien Reproduktions- und Wiedererkennungsleistung (FRE = free recall scores; REC = recognition scores) und den traditionellen Begriffsvariablen (zur Erläuterung der Abkürzungen vgl. Tab. 14). Die Ergebnisse sind einer Arbeit von Rubin (1980) entnommen. Die Zahlen in den Spalten- und Zeileneingängen sind die von Rubin verwendeten Variablennummern. Für das 5%-Niveau liegt die Signifikanzgrenze bei r = .18 (N = 125).

	41 FRE	51 REC	13 CON	12 IMG	16 CAT	17 MNG	24 FAM	19 NOA	31 PLS
41 FRE	*								
51 REC	.42	*							
13 CON	.19	.02	*						
12 IMG	.31	.23	.88	*					
16 CAT	.20	.12	.91	.89	*				
17 MNG	.18	.12	.67	.73	.67	*			
24 FAM	.20	.25	.15	.26	.22	.22	*		
19 NOA	.28	.32	-.19	-.05	-.16	.01	.33	*	
31 PLS	.29	.29	.24	.32	.25	.28	.38	.31	*

nicht nur die freie Reproduktions- (vgl. Variable FRE in Tabelle 16), sondern auch die Wiedererkennungsleistung (vgl. Variable REC).

Überraschend sind hingegen die entweder fehlenden oder unsystematischen Zusammenhänge zwischen der Anzahl der Merkmale (Variable NOA) und den Begriffsvariablen CON, IMG, CAT, MNG und FAM, die im Widerspruch zu den in Tabelle 14a und 15 gezeigten Ergebnissen von Klimesch (1987) und Toglia und Battig (1978) stehen. Der wahrscheinliche Grund dafür dürfte in der Tatsache zu sehen sein, daß Rubin (1980) bei einer vergleichsweise kleinen Stichprobe keine Datentransformation vorgenommen hat, um den verzerrenden Einfluß unterschiedlicher Begriffskategorien zu eleminieren. Ein Vergleich der Ergebnisse zu den nicht transformierten Daten von Tabelle 14b bestätigt diese Überlegung. Ähnlich wie bei Rubin sind auch in Tabelle 14b die entsprechenden Korrelationskoeffizienten nur sehr schwach ausgeprägt.

Daß die freie Reproduktionsleistung mit der Anzahl semantischer Komponenten zunimmt, zeigt auch eine interessante Arbeit von Johnson-Laird, Gibbs und de Mowbray (1978). Den Versuchspersonen wurde in einem ersten Teil des Experimentes die Aufgabe gestellt, für verschiedene Wörter anzugeben, ob sie die Merkmale «fest» und «verzehrbar» aufweisen (z.B.: «Apfel» hat beide Merkmale, «Creme» und «Hammer» nur eines, «Benzin» weist keines der beiden Merkmale auf). Anschließend an diesen einfachen Kategorisierungsversuch hatten die Versuchspersonen eine Gedächtnisaufgabe durchzuführen, in der möglichst alle - und nicht nur die positiv beurteilten - Wörter reproduziert werden mußten. Die Ergebnisse zeigten, daß die Merkleistung eine Funktion der Merkmalsanzahl ist: Wörter, die beide Merkmalen aufwiesen, wurden besser gemerkt als solche mit nur einem Merkmal und diese wiederum wurden besser erinnert als Wörter, die keines der beiden Merkmale aufwiesen.

Freie Reproduktions- und Wiedererkennungsaufgaben bestehen aus einer Mischung von episodischen und semantischen Anforderungen (vgl. dazu Tulving, 1983 und die ausführliche Diskussion in Klimesch, Schimke und Ladurner, 1988). Da wir bis jetzt nur rein semantische Aufgaben berücksichtigt haben, weisen die Ergebnisse von Rubin (1980) darauf hin, daß die Vorhersagen des Vernetzungsmodells auch für episodische Aufgaben gelten könnten. Die von Klimesch et al. (1988) berichteten Befunde stützen diese Vermutung.

9.5 Das Vernetzungsmodell und empirische Befunde zum Absuchen von zwei, durch gemeinsame Merkmale verbundene Codes

In den vorangegangenen Abschnitten haben wir uns mit den allgemeinen Vorhersagen des Vernetzungsmodells beschäftigt. Es hat sich gezeigt, daß nicht nur die Verarbeitungsgeschwindigkeit, sondern auch die Merkleistung mit der Anzahl der Begriffsmerkmale zunimmt. Das Vernetzungsmodell ermöglicht aber noch um wesentliches differenziertere Vorhersagen, wenn die Relation zwischen zwei, z.B. in einem semantischen Entscheidungsexperiment zu beurteilenden Codes X und Y berücksichtigt wird. Es sind zwei Fälle denkbar: Entweder sind beide Codes durch gemeinsame Merkmale (= Fall 1, vgl. Abschnitt 8.6.1) oder nur durch einen gemeinsamen Pfad verbunden (= Fall 2, vgl. Abschnitt, 8.6.2). Detaillierte Vorhersagen zu Fall 2 sind von den exakten geometrischen Eigenschaften des gemeinsamen Pfades abhängig, die aber empirisch kaum erfaßbar sind. Bei der empirischenÜberprüfung von Fall 1 muß hingegen nur gewährleistet sein, daß sich zwei Codes gemeinsame Merkmale teilen. Für diesen Fall, den wir in Abschnitt 8.6.1 ausführlich diskutiert haben, können die schärfsten Vorhersagen getroffen werden.

Inzwischen konnten wir in Abschnitt 9.3 zeigen, daß ein untergeordneter Begriff X (z.B. «Adler») und ein übergeordneter Begriff Y (z.B. «Vogel») tatsächlich gemeinsame Merkmale aufweisen. In einem Merkmalserhebungsexperiment (Experiment 1 von Klimesch, 1987) wurden für eine Stichprobe von 72 untergeordneten Begriffen X die Anzahl der Merkmale (= Variable NOF) und die gewichtete Summe der zwischen X und Y gemeinsamen Merkmale (= Variable WSC) bestimmt.

Diese Ergebnisse schaffen die Vorraussetzung dafür, die in Abschnitt 8.6.1 postulierten Vorhersagen auf ein semantisches Entscheidungsexperiment vom Typ «Ist X ein Y?» anzuwenden, in dem die Reaktionszeiten für Ja- und für Nein-Antworten als abhängige Variablen gemessen werden. Der bei der Ableitung der Vorhersagen zu Fall 1 entscheidende Gedanke war, daß eine Ja-Antwort nur dann gegeben werden kann, wenn zwischen Code X und Y gemeinsame Merkmale vorliegen. Da gemeinsame Merkmale von beiden Codes bzw. von beiden Begriffsknoten voraktiviert werden und somit mehr Aktivierung aufweisen als nicht gemeinsame Merkmale, fließt auch mehr indirekte Aktivierung zu den Ausgangsknoten zurück, wenn gemeinsame Merkmale vorliegen. Diese durch Voraktivierung verstärkte indirekte Aktivierung Ip ist jene Information, die einer Ja-Antwort zu Grunde liegt (vgl. dazu die ausführlichen Erläuterungen in Abschnitt 8.6.1). Die Geschwindigkeit, mit der eine Ja-Antwort ausgeführt werden kann, ist von drei Faktoren, der Merkmalsanzahl von X, von Y und von der Anzahl der gemeinsamen Merkmale von X und Y abhängig (vgl. dazu Formel (14) in Abschnitt 8.6.1). Es gelten daher die folgenden drei Vorhersagen:
Eine *Ja-Antwort* kann umso rascher ausgeführt werden,

Vorhersage 1: je mehr Merkmale der untergeordneter Begriff X aufweist,
Vorhersage 2: je mehr Merkmale der übergeordnete Begriff Y aufweist,
Vorhersage 3: Je mehr gemeinsame Merkmale Begriff X und Y besitzen.

Haben zwei Begriffe keine gemeinsamen Merkmale, dann fehlt der beschleunigende Einfluß der Voraktivierung und der Suchprozeß endet mit dem Zurückfließen jener indirekten Aktivierungsmenge Is, die für den «Standardfall» bzw. für nicht voraktivierte Codes zu erwarten ist. Zu dem Zeitpunkt, an dem die indirekte Aktivierung Is des merkmalsreichsten der beiden Codes am entsprechenden Begriffsknoten eintrifft, liegt Evidenz für eine Nein-Antwort vor. Eine Nein-Antwort wird daher nur durch die Merkmalsanzahl des merkmalsreichsten Codes beeinflußt. Wir haben gezeigt, daß untergeordnete Begriffe in der Regel und wenn man von der Bedeutung von Basisbegriffskategorien absieht, mehr Merkmale aufweisen als übergeordnete Begriffe. Es ist daher zu erwarten, daß die Merkmalsanzahl der Unterbegriffe X die Reaktionszeit für Nein-Antworten beeinflußt. Dieser Zusammenhang zwischen der Merkmalsanzahl von X und der Reaktionszeit für Nein-Antworten muß aber aus zwei Gründen viel schwächer ausgeprägt sein als bei Ja-Antworten. Erstens: immer dann, wenn der übergeordnete Begriff mehr Merkmale aufweist als der Unterbegriff, wird das Ausmaß der Korrelation zwischen der Merkmalsanzahl von X (= Variable NOF) und der Entscheidungszeit für Nein-Antworten herabgesetzt. Zweitens: das Ausmaß der Voraktivierung bei Ja-Antworten ist nicht nur eine Funktion der Anzahl der gemeinsamen Merkmale, sondern auch eine Funktion der Merkmalsanzahl von X und von Y. Daraus folgt, daß bei Nein-Antworten dieser zusätzliche und nur auf die Voraktivierung zurückzuführende, multiplikative Einfluß der Merkmalsanzahl von X fehlt (vgl. Formel (14) in Abschnitt 8.6.1). Berücksichtigt man, daß Is in jedem Fall kleiner ist als Ip, dann zeigt sich auch, daß die Reaktionszeit für Nein-Antworten länger sein muß als für Ja-Antworten.

Für *Nein-Antworten* gelten folgende Vorhersagen:

Vorhersage 4: Die Reaktionszeit sinkt, je mehr Merkmale der Unterbegriff X aufweist.
Vorhersage 5: Die Anzahl der gemeinsamen Merkmale hat keinen Einfluß auf die Reaktionszeit.
Vorhersage 6: Die Reaktionszeiten für Nein-Antworten sind generell länger als jene für Ja-Antworten.
Vorhersage 7: Der Zusammenhang zwischen der Merkmalsanzahl von X und der Reaktionszeit ist bei Nein-Antworten schwächer ausgeprägt als bei Ja-Antworten.

Semantische Entscheidungsexperimente (Experiment 2 und 3 von Klimesch, 1987) vom Typ «Ist X ein Y?», in denen die selben 72 Unterbegriffe verwendet wurden wie in Experiment 1 von Klimesch (1987), dienten zur Überprüfung der oben angeführten 7 Vorhersagen. Die Daten von Experiment 2 und 3 sind sowohl varianz- als auch korrelationsstatistisch ausgewertet worden. Für die varianzanalytische Auswertung wurden die 12 Unterbegriffe aller 6 Kategorien entweder an Hand ihrer durchschnittlichen Merkmalsanzahl (Variable NOF) oder auf Grund ihrer mit dem übergeordneten Begriff Y gemeinsamen Merkmale (Variable WSC) in zwei Gruppen aufgeteilt. Gruppe NOF+ bezeichnet die merkmalsreichen, Gruppe NOF- die merkmalsarmen sechs Begriffe jeder Kategorie. Die gleiche Aufteilung gilt für Variable WSC.

Für die Ja-Antworten zeigen die Ergebnisse von Experiment 2 – in Übereinstimmung mit Vorhersage 1 – einen hochsignifikanten Einfluß der Merkmalsanzahl: Merkmalsreiche Begriffe werden im Durchschnitt um 42 ms rascher verarbeitet als merkmalsarme Begriffe. Auch Vorhersage 3 wird durch ein signifikantes Ergebnis bestätigt: Unterbegriffe mit vielen gemeinsamen Merkmalen zeigen durchschnittlich um 28 ms kürzere Reaktionszeiten als Unterbegriffe mit wenigen gemeinsamen Merkmalen.

Wie auf Grund von Vorhersage 5 zu erwarten war, fanden sich bei den Nein-Antworten bezüglich Variable WSC keine signifikanten Effekte. Für Variable NOF konnten ebenfalls keine signifikanten Effekte gefunden werden. Ein Vergleich der Mittelwerte bestätigt aber die Gültigkeit der Vorhersagen 4 und 7. Auch bei Nein-Antworten werden merkmalsreiche Begriffe etwas rascher verarbeitet als merkmalsarme Begriffe. Der Mittelwertsunterschied beträgt nur 13 ms und ist somit um das Dreifache kleiner als bei Ja-Antworten. Dieses Ergebnis entspricht Vorhersage 7. Betrachten wir noch als vorläufig letztes Ergebnis den Unterschied zwischen Ja- und Nein-Antworten, dann zeigt sich in Übereinstimmung mit Vorhersage 6 ein hochsignifikantes Resultat: Die Reaktionszeiten für Ja-Antworten sind durchschnittlich um 67 ms kürzer als jene für Nein-Antworten.

Experiment 3 wurde mit dem Ziel durchgeführt, Vorhersage 2 und die Zuverlässigkeit der bisher gefundenen Ergebnisse zu prüfen. In Experiment 3 sind zwar die selben 72 Unterbegriffe, aber andere übergeordnete Begriffe verwendet worden. An die Stelle der Mittelbegriffe von Experiment 2 traten die Oberbegriffe «lebend» (Vögel, Früchte und Gemüse) und «nicht lebend» (Fahrzeuge, Waffen und Kleidungsstücke). Die Versuchspersonen hatten jetzt nicht mehr zu beurteilen, ob z.B. «Adler» ein «Vogel» ist, sondern ob «Adler» zur Kategorie «lebend» gehört. Da die Oberbegriffe «lebend» und «nicht lebend» keine Basisbegriffe sind und auf einer wesentlich höheren Abstraktionsstufe liegen als die in Experiment 2 verwendeten Mittelbegriffe (Vogel, Frucht etc.), muß wegen der in Abschnitt 9.2 erläuterten Befunde angenommen werden, daß sie um vieles weniger Merkmale aufweisen als die genannten Mittelbegriffe. Die geringere Anzahl der Oberbegriffsmerkmale und die sich daraus ergebende geringere Vernetzung zwischen Unter- und Oberbegriff führt zur Hypothese, daß die Reaktionszeiten von Experiment 3 um wesentliches länger sein müssen als die in Experiment 2 gemessenen. Da Variable WSC nur für die zwischen Unter- und Mittelbegriff gemeinsamen Merkmale bestimmt wurde, ist zu erwarten, daß sie in Experiment 3 keine Rolle spielt. Für Variable NOF hingegen sind alle einschlägigen Vorhersagen ohne jede Einschränkung ebenso gültig wie in Experiment 2.

Die Ergebnisse von Experiment 3 zeigen, daß die abstrakten Oberbegriffe im Vergleich zu den Mittelbegriffen von Experiment 2 zu erheblich verlängerten Reaktionszeiten führen (vgl. dazu die Mittelwerte in Tabelle 17) und bestätigen somit Vorhersage 2. Wie zu erwarten war, zeigt jetzt Variable WSC weder für Ja-Antworten noch für Nein-Antworten signifikante Effekte. Für Variable NOF finden sich hingegen hochsignifikante Ergebnisse, die mit jenen von Experiment 2 völlig vergleichbar sind und ebenfalls zeigen, daß merkmalsreiche Begriffe generell rascher verarbeitet werden. Der durchschnittliche Reaktionszeitunterschied bei Ja-Antworten beträgt 44 ms (42 ms in Experiment 2) und 18 ms bei Nein-Antworten (13 ms in Experiment 2). Diese Ergebnisse bestätigen somit Vorhersage 1, 4 und 7. Auch der Reaktionszeitunterschied zwischen Ja- und Nein-Antworten liegt in der selben Richtung (vgl. Vorhersage 6) und in einer ähnlichen Größenordnung wie in Experiment 2 (57 ms in Experiment 3 und 67 ms in Experiment 2).

Die mit den varianzanalytischen Befunden in völliger Übereinstimmung stehenden korrelationsstatistischen Resultate sind in Tabelle 17 zusammengefaßt. Wie die Korrelation zwischen Variable NOF und den Reaktionszeiten auf Ja-Antworten in

Tabelle 17: Korrelationen zwischen den Reaktionszeiten für die in Experiment 2 und 3 erhobenen Ja- und Nein-Antworten (= Ja2 und Nein2 bzw. Ja3 und Nein3) und den Variablen NOF (= number of features bzw. Anzahl der Unterbegriffsmerkmale) und WSC (= weighted sum of common features bzw. die gewichtete Summe gemeinsamer Merkmale). Es ist zu beachten, daß NOF mehr als ein Viertel der Varianz von Ja2 erklärt. Für das 5%-Niveau liegt die Signifikanzgrenze bei r = .23; N = 72.

	Nein3	Ja3	Nein2	Ja2	NOF	WSC
Nein 3	*					
Ja3	.56	*				
Nein 2	.19	.12	*			
Ja2	.45	.43	.16	*		
NOF	-.21	-.38	-.05	-.51	*	
WSC	-.00	-.26	-.13	-.27	.38	*
M =	821	764	764	697	5.5	206
S =	63	62	79	53	1.7	103

Experiment 2 zeigt, erklärt die Merkmalsanzahl der Unterbegriffe immerhin etwas mehr als 25% der Varianz der Reaktionszeiten.

Diese klare und überzeugende Bestätigung des Vernetzungsmodells darf uns nicht daran hindern zu prüfen, ob nicht andere konkurrierende Modelle ebenfalls imstande wären, die hier gefundenen Ergebnisse zu erklären. Der beschleunigende Effekt *gemeinsamer* Merkmale ist mit allen in der Literatur beschriebenen Modellen (vgl. vor allem Rosch und Mervis, 1975; Medin et al. 1987 und die Übersichten in Smith, 1978; Smith und Medin, 1981 sowie in Johnson-Laird, 1987) konsistent. Daß aber die Merkmalsanzahl eines Begriffes - als eigenständiger Faktor - die Verarbeitungsgeschwindigkeit erhöht, kann von konkurrierenden Modellen nicht erklärt werden. Würde sich aber zeigen, daß die Merkmalsanzahl (NOF) so hoch mit der Anzahl gemeinsamer Merkmale (WSC) korreliert ist, daß sie nicht als eigenständiger Prädiktor für die Reaktionszeit in Frage kommt, dann wäre die Bestätigung einer zentralen Hypothese des Vernetzungsmodells ernsthaft gefährdet.

Zur Überprüfung dieses möglichen Einwandes wurden partielle Korrelationen berechnet. Wird der Einfluß von WSC auf die Korrelation zwischen NOF und Ja2 ausgeschaltet, dann sinkt der ursprüngliche Zusammenhang von $r = -.51$ nur geringfügig auf $r = -.46$ ab. Ein ähnliches Ergebnis gilt für die Korrelation zwischen NOF und Ja3. Auch hier bewirkt die Ausschaltung von WSC nur ein schwaches Absinken des Zusammenhanges von ursprünglich $r = -.38$ auf $r = -.31$. Es zeigt sich daher, daß der am 1%-Niveau gesicherte Zusammenhang zwischen NOF und der Reaktionszeit (Ja2, Ja3) bestehen bleibt, wenn der Einfluß gemeinsamer Merkmale (WSC) herauspartialisiert wird. Die Anzahl der Begriffsmerkmale (NOF) kann demnach als eigenständiger Prädiktor der Reaktionszeitvarianz interpretiert werden.

9.6 Das Vernetzungsmodell und empirische Befunde zur Voraktivierung von Begriffsmerkmalen

Die Vorhersagen des Vernetzungsmodells lassen sich nicht nur auf die Relation zwischen unter- und übergeordneten Begriffen, sondern auch auf die innerbegriffliche Relation eines Begriffes mit seinen Merkmalen anwenden. Priming-Experimente sind besonders geeignet, diese innerbegriffliche Relation zu untersuchen. Bittet man eine Versuchsperson, für nacheinander dargebotene Wortpaare - bestehend aus einem Begriffs- und einem Merkmalswort - Kongruenzurteile abzugeben, dann zeigt sich, daß kongruente Wörter rascher beurteilt werden können als inkongruente Wörter. Diese positiven Priming-Effekte sind seit langem bekannt und in der Literatur ausführlich beschrieben worden (vgl. z.B. Collins und Loftus, 1975).

Positive Priming-Effekte können im Rahmen des Vernetzungsmodells durch Voraktivierung erklärt werden. Betrachten wir als Beispiel das kongruente Wortpaar «fliegt» - «Vogel» und das inkongruente Wortpaar «schwimmt» - «Vogel». Wir werden im folgenden zeigen, daß das Ausmaß der Voraktivierung in Priming-Experimenten im wesentlichen von zwei Faktoren abhängig ist, vom Vorhandensein gemeinsamer Merkmale und von der Anzahl der Merkmale.

Zur Vermeidung von Mißverständnissen wollen wir in diesem Zusammenhang an die verschiedene Bedeutung von «Merkmal» erinnern. In Priming-Experimenten werden Begriffsmerkmale wie z.B. «schwimmt» oder «fliegt» als

Wörter dargeboten. In Abschnitt 9.1.2 haben wir aber betont, daß Merkmale keine verbalen Einheiten sind. Es erscheint daher sinnvoll, eine Notation einzuführen, die dem in Abschnitt 9.1.2 besprochenen Unterschied zwischen Merkmalen und Begriffen gerecht wird. Betrachten wir zunächst die Merkmalswörter «fliegen» bzw. «schwimmen». Sie sind in ihrer allgemeinen Bedeutung Begriffe, die wieder Merkmale haben. In dieser Bedeutung bezeichnen wir sie als «««Merkmalsbegriffe»»» und notieren sie mit «Z». Als Merkmale von «fliegen» kommen z.B. die verschiedenen und spezifischen Formen (z.B. eines Flugzeuges, Insektes, Vogels, einer Rakete oder eines geworfenen Steines) zu «fliegen» in Frage. Wir verwenden die Notation «M(Z)», wenn wir diese Merkmale von «««Merkmalsbegriffen»»» meinen. Den semantischen Code von Begriffswörtern (wie z.B. «Vogel», «Fisch», usw.) bezeichnen wir wie bisher mit «X», die Merkmale mit «M(X)». Gemeinsame Merkmale zwischen X und Z notieren wir mit M(X,Z).

Auf der Basis dieser Notation ist es leicht, die hypothetische Encodierungsstruktur für Primingexperimente mit Merkmals- und Begriffswörtern als Stimuli anzugeben:

- Merkmalswörter (wie z.B. «fliegen» und «schwimmen») dienen nur dem Zugriff auf bestimmte Merkmale M(Z).
- Ein kongruentes Wortpaar liegt vor, wenn die semantischen Codes Z und X zumindest ein gemeinsames Merkmal M(X,Z) aufweisen (vgl. Fall 1 in Abschnitt 8.6.1).
- Inkongruente Wortpaare haben keine gemeinsamen Merkmale. Zwischen M(Z) und M(X) existiert aber zumindest ein gemeinsamer Pfad (vgl. Fall 2 in Abschnitt 8.6.2).

Betrachten wir zunächst die Encodierungsabfolge bei der Darbietung eines kongruenten Wortpaares, z.B. «fliegen - Vogel». «Fliegen» ist typisch für «Vogel» und das entsprechende Merkmal M(Z) bzw. die typische Art eines Vogels zu fliegen, muß - nach den Annahmen des Vernetzungsmodells - direkt mit dem Begriffsknoten von Vogel verbunden sein. Zwischen den beiden Codes Z und X (für «fliegen» bzw. «Vogel») existiert daher ein gemeinsames Merkmal M(X,Z). Wird nun z.B. das Wort «fliegen» und kurz nachher «Vogel» gezeigt, dann führt die Darbietung von «fliegen» bereits zur Aktivierung eines typischen Merkmals von «Vogel». Breitet sich die Aktivierung um nur eine Stufe weiter aus, dann werden nicht nur andere Merkmale M(X), sondern auch der Begriffsknoten von X aktiviert. Da typische Merkmale sehr intensiv vernetzt sind, werden besonders auch andere relevante Merkmale, wie z.B. «Flügel» und «Federn» aktiviert. Zum Zeitpunkt der Codierung von «Vogel» sind daher relevante Begriffsmerkmale M(X) und der Begriffsknoten x voraktiviert und dies führt zu einer massiven Verstärkung indirekter Aktivierung, die um vieles schneller zum Begriffs- bzw. Ausgangsknoten von X zurückfließt als im Standardfall (vgl. Abschnitt 8.6).

Im Gegensatz dazu bewirkt das inkongruente Wortpaar «schwimmen - Vogel» nur eine schwach ausgeprägte Voraktivierung. «Schwimmen» kann zwar für bestimmte Arten von Vögel (wie z.B. Ente, Schwan oder Möwe) ein spezifisches Merkmal sein, in keinem Fall aber ist es ein typisches Merkmal dieses Begriffes. Aus diesem Grund ist es auch nicht mit dem Begriffsknoten von «Vogel» verbunden. Es ist viel wahrscheinlicher, daß «schwimmen» ein Merkmalsknoten von «Fisch» ist und daß zwischen «schwimmen» und «Vogel» nur ein gemeinsamer Pfad besteht (vgl. Fall 2 von Abschnitt 8.6.2). Das hier besprochene Beispiel ist in Abbildung 43 als Netzwerk dargestellt.

Berücksichtigen wir auf der Grundlage von Abbildung 43 Annahme C bezüglich des Abbruchs von Suchprozessen (vgl. Abschnitt 8.2), dann ergibt sich eine besonders einfache Erklärung für positive Priming-Effekte. Annahme C postuliert, daß der Suchprozeß für einen Code abbricht, sobald indirekte Aktivierung zum Ausgangs- bzw. Begriffsknoten zurückfließt. Da in Priming-Experimenten die beiden Wörter eines Paares typischerweise nacheinander dargeboten werden und die Versuchsperson nicht weiß, ob das zweite Wort kongruent oder nicht kongruent sein wird, ist - in Übereinstimmung mit Annahme C - zu vermuten, daß der Suchprozeß nach der Darbietung des Primes (bzw. des ersten Wortes eines Paares) abge-

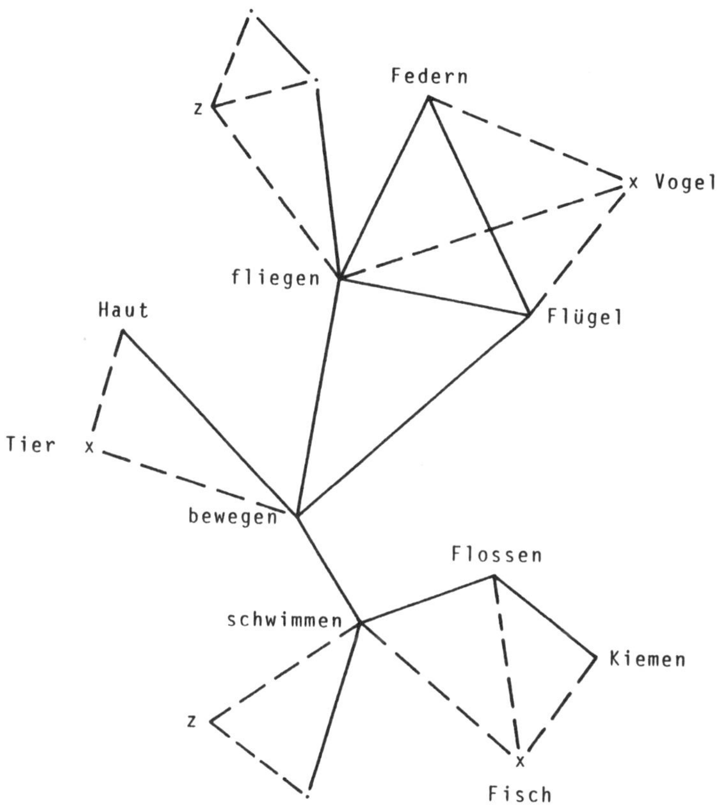

Abbildung 43: Primingeffekte in vernetzten Begriffsstrukturen. Das Merkmal «fliegen» ist ein effizienter Prime für Vogel, da es für diesen Begriff typisch und unmittelbar mit dem Begriffsknoten verbunden ist. Das Merkmal «schwimmen» ist ein ineffizienter Prime, da es nur indirekt über einen Pfad mit «Vogel» verbunden ist. Die Netzwerkstruktur zu «fliegen - Vogel» entspricht Fall 1, jene zu «schwimmen - Vogel» hingegen Fall 2 von Abschnitt 8.6. Mit «z» sind die Begriffsknoten für die allgemeine Bedeutung von «Flügel» und «schwimmen» gekennzeichnet (vgl. dazu die Erläuterungen im Text sowie in Abschnitt 9.1.2). Die nicht näher bezeichneten Punkte bezeichnen die verschiedenen und spezifischen Merkmale M(Z) der Begriffe «Flügel» und «schwimmen» (z.B., die Form eines Flugzeug- oder Insekten-Flügels oder die spezifische Art eines Menschen zu schwimmen).

brochen und erst dann fortgesetzt wird, wenn das zweite Wort erscheint. Unter dieser Vorraussetzung ist klar, daß der beschleunigende Effekt der Voraktivierung vor allem dann wirksam ist, wenn der Prime und das nachfolgende Wort gemeinsame Merkmale aufweisen (vgl. Fall 1 in Abschnitt 8.6.1), wie wir am Beispiel «fliegen - Vogel» (repräsentiert durch die Codes Z bzw. X) gezeigt haben. Bedingt durch die Vernetzung des gemeinsamen Merkmals M(X,Z) mit anderen Merkmalen von X sind viele Merkmale M(X) bereits voraktiviert, wenn Code X aufgerufen wird. Bei einem inkongruenten Prime (z.B. beim Paar «schwimmen», «Vogel») kann der Suchprozeß - mit dem Ziel, einen gemeinsamen Pfad aufzufinden - erst nach der Darbietung des zweiten Wortes fortgesetzt werden. Das Auffinden eines gemeinsamen Pfades (vgl. Fall 2 in Abschnitt 8.6.2) dauert aber in jedem Fall länger als die Feststellung gemeinsamer Merkmale.

9.6.1 Merkmalsreiche Begriffe führen zu stärkeren Priming-Effekten

Wir haben bisher gezeigt, daß das Vernetzungsmodell imstande ist, Priming-Effekte zu erklären. Aus den in Abschnitt 8.3 beschriebenen Modellannahmen können aber noch um vieles spezifischere Vorhersagen abgeleitet werden, wenn wir die Merkmalsanzahl des Begriffs- oder Merkmalswortes berücksichtigen.

Das Ausmaß der Voraktivierung eines gemeinsamen Merkmals M(X,Z) hängt von der Merkmalsanzahl n(X) bzw. n(Z) des zuerst dargebotenen Wortes eines Paares ab. Ist die Darbietungsreihenfolge «fliegen - Vogel», dann wird zuerst Code Z (fliegen) und dann erst Code X (Vogel) aktiviert und das Ausmaß der Voraktivierung von M(X,Z) ist eine Funktion von n(Z) bzw. der Merkmalsanzahl von Z. Wird die Darbietungsreihenfolge aber umgedreht, dann ist die Voraktivierung von M(X,Z) eine Funktion von n(X).

Der Grund für diese Behauptung ist leicht einzusehen, wenn der Aufbau von Formel (7) und (8) aus Abschnitt 8.3 berücksichtigt wird. Wir konnten zeigen, daß sich (am Ende der zweiten Aktivierungsstufe) an den Merkmalsknoten eines vernetzten Codes indirekte Aktivierung im Ausmaß von $a + b(n - 2)$ bzw. $a + bf(n - 2)$ ansammelt. Dies bedeutet, daß die indirekte Aktivierung eines Merkmalsknotens mit zunehmender Merkmalsanzahl n und Vernetzungsdichte f zunimmt. Die indirekte und mit $n - 2$ gewichtete Aktivierung geht über den gemeinsamen Knoten M(X,Z) als Voraktivierung auf den Code des später gezeigten Wortes über. Deswegen ist die Merkmalsanzahl des zuerst gezeigten Wortes entscheidend für die Größe der Voraktivierung.

Diese Überlegungen zeigen, daß die Wirksamkeit eines Primes von seiner Merkmalsanzahl abhängt: Je mehr Merkmale der Prime aufweist, desto rascher kann die Kongruenz zwischen Prime und nachfolgendem Wort festgestellt werden und desto kürzer wird die Reaktionszeit sein.

Für die Vorhersage der Länge der Reaktionszeiten in Priming-Experimenten ist aber nicht nur das Ausmaß der Voraktivierung bzw. die Merkmalsanzahl des Primes, sondern auch die Merkmalsanzahl des nachfolgenden Wortes von Bedeutung. Je mehr Merkmale der semantische Code des zweiten Wortes eines Paares aufweist, desto rascher fließt die durch Voraktivierung verstärkte indirekte Aktivierung zum Begriffsknoten des zweiten Codes zurück und desto kürzer wird die Reaktionszeit (vgl. Formel 14 zu Fall 1 in Abschnitt 8.6.1).

Nehmen wir an, daß Code X mehr Merkmale aufweist als Code Z. Welchen Einfluß hat dann die Darbietungsreihenfolge? Ist die Reaktionszeit in der Darbietungsbedingung X - Z kürzer als in der Bedingung Z - X? Bei der Beantwortung dieser Frage müssen wir die folgenden zwei Tatsachen berücksichtigen. Erstens, die Voraktivierung ist eine Größe, die bereits mit der Merkmalsanzahl des zuerst aktivierten Codes multipliziert wurde. Zweitens, der Suchprozeß bricht erst in der dritten Stufe ab, inzwischen breitet sich aber die Voraktivierung über den gemeinsamen Knoten M(X,Y) auf den Begriffsknoten und auf mindestens ein zusätzliches Merkmal des zweiten Codes aus. Daraus ergibt sich, daß der Begriffsknoten des zweiten Codes bereits ein Aktivierungsausmaß aufweist, das mit der Merkmalsmenge des ersten Codes gewichtet ist. Bei der Aktivierung des zweiten Codes erhöht die Merkmalsmenge des ersten Codes das Aktivierungsausmaß in allen drei Aktivierungsstufen des zweiten Codes. Die Merkmalsmenge des zweiten Codes spielt aber erst ab der zweiten Stufe eine Rolle. Da die Merkmalsmenge des ersten Codes öfter als die des zweiten Codes als Faktor auftritt, muß die Merkmalsanzahl des ersten Codes eine größere Rolle spielen als die des zweiten. Daraus folgt, daß die Darbietungsreihenfolge X - Z (wenn X der merkmalsreichere Code ist) zu generell kürzeren Reaktionszeiten führt als die Reihenfolge Z - X.

Bezeichnen wir «Merkmalsbegriffe» wie z.B. «fliegen» wieder mit Z und Begriffe wie z.B. «Vogel» mit X, dann gelten folgende Hypothesen:

(1) Je mehr Merkmale der Prime (= Code Z in der Darbietungsreihenfolge Z - X oder Code X in der Darbietungsreihenfolge X - Z) aufweist, desto wirksamer ist er und desto kürzer wird die Reaktionszeit.
(2) Die Reaktionszeit nimmt umso stärker ab, je mehr Merkmale der semantische Code Z oder X des zweiten Wortes eines Paares aufweist.
(3) Die Darbietungsreihenfolge spielt dann eine Rolle, wenn die Codes Z und X unterschiedlich viele Merkmale aufweisen. Der merkmalsreichere Begriff an der ersten Stelle dargeboten, führt zu generell kürzeren Reaktionszeiten als an der zweiten Stelle.

Wir haben diese Hypothesen - einfachheitshalber - nur am Beispiel kongruenter Wortpaare abgeleitet. Die selben Hypothesen gelten aber auch für inkongruente Wortpaare. Die Codierungsstruktur kongruenter Paare entspricht Fall 1, jene inkongruenter Paare hingegen Fall 2 von Abschnitt 8.6. Wir haben aber bereits in Abschnitt 8.6.2 gezeigt, daß alle Vorhersagen, die wir für Fall 1 abgeleitet haben, auch für Fall 2 gelten. Die einzige Einschränkung für Fall 2 betrifft die empirisch kaum faßbare Geometrie des gemeinsamen Pfades und die sich daraus ergebenden Unschärfen der Vorhersagen. So kann für das vorliegende Beispiel nicht angegeben werden, wie weit und wie stark der gemeinsame Pfad zwischen inkongruenten Paaren voraktiviert wird. Diese sich aus der unbekannten Geometrie des gemeinsamen Pfades ergebende Unsicherheit führt zu einer Abschwächung, aber keineswegs zu einer Umdrehung der vorhergesagten Effekte.

Die oben angeführten Hypothesen wurden in einer Arbeit von Kroll und Klimesch (1988) geprüft, wobei das in Experiment 1 von Klimesch (1987) beschriebene Datenmaterial Verwendung fand. Vorraussetzung für die Überprüfung der Hypothesen war, daß die semantischen Codes kongruenter Wortpaare gemeinsame Merkmale aufweisen. Für kongruente Paare, z.B. «Lerche - singt» wurden nur solche Merkmale verwendet, die Komponenten des betreffenden Begriffes sind.

Die Merkmale inkongruenter Paare stammen von anderen Begriffen des selben Datenmateriales. Zwischen inkongruenten Paaren gibt es keine gemeinsamen Merkmale, aber aller Wahrscheinlichkeit nach einen gemeinsamen Pfad.

Die Nennungshäufigkeit der Merkmale wurde bei kongruenten und nicht kongruenten Paaren kontrolliert. Dadurch war es möglich, den Einfluß sehr häufiger und seltener Merkmale getrennt zu untersuchen.

Tabelle 18: Versuchsaufbau und Ergebnisse des Priming-Experimentes von Kroll und Klimesch (1988).

Stimulusbedingungen:		Reaktionszeiten:	
NOF des Begriffes	Häufigkeit des Merkmales	Begriff:Merkmal "X - Z"	Merkmal:Begriff "Z - X"
niedrig x = 4.4	niedrig 32%	1002	1115
niedrig x = 3.7	hoch 60%	907	1118
hoch x = 6.8	niedrig 30%	904	1012
hoch x = 6.6	hoch 61%	904	993

In Tabelle 18 sind die Ergebnisse des Primingexperimentes von Kroll und Klimesch (1988) wiedergegeben. Zur einfacheren Darstellung der Resultate wurden die Ergebnisse für kongruente und nicht kongruente Paare gemittelt. Die Resultate zeigen, daß Priming-Effekte für merkmalsreiche Begriffe X in der Darbietungsbedingung X - Z um wesentliches stärker ausgeprägt sind als für merkmalsarme Begriffe X und bestätigen somit Hypothese 1. In Übereinstimmung mit Hypothese 2 zeigt sich, daß die Merkmalsanzahl der Begriffe X auch dann zu einer Verkürzung der Reaktionszeit führt, wenn sie nach dem Merkmalswort dargeboten werden (Bedingung Z - X).

Es ist zu beachten, daß sich die Merkmalsanzahl NOF nur auf die Begriffe X, nicht aber auf die «Merkmalsbegriffe» Z bezieht und daß die Bestätigung von Hypothese 1 und 2 somit nur für diese Begriffe gelten kann. Die Berechnung einer Varianzanalyse (mit den über die Versuchspersonen gemittelten Reaktionszeiten zu den Wortpaaren als Zufallsvariable und den Faktoren «NOF hoch versus niedrig», «Häufigkeit hoch versus niedrig» und Darbietungsreihenfolge) zeigt einen hochsignifikanten Einfluß von NOF und einen signifikanten Einfluß der Darbietungsreihenfolge. Der Faktor «Häufigkeit der Merkmale» und die Interaktionen waren nicht signifikant.

Da zu den «Merkmalsbegriffen» Z keine Merkmalsschätzungen vorliegen, kann Hypothese 3 nur indirekt überprüft werden. Es erscheint aber durchaus naheliegend anzunehmen, daß «Merkmalsbegriffe» Z - im Vergleich zu den Begriffen X - entweder heterogener und daher weniger vernetzt sind (vgl. «fliegt» und seine verschiedenen Bedeutungen) oder merkmalsärmer sind, wie etwa am Beispiel «gelb» zu Kanari deutlich gemacht werden kann. Unter dieser Vorraussetzung stehen die generell längeren Reaktionszeiten der Darbietungsbedingung Z - X im Vergleich zu X - Z in Übereinstimmung zu Hypothese 3.

9.7 Das Vernetzungsmodell und empirische Befunde zur Encodierung visueller und visuell-semantischer Information

Der Befund, daß Objekte oder Bilder von Objekten um wesentliches besser gemerkt werden als Wörter, die diese Objekte bezeichnen, ist seit den Anfängen der experimentellen Psychologie bekannt (Kirkpatrick, 1894) und im Rahmen der Kognitiven Psychologie von Shepard (1967), Standing (1973) und vor allem von Paivio (Paivio, 1971; 1976) beschrieben worden (vgl. dazu die Übersicht in Yuille 1983). Die Frage, wie dieser grundlegende Befund - der allgemein als «Bildeffekt» («picture effect» oder auch «pictorial superiority effect», vgl. z.B. Nelson, Reed und Walling, 1976 sowie Madigan, 1983) bezeichnet wird - erklärt werden kann, hat zur Entwicklung sehr unterschiedlicher theoretischer Konzepte geführt. Zu den wichtigsten Erklärungsansätzen zählen die Duale Codierungstheorie, die Diskriminationshypothese, das Konzept der Encodierungstiefe und repräsentationstheoretische Ansätze (vgl. dazu z.B. die Übersicht in Madigan, 1983).

9.7.1 Die traditionellen Erklärungsansätze zum Bildeffekt

Paivio nimmt im Rahmen der Dualen Codierungstheorie an, daß Bilder - ähnlich wie konkrete Wörter, aber im Gegensatz zu abstrakten Wörtern - nicht nur durch einen bildhaften, sondern auch durch einen verbalen Code repräsentiert werden (vgl. vor allem Paivio und Csapo, 1973; Paivio, 1976, aber auch Paivio, 1971). Nach Paivio ist der Bildeffekt somit auf die «doppelte» Encodierung von Bildern im visuellen und verbalen System zurückzuführen.

Die Diskriminationshypothese geht von der Vermutung aus, daß die leichtere Diskriminierbarkeit von Bildern der Grund für ihre Überlegenheit ist: der Informationsreichtum von Bildern bietet - im Gegensatz zu den vergleichsweise informationsarmen Wörtern - nicht nur mehr «retrieval cues» für das Auffinden von Codes in freien Reproduktionsaufgaben, sondern auch mehr Anhaltspunkte zur Unterscheidung und Differenzierung von Bildcodes in Wiedererkennungsaufgaben (vgl. z.B. Anderson, 1976).

Ausgehend vom Konzept der Encodierungstiefe nach Craik und Lockhart (1972) kann vermutet werden, daß Bilder tiefer encodiert werden und auf semantische Information rascher und leichter zugreifen als Wörter (Nelson, Reed und McEvoy, 1977 und Nelson, 1979). Auf diese Auffassung werden wir im Rahmen visuell-semantischer Gedächtnismodelle (vgl. Abschnitt 9.7.3 weiter unten) noch näher eingehen.

Repräsentationstheoretische Hypothesen versuchen den Bildeffekt durch die spezifischen Eigenschaften des Encodierungsformates für Bilder zu erklären. Sie führen letztlich zu der bekannten Streitfrage, ob Bilder durch analoge Codes und verbal-sprachliche Informationen durch propositionale Codes repräsentiert sind (vgl. dazu die Übersichtsreferate in Anderson, 1978; Kosslyn, 1981 und Pylyshyn, 1981).

Die Robustheit und Stärke des in unzähligen Arbeiten replizierten Bildeffektes, aber auch seine lange problemgeschichtliche Tradition nehmen im Vergleich zu anderen Ergebnissen der experimentellen Psychologie eine absolute Sonderstellung ein. Bedenkt man vor dem Hintergrund dieser Tatsache, daß jedes der oben angeführten theoretischen Konzepte nach wie vor umstritten ist, dann wird klar, wie wichtig die Erklärung des Bildeffektes aus gedächtnispsychologischer Sicht ist.

9.7.2 Das Vernetzungsmodell und der Bildeffekt

Im Rahmen des Vernetzungsmodells bietet sich eine sehr einfache Erklärung für die Überlegenheit der Bildencodierung an. Bilder sind um wesentliches informationsreicher als Wörter und es ist daher anzunehmen, daß Bild-Codes komplexer sind und mehr Codierungskomponenten umfassen als Wort-Codes (Mandler und Johnson, 1976). Der Bildeffekt kann daher - nach den Annahmen des Vernetzungsmodells - auf die hohe Komplexität bzw. den Merkmalsreichtum visueller Codes zurückgeführt werden. Das Vernetzungsmodell postuliert, daß komponentenreiche im Vergleich zu komponentenarmen Codes besser gemerkt, langsamer vergessen und rascher verarbeitet werden. Es zeigt sich daher, daß das Vernetzungsmodell nicht nur zur Erklärung des Bildeffektes (Bilder werden besser gemerkt als Wörter), sondern auch zur Erklärung anderer Bild/Wort-Unterschiede beitragen kann. Unter der Annahme, daß Bilder durch informationsreichere Codes repräsentiert sind als Wörter, führt das Vernetzungsmodell zu den folgenden drei Vorhersagen:

(1) Bilder werden besser gemerkt als Wörter (= Bildeffekt),
(2) Bilder werden weniger leicht vergessen als Wörter,
(3) Bilder werden rascher verarbeitet als Wörter.

Ad (1): Bilder werden besser gemerkt als Wörter.
Die Überlegenheit von Bildern über Wörter wurde in freien Reproduktionsaufgaben ebenso gefunden wie in Wiedererkennungsaufgaben (vgl. dazu die Übersicht in Madigan, 1983). Auch Priming-Experimente (vgl. z.B. Kroll und Ramskov, 1984) sprechen für die Überlegenheit der visuellen Encodierung. In Ergänzung zu diesen klassischen Befunden hat vor allem Paivio gezeigt, daß konkrete Wörter besser gemerkt werden als abstrakte und daß visualisierte (konkrete) Wörter besser gemerkt werden als nicht visualisierte (vgl. dazu die Übersicht in Paivio, 1976). Die Visualisierungsinstruktion («imagery instruction») verlangt von den Versuchspersonen, sich das durch ein Wort bezeichnete Objekt bildhaft vorzustellen. Paivio (1971) erklärte diese Befunde durch die unterschiedliche Wirkung der Bildhaftigkeit, die er als Dimension interpretiert: Bilder haben auf dieser Dimension den höchsten Rangwert, an zweiter Stelle stehen visualisierte konkrete Wörter, gefolgt von nicht visualisierten konkreten Wörtern. An letzter Stelle stehen abstrakte Wörter. Wenn wir - wie Paivio - davon ausgehen, daß visualisierte Wörter durch einen komplexeren (weil dualen) Code repräsentiert sind als nicht visualisierte Wörter und wenn wir ferner von der durch andere Arbeiten gestützten Vermutung ausgehen, daß konkrete Wörter mehr Merkmale aufweisen als abstrakte (vgl. Toglia und Battig, 1978 und Experiment 1 von Klimesch, 1987), dann sind auch diese Ergebnisse von Paivo mit den Vorhersagen des Vernetzungsmodells konsistent.

Ad (2): Bilder werden weniger leicht vergessen als Wörter.
Wir haben in Abschnitt 4.3 unter Vergessen einen graduellen Zerfall einzelner Codekomponenten verstanden. Es ist daher anzunehmen, daß die komplexeren Bild-Codes gegen Vergessen resistenter sind als die weniger komplexen Wortcodes. Diese Vermutung wird z.B. durch eine Arbeit von Nelson, Metzler und Reed (1974) bestätigt, in der die Wiedererkennungsleistungen für Bilder und verbale Beschreibungen unmittelbar nach ihrer Darbietung und nach einem Behaltensintervall von 7 Wochen getestet wurden. Nelson et al. (1974) fanden, daß die Wiedererkennungsleistung für Bilder nur um ca. 10%, die für verbale Beschreibung aber um mehr als 20% abnahm. Ähnliche Ergebnisse fanden bereits Kirkpatrick (1894) und Calkins (1898) für freie Reproduktionsaufgaben mit Wörtern und Objekten als Stimuli.

Ad (3): Bilder werden rascher verarbeitet als Wörter.
Die Ergebnisse semantischer Entscheidungsexperimente, in denen Begriffe (wie z.B. «Adler», «Forelle» etc.) sowohl in Form von Wörtern als auch in Form von Bildern bzw. Strichzeichnungen dargeboten werden, haben immer wieder gezeigt, daß die Reaktionszeiten für Bilder signifikant kürzer sind als jene für Wörter (Guenther und Klatzky, 1977; Pellegrino, Rosinski, Chiesi und Siegel, 1977; Klatzky und Stoy, 1978; Klimesch, 1981; 1982a, und Hoffmann und Klimesch, 1984). Abbildung 44 zeigt ein Beispiel für die Reaktionszeitunterschiede zwischen Bildern und Wörtern bei positiven und negativen semantischen Entscheidungen.

Die aus dem Vernetzungsmodell abgeleiteten Hypothesen finden somit eine überzeugende Bestätigung. Allerdings muß betont werden, daß die Ergebnisse zu Hypothese 1 und 2 auch von der Dualen Codierungstheorie, der Diskriminationshypothese, dem Konzept der Encodierungstiefe, aber auch von repräsentationstheoretischen Konzepten zumindest im Ansatz erklärt werden können. Keine dieser traditionellen Theorien ist aber imstande, Hypothese 3 bzw. alle vom Vernetzungsmodell

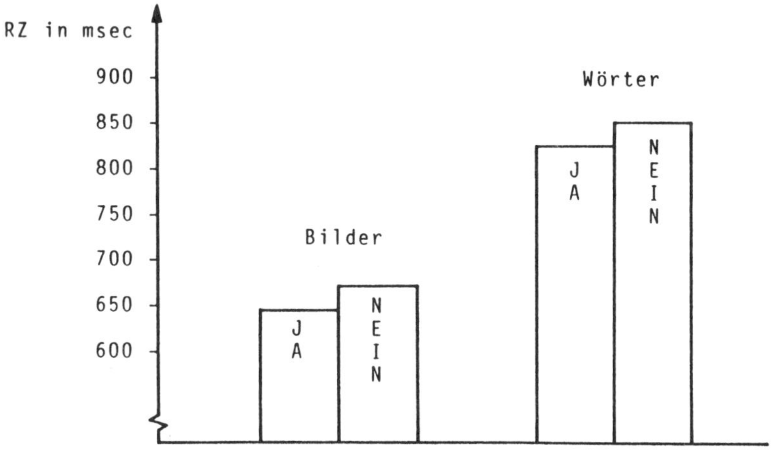

Abbildung 44: Semantische Entscheidungszeiten für Bilder und Wörter (nach Klimesch, 1981). Bilder werden im Durschnitt um 170 ms rascher verarbeitet als Wörter. Der Reaktionszeitunterschied zwischen Ja- und Nein-Antworten beträgt bei Bildern 35 ms und bei Wörtern 34 ms.

abgeleiteten Hypothesen gleichzeitig erklären zu können. Somit bestätigt sich auch hier die zentrale gedächtnispsychologische Bedeutung der Hypothese, daß mehr Information rascher verarbeitet werden kann als wenig Information.

9.7.3 Das Vernetzungsmodell und die semantische Encodierung von Bildern und Wörtern

Bei der Diskussion um die Tragfähigkeit der Dualen Codierungstheorie muß ein trivialer von einem nicht trivialen Aspekt unterschieden werden. Der triviale Aspekt bezieht sich auf die Tatsache, daß Bilder und (akustisch) dargebotene Wörter in unterschiedlichen Wahrnehmungssystemen encodiert werden. Trotzdem aber sind wir imstande, Bilder zu benennen und uns die durch Wörter bezeichneten Gegenstände bildhaft vorstellen zu können. Diese Tatsache zeigt uns den nicht trivialen Aspekt der Dualen Codierungstheorie: welche Prozesse und welche Strukturen bilden die Brücke zwischen dem visuellen und dem verbalen System?

Im Rahmen der Dualen Codierungstheorie wird angenommen, daß Verbindungen zwischen den beiden voneinander unabhängigen Systemen eine wechselseitige Aktivierung visueller und verbaler Information erlauben. Die Unabhängigkeit beider Systeme bezieht sich dabei nicht nur auf die perzeptuelle, sondern sogar auch auf die semantische Encodierung von Bildern und Wörtern: Visuell- und verbal semantische Information wird in zwei verschiedenen und voneinander unabhängigen Gedächtnisstrukturen repräsentiert (Bleasdale, 1983, S. 205).

Eine alternative Theorie wurde von Potter (Potter und Faulconer, 1975; Potter, So, Von Eckardt und Feldman, 1984), Nelson (Nelson, Reed und McEvoy, 1977; Nelson, 1979), Klimesch (1982a,b,c), Hoffmann und Klimesch (1984), Jolicoeur, Gluck und Kosslyn (1984) und Snodgrass (1984) vorgeschlagen. Nach dieser Auffassung wird visuell- und verbal-semantische Information in einem gemeinsamen semantischen Netzwerk repräsentiert, auf das Bilder und Wörter unterschiedlichen Zugriff haben. Die empirischen Ergebnisse, die für diese Annahme sprechen, werden in den oben angeführten Arbeiten ausführlich diskutiert (vgl. dazu auch die Übersicht in te Linde, 1982) und sollen hier nicht wiederholt werden. Wir werden uns hingegen auf ein theoretisch wichtiges Argument beziehen, das an jene Überlegungen anschließt, die wir bereits im Rahmen der Wortencodierung besprochen haben.

In Abschnitt 9.1 wurde darauf hingewiesen, daß der perzeptuelle Wortcode keinen Hinweis auf seine Bedeutung gibt und daß daher spezifische Zugriffspunkte im semantischen Netzwerk anzunehmen sind, die wir als Begriffsknoten bezeichnet haben. Für die Bildencodierung gilt diese Überlegung jedoch nicht. Der perzeptuelle Bildcode liefert sehr wohl Hinweise über die Bedeutung eines Bildes. Denken wir z.B. an ein semantisches Entscheidungsexperiment vom Typ «ist X ein Y?», in dem Bilder von Tieren und Geräten dargeboten werden und in dem die Versuchspersonen bei Tieren mit «Ja» und bei «Gerät» mit Nein antworten müssen (Klimesch, 1981; 1982a; 1982b). Das Erkennen von Bildelementen bzw. visuellen Merkmalen wie z.B. der Augen, Federn oder Beine eines Adlers gibt sofort Aufschluß darüber, daß das gezeigte Bild ein Tier ist. Perzeptuelle Merkmale eines Bildes erlauben daher einen direkten Zugriff zu semantischer Information (vgl. z.B. auch Zießler und Hoffmann, 1985; Flores d' Arcais und Schreuder, 1987). Diese Überlegung zeigt auch, daß es nicht möglich ist, eine klare Trennlinie zwischen visueller und semantischer Information zu ziehen (Klatzky und Stoy, 1978). Der entscheidende Gedanke ist aber, daß Bilder - im Gegensatz zu Wörtern - keine spezifischen Zugriffspunkte oder Begriffsknoten benötigen, um semantische Information aktivieren zu können. Dieser Sachverhalt ist in Abbildung 45 dargestellt.

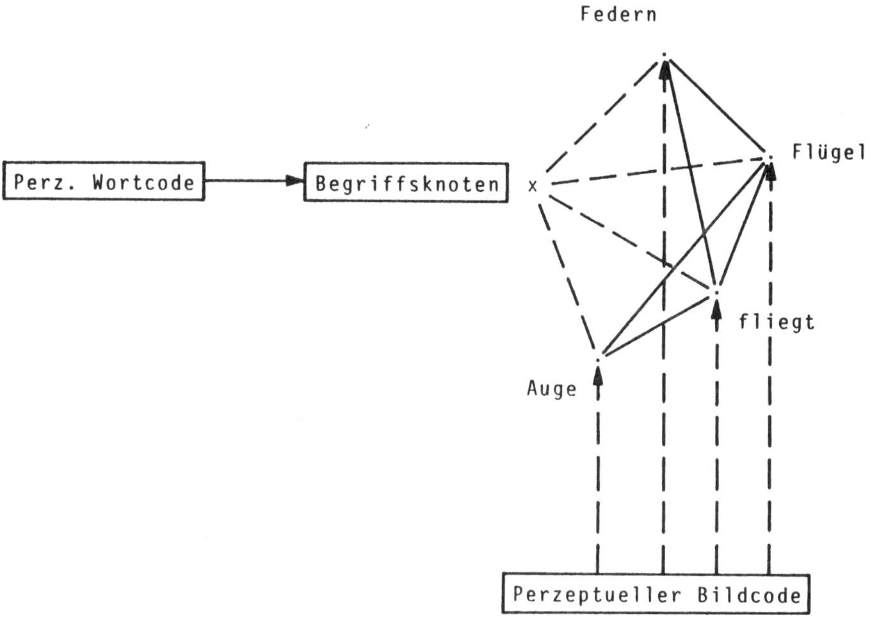

Abbildung 45: Visuell- und verbal-semantische Information wird in einem gemeinsamen Netzwerk repräsentiert. Der Zugriff auf semantische Informantion ist aber für Bilder und Wörter verschieden. Bilder aktivieren zuerst semantische Merkmale, Wörter hingegen zuerst den Begriffsknoten.

Wie Abbildung 45 zeigt, ist die Verbindung zwischen dem semantischen Netzwerk und dem visuellen System um wesentliches enger und direkter als mit dem verbalen System. Der direkte Zugriff des visuellen Systems auf semantische Information könnte erklären, daß einerseits Bilder rascher semantisch verarbeitet werden als Wörter und daß andererseits die verbalen Benennungszeiten für Bilder - von wenigen Ausnahmen abgesehen - länger sind als jene für Wörter (Potter und Faulconer, 1975; vgl. aber auch Jolicoeur et al. 1984, Experiment 1).

Wenn wir annehmen, daß ein visueller Code (wie z.B. der Code für «Adler») aus einer Struktur vernetzter Subcodes besteht, die einzelne Bildkomponenten (wie z.B. die Augen, Federn, Flügel usw.) repräsentieren, dann finden wir nicht nur eine Erklärung für den graduellen Übergang zwischen visueller und semantischer Information, sondern auch für die mühelose Visualisierung von Begriffen und Begriffsmerkmalen.

Aus diesen Überlegungen ergibt sich auch, daß Begriffsknoten primär dem sprachlichen Zugriff dienen (vgl. dazu auch die Diskussion zu «funktional ganzheitlichen» Codes in Abschnitt 9.1.1). Berücksichtigt man einerseits diesen Gedanken und andererseits die Komplexität des semantischen Wissens, dann zeigt sich, daß es wahrscheinlich um vieles mehr vernetzte Codes im semantischen Gedächtnis gibt, die keinen Begriffsknoten aufweisen, als solche, die einen Begriffsknoten besitzen. Die Konsequenz daraus ist, daß das semantische Gedächtnis vermutlich mehr Begriffe aufweist, die nicht unmittelbar sprachlich beschrieben und erfaßt werden können, als solche, die sprachlich direkt erfaßbar sind.

Das in Abbildung 45 skizzierte Modell kann auch zur Erklärung der Mehrsprachigkeit herangezogen werden (vgl. auch Snodgrass, 1984). Der entscheidende Gedanke dabei ist, daß korrespondierende Wörter aus verschiedenen Sprachen (z.B. «animal» und «Tier») in den meisten Fällen zwar eine ähnliche, aber keineswegs identische Bedeutung haben («animal» hat z.B. im Amerikanischen primär die Bedeutung «Säugetier»). Es erscheint daher naheliegend anzunehmen, daß für fremdsprachliche Begriffe eigene Begriffsknoten existieren, die – im Vergleich zu den korrespondierenden muttersprachlichen Begriffen – zum Teil die gleichen, zum Teil aber auch unterschiedliche Merkmale aufweisen. Im Rahmen unseres Modells können wir daher annehmen, daß die Bedeutung fremdsprachlicher Begriffe durch neue Begriffsknoten repräsentiert wird, die einen spezifischen Zugriff auf eine bestimmte Menge und Struktur von Merkmalen ermöglichen. Diese für die Fremdsprache spezifischen Begriffsknoten sind mit den entsprechenden Wortmarken verbunden. So gesehen, wird die Bedeutung von Wörtern verschiedener Sprachen durch ein gemeinsames semantisches Netzwerk repräsentiert, auf das jede Sprache aber unterschiedlich zugreifen kann.

10. Schlußwort: Das Vernetzungsmodell und seine Bedeutung in der Gedächtnispsychologie

Die teilweise sehr aufwendige und komplizierte Argumentation der vorangegangenen Kapitel darf uns nicht den Blick auf das Wesentliche verstellen. Es erscheint daher angebracht, rückblickend die wichtigsten Aussagen unserer Argumentation zusammenzufassen und ihren Stellenwert im Rahmen der Gedächtnispsychologie zu diskutieren.

Wir sind mit der Zielvorstellung in die Diskussion eingetreten, zu einer umfassenden Gedächtnistheorie zu kommen und glauben, sie in Form des Vernetzungsmodells gefunden zu haben. Bei diesen unseren Bemühungen hatten wir es zunächst mit zwei prinzipiellen Schwierigkeiten zu tun: mit der Annahme ganzheitlicher Codes (vgl. dazu Kapitel 1 bis 4) und mit der Annahme linear-hierarchischer Strukturen (vgl. dazu Kapitel 5 bis 7). Wenn es darum geht, Gedächtnistheorien mit möglichst weitreichendem Erklärungswert zu konzipieren, führt - unserer Auffassung nach - jede der beiden Annahmen zu unauflösbaren Widersprüchen (vgl. dazu vor allem Kapitel 4 und Kapitel 8).

Die Konsequenz aus dieser Einsicht bestand darin, einerseits die Annahme ganzheitlicher Codes durch Komponentencodes zu ersetzen und andererseits die Annahme hierarchischer zugunsten vernetzter Strukturen aufzugeben. Diese neuen Annahmen bilden die Basis des Vernetzungsmodells. Die quantitative Analyse des Vernetzungsmodells hat uns allerdings gezeigt, daß eine dritte Annahme - die Annahme nicht oder teilweise begrenzter Kapazität der Aktivierungsausbreitung (vgl. dazu Prozeßannahme 1 und Abschnitt 4.1. in Kapitel 8) - notwendig ist, um die Vorhersagen des Vernetzungsmodells zu stützen.

In Kapitel 9 haben wir das Vernetzungsmodell auf das semantische Gedächtnis angewendet und uns mit der Überprüfung der Vorhersagen des Vernetzungsmodells auseinandergesetzt. Es hat sich dabei gezeigt, daß das Vernetzungsmodell imstande ist, die gedächtnispsychologische Bedeutung folgender Konzepte zu erklären:

- die Repräsentation der Begriffsbedeutung durch Merkmale,
- die Kontextabhängigkeit der Begriffsbedeutung,
- die Typikalität,
- die Repräsentation von Begriffshierarchien,
- die Repräsentation von Basisbegriffen,
- komplexe Suchprozesse, wie z.B. das Auffinden, Abrufen und Bewerten semantischer Relationen,
- Priming-Effekte und
- die bessere Merkleistung für merkmalsreiche Codes.

Auf der Grundlage des Vernetzungsmodells war es möglich, die folgenden experimentellen Befunde vorherzusagen bzw. zu erklären:

- die raschere Verarbeitung merkmalsreicher im Vergleich zu merkmalsarmen Begriffen,
- die raschere Verarbeitung von untergeordneten im Vergleich zu übergeordneten Begriffen,
- die raschere Verarbeitung von Basisbegriffen im Vergleich zu anderen Begriffen,

- die raschere Verarbeitung von typischen im Vergleich zu nicht typischen Begriffen,
- die Reaktionszeitunterschiede zwischen Ja- und Nein-Antworten in semantischen Entscheidungs- und Primingexperimenten,
- die raschere Verarbeitung von Bildern im Vergleich zu Wörtern,
- die bessere Merkleistung für Bilder im Vergleich zu Wörtern und
- andere Befunde, die mit dem Bildeffekt in Zusammenhang stehen.

10.1 Das Vernetzungsmodell und «konnektionistische» Systemansätze

Wir haben das Vernetzungsmodell vor allem mit den jeweils relevanten Annahmen des ACT- und ACTstar-Modells von Anderson, aber auch mit Netzwerktheorien zum semantischen Gedächtnis verglichen. Als Ergebnis hat sich gezeigt, daß die zentralen Annahmen des Vernetzungsmodells mit allen anderen Modellen unvereinbar sind.

Der aufmerksame Leser wird sich vielleicht fragen, ob diese Behauptung angesichts der in allerjüngster Zeit aktuell gewordenen «konnektionistischen Modelle» («Connectionistic Models», «PDP bzw. Parallel Distributed Processing», «Connectionism») noch zutrifft. Oder herausfordernder formuliert: Ist das Vernetzungsmodell durch diese Modelle überflüssig geworden? Wir wollen die Antwort vorwegnehmen, sie lautet «Nein». Sieht man von der irreführenden Namensähnlichkeit («connectivity model» und «connectionism») ab, dann läßt sich so gut wie keine Übereinstimmung zwischen diesen Modellen finden. Das Vernetzungsmodell und konnektionistische Modelle unterscheiden sich nicht nur radikal durch ihre Repräsentationsannahmen, sondern auch durch ihre Zielsetzungen, wie wir im folgenden an Hand des Rumelhart-McClelland Modells (= «RM-Modell», vgl. Rumelhart und McClelland, 1986a; 1986b und 1987 sowie die kritische Diskussion dieses Modells in Pinker und Prince, 1988) zeigen werden.

Das RM-Modell ist ein lernfähiges Netzwerk, das am Beispiel der Konjugation von Verben erläutert wird. Es besteht aus einem Encodierungs-, Musterverarbeitungs- und einem Decodierungsnetzwerk und soll erklären, wie zur Grundform eines Verbs (z.B. laufen) die Vergangenheitsform (z.B. gelaufen) gelernt wird. Jedes dieser drei Netzwerke weist zwei, sich teilweise überlappende Verarbeitungsebenen, eine Input- und Outputebene auf: Die Outputebene des Encodierungsnetzwerkes ist die Inputebene des Musterverarbeitungsnetzwerkes, seine Outputebene bildet die Inputebene des Dekodierungsnetzwerkes. Für unsere Überlegungen sind zwei zentrale Eigenschaften des RM-Modells ausschlaggebend. Erstens, jeder Knoten der Inputebene ist mit jedem Knoten der Outputebene verbunden (daher der Name «Connectionism») und zweitens, die einzelnen Knoten innerhalb einer Ebene sind - wie bei hierarchischen Netzwerken - *isoliert*, d.h. nicht miteinander verbunden. Daraus ergibt sich die wichtige Tatsache, daß die Repräsentation eines Wortes *ausschließlich* durch eine «Liste» - streng genommen aber nur durch eine ungeordnete Menge - von Elementen erklärt wird. Darüber hinausgehende Annahmen über die semantische oder syntaktische Repräsentation fehlen. Es ist wohl kaum notwenig hervorzuheben, daß diese Annahmen in krassem Widerspruch mit dem Vernetzungsmodell stehen. Ein Liste von Elementen kennzeichnet einen linearen Code, der als Sonderfall eines hierarchischen Codes aufzufassen ist (vgl. Abschnitt 5.2).

Alle Argumente, die wir in Kapitel 8 gegen hierarchische Repräsentationsannahmen vorgebracht haben, gelten im Prinzip auch für konnektionistische Modelle. Die Besonderheit dieser Modelle besteht - im Vergleich z.B. zu ACT und ACTstar - in der Annahme, daß alle Komponenten eines Codes parallel und weitgehend unabhängig voneinander verarbeitet werden. Aus diesem Grund ist die Komplexität eines Codes (bzw. die Anzahl seiner Elemente) kein geeigneter Prädiktor für die Verarbeitungszeit im Gedächtnis: Codes unterschiedlicher Komplexität werden mit konstanter Geschwindigkeit verarbeitet. Diesen Modellen wird es daher - ohne zusätzliche Annahmen - nicht gelingen, z.B. den positiven oder negativen Fächereffekt zu erklären.

Eine andere Besonderheit konnektionistischer Modelle ist die Vermeidung expliziter Repräsentationsannahmen, die über eine listen- oder mengenähnliche Anordnung der Code-Elemente hinausgehen. Diese Feststellung erinnert an die in Kapitel 3 und 4 geführte Diskussion, in der wir versucht haben zu zeigen, daß die Vermeidung expliziter Repräsentationsannahmen unweigerlich zu widersprüchlichen Gedächtnistheorien führt. Auch diese Tatsache dokumentiert, daß die Annahmen konnektionistischer Modelle mit jenen des Vernetzungsmodells unvereinbar sind.

Das weitgehende Fehlen expliziter Repräsentationsannahmen hat zur Folge, daß auch semantische und syntaktische Strukturen nicht explizit beschrieben werden können. Es ist daher nicht überraschend, daß in konnektionistischen Ansätzen eine Herausforderung für psycholinguistische Theorien gesehen wird. Fodor und Pylyshyn (1988, S. 49) schreiben dazu: «What's deeply wrong with Connectionist architecture is this: Because it acknowledges neither syntactic nor semantic structure in mental representations, it perforce treats them not as a generated set but as a list. But lists, qua lists, have no structure; any collection of items is a possible list.»

10.2 Repräsentationsannahmen und ihre mögliche Bedeutung für die Zukunft der Gedächtnispsychologie

Das vorliegende Buch ist ein Plädoyer für die Auffassung, daß Gedächtnis- und Kognitive Psychologie ohne die explizite Berücksichtigung bestimmter Repräsentationsannahmen nicht sinnvoll betrieben werden kann. Gegen diese zweifellos herausfordernde Behauptung könnte eingewendet werden, daß die empirische Überprüfbarkeit von Repräsentationsannahmen nur ansatzweise und in bescheidenem Umfang möglich ist und daß der von uns vorgeschlagene Weg daher in eine neue «Sackgasse» der Gedächtnis- oder Kognitiven Psychologie führen könnte.

Wir glauben aber, diesen Einwand durch folgende Überlegung sehr leicht entkräften zu können. Eine einzelne Repräsentationsannahme (wie z.B. Prozeßannahme 1 des Vernetzungsmodells) wird für sich genommen kaum überprüfbar sein. Die Vorhersagen, die sich aus einer Gruppe aufeinander abgestimmter Repräsentationsannahmen ergeben, sind hingegen sehr wohl empirisch prüfbar, wie wir in Kapitel 9 gezeigt haben. Diese Tatsache führt zu der wichtigen Konsequenz, daß Repräsentationsannahmen nur im Rahmen von Theorien prüfbar sind, die auf Grund unterschiedlicher Repräsentationsannahmen einander ausschließende Vorhersagen formulieren. Oder umgekehrt ausgedrückt: Wenn verschiedene Theorien auf Grund unterschiedlicher Repräsentationsannahmen zu den selben Vorhersagen kommen, dann kann die Gültigkeit der diesen Theorien zu Grunde liegenden Repräsentationsannahmen empirisch nicht bewertet werden. Das Ziel der Gedächtnisforschung sollte daher darin bestehen, Gedächtnistheorien einander gegenüberzustellen, die von unterschiedlichen Repräsentationsannahmen ausgehen und imstande sind, unterschiedliche und empirisch prüfbare Vorhersagen zu treffen. Ein gutes Beispiel dafür sind die Annahmen und Vorhersagen des ACT- bzw. ACTstar- und des Vernetzungsmodells, die wir in Kapitel 8 ausführlich besprochen haben. Auf diese Weise ist es möglich, verschiedene Kombinationen von Repräsentationsannahmen zu überprüfen.

Wenn wir uns abschließend die Frage stellen, welche Bedeutung Repräsentationsannahmen in der Zukunft der Gedächtnispsychologie spielen könnten, dann scheint die Antwort durch die jüngste Entwicklung im Bereich der Neurowissenschaften bereits klar vorgezeichnet zu sein. Repräsentationsannahmen sollten sich idealerweise auch auf das physische Substrat des Gedächtnisses und somit auf die neuronal-physiologische Erklärungsebene beziehen. Derzeit ist es bestenfalls ansatzweise möglich, Gedächtnisnetzerke im Rahmen physiologisch begründbarer Repräsentationsannahmen zu beschreiben und durch physiologische Befunde zu überprüfen. Der Erklärungsabstand zwischen netzwerktheoretischen und physiologischen Ansätzen scheint noch zu groß zu sein, um eine sinnvolle Synthese zu gewährleisten.

Netzwerkmodelle sind komplexe Gedächtnistheorien mit weitreichendem Erklärungswert. Sie erfordern Repräsentationsannahmen, die möglichst generell gültig sind und für die der physiologische Erklärungsansatz noch zu spezifisch ist. Gibt man aber den Anspruch auf, übergeordnete Gedächtnistheorien zu konzipieren, dann ist es notwendig, Repräsentationsannahmen - im Rahmen von Gedächtnistheorien mit nur «lokalem» bzw. begrenztem Erklärungswert - sehr spezifisch zu fassen. Auf dieser Ebene ist es nicht nur möglich, sondern auch sinnvoll, experimentalpsychologische mit physiologischen Ansätzen zu verbinden (vgl. dazu z.B. Klimesch, Pfurtscheller und Lindinger, 1986; Klimesch, Pfurtscheller und Mohl, 1988). Wir halten es für sehr wahrscheinlich, daß die Synthese dieser beiden Ansätze auf einer eher elementaren Ebene am ehesten dazu geeignet ist, die Entwicklung übergeordneter Theorien voranzutreiben. Die Zielvorstellung dabei ist, mit Hilfe einer Vielzahl «lokaler», aber physiologisch begründbarer Theorien, übergeordnete Gedächtnismodelle zu konzipieren.

Literatur

Adams, M. J. (1979). Models of word recognition. Cognitive Psychology, 11, 133-176.

Allport, D. A., Tipper, S. P., & Chmiel, N. R. J. (1985). Perceptual integration and postcategorical filtering. In M. I. Posner & O. S. Marin (Eds.), Attention and performance XI (pp. 107-132). Hillsdale, NJ: Lawrence Erlbaum.

Anderson, J. A., & Hinton, G. E. (1981). Models of information processing in the brain. In G. E. Hinton & J. A. Anderson (Eds.), Parallel models of associate memory (pp. 213-236). Hillsdale, NJ: Lawrence Erlbaum.

Anderson, J. R. (1974). Retrieval of propositional information from long-term memory. Cognitive Psychology, 5, 451-474.

Anderson, J. R. (1975). Item-specific and relation-specific interference in sentence memory. Journal of Experimental Psychology: Human Learning and Memory, 104, 249-260.

Anderson, J. R. (1976). Language memory, and thought. Hillsdale, NJ: Lawrence Erlbaum.

Anderson, J. R. (1978). Arguments concerning representations for mental imagery. Psychological Review, 85, 249-277.

Anderson, J. R. (1981). Effects of prior knowledge on memory for new information. Memory & Cognition, 9, 237-246.

Anderson, J. R. (1983a). The architecture of cognition. Cambridge, MA: Harvard University Press.

Anderson, J. R. (1983b). Retrieval of information from long-term memory. Science, 220, 25-30.

Anderson, J. R. (1983c). A spreading activation theory of memory. Journal of Verbal Learning and Verbal Behavior, 22, 261-295.

Anderson, J. R. (1985a). Cognitive Psychology and its implications. New York: Freeman.

Anderson, J. R. (1985b). Ebbinghaus's century. Journal of Experimental Psychology: Learning, Memory, and Cognition, 11(3), 436-438.

Anderson, J. R., & Bower, G. H. (1972). Recognition and retrieval processes in free recall. Psychological Review, 79, 97-123.

Anderson, J. R., & Bower, G. H. (1973). Human associative memory. Washington: Winston.

Anderson, J. R., & Paulson, R. (1978). Interference in memory for pictorial information. Cognitive Psychology, 10, 178-202.

Anderson, J. R., & Pirolli, P. L. (1984). Spread of activation. Journal of Experimental Psychology: Learning, Memory, and Cognition, 10(4), 791-798.

Anderson, J. R., & Reder, L. M. (1987). Effects of number of facts studied on recognition versus sensibility judgements. Journal of Experimental Psychology: Learning, Memory, and Cognition, 13(3), 355-367.

Anderson, R. E. (1976). Short-term retention of the where and when of pictures and words. Journal of Experimental Psychology: General, 105, 378-402.

Armstrong, S. L, Gleitman, L. R., & Gleitman, H. (1983). What some concepts might not be. Cognition, 13, 263-308.

Atkinson, R. C., & Shiffrin, R. M. (1968). Human memory: A proposed system and its control processes. In K. W. Spence & J. T Spence (Eds.), The psychology of learning and motivation: Advances in research and theory (Vol.2). New York: Academic Press.

Atkinson, R. C., & Shiffrin, R. M. (1971). The control of short term memory. Scientific American, 225, 82-90.

Averbach, E., & Coriell, A. S. (1961). Short-term memory in vision. Bell Systems Technical Journal, 40, 309-328.

Baddeley, A. (1981). The concept of working memory: A view of its current state and probable future development. Cognition, 10, 17-23.

Baddeley, A., Lewis, V., Eldridge, M., & Thomson, N. (1984). Attention and retrieval from long-term memory. Journal of Experimental Psychology: General, 113, 518-540.

Baddeley, A. D., Scott, D., Drynan, R., & Smith, J. C. (1969). Short-term memory and the limited capacity hypothesis. British Journal of Psychology, 60(1), 51-55.

Bahrick, H. B. (1984). Associations and organization in cognitive psychology: A reply to Neisser. Journal of Experimental Psychology: General, 113, 36-37.

Bahrick. H. B. (1985). Associationism and the Ebbinghaus legacy. Journal of Experimental Psychology: Learning, Memory, and Cognition, 11(3), 439-443.

Barsalou, L. W. (1985). Ideals, central tendency, and frequency of instantiation as determinants of graded structure in categories. Journal of Experimental Psychology: Learning,Memory, and Cognition, 11, 629–654.
Bartlett, F. C. (1932). Remembering. Cambridge: Cambridge University Press.
Bierwisch, M. (1977). Sprache und Gedächtnis: Ergebnisse und Probleme. In F. Klix & H. Sydow (Hrsg.), Zur Psychologie des Gedächtnisses (pp. 117–149). Berlin.
Bleasdale, F. (1983). Paivio's dual-coding model of meaning revisited. In J. C. Yuille (Hrsg.), Imagery, memory and cognition (pp. 183–209). Hillsdale, NJ: Lawrence Erlbaum.
Bolinger, D. (1965). The automization of meaning. Language, 41(4), 555–573.
Bond, C. F., Jr. (1985). The next-in-line effect: Encoding or retrieval deficit? Journal of Personality and Social Psychology, 48(4), 853–862.
Bond, C. F., Jr., & Kirkpatrick, C. K. (1982). Distraction, amnesia, and the next-in-line effect. Journal of Experimental Social Psychology, 18, 307–323.
Boring, E. (1950). A history of experimental psychology (2nd. edition). Englewood Cliffs, NJ: Prentice-Hall,Inc.
Bower, G. H. (1970). Organizational factors in memory. Cognitive Psychology, 1, 18–46.
Breitmeyer, B. G. (1984). Visual masking: An integrative approach. New York: Oxford University Press.
Broadbent, D. E. (1958). Perception and communication. London: Pergamon Press.
Broadbent, D. E. (1975). The magic number seven after fifteen years. In A. Kennedy & A. Wilkes (Eds.), Studies in long term memory (pp. 3–18). London: Wiley.
Broadbent, D. E. (1977). Levels, hierarchies, and the locus of control. Quaterly Journal of Experimental Psychology, 29,181–201.
Brown, G. D. (1987). Resolving inconsistency: A computational model of word naming. Journal of Memory and Language, 26, 1–23.
Brown, J. (1958). Some tests of the decay theory of immediate memory. Quarterly Journal of Experimental Psychology, 10, 12–21.
Brown, R., & Mc Neill, D. (1966). The «tip of the tongue» phenomenon. Journal of Verbal Learning and Verbal Behavior, 5 (4), 325–337.
Bruder, K. J. (1984). Behaviorismus. In H. E. Lück, R. Miller, & W. Rechtien (Hrsg.), Geschichte der Psychologie. Ein Handbuch in Schlüsselbegriffen (pp. 74–81). München: Urban & Schwarzenberg.
Calkins, M. W. (1898). Short studies in memory and association from the Wellesley College laboratory. Psychological Review, 5, 451–462.
Cattell, J.M. (1886). The time it takes to see and name objects. Mind, 11, 63–65.
Chow, S. L. (1985). Iconic store and partial report. Memory and Cognition, 13(3), 256–264.
Chumbley, J. I. (1986). The roles of typicality, instance dominance and category dominance in verifying category membership. Journal of Experimental Psychology: Learning, Memory, and Cognition. 12(2), 257–267.
Collins, A. M., & Loftus, E. F. (1975). A spreading-activation theory of semantic processing. Psychological Review, 82, 407–428.
Collins, A. M., & Quillian, M. R. (1969). Retrieval time from semantic memory. Journal of Verbal Learning and Verbal Behavior, 8, 240–248.
Collins, A. M., & Quillian, M. R. (1970). Does category size effect categorization time? Journal of Verbal Learning and Verbal Behavior, 9, 432–438.
Coltheart, M. (1980). Iconic memory and visible persistence. Perception and Psychophysics, 27, 183–228.
Craik, F. I. M., & Lockhart, R. S. (1972). Levels of processing: A framework of memory research. Journal of Verbal Learning and Verbal Behavior, 11, 671–684.
Crowder, R. G. (1978). Sensory memory systems. In E. C. Carterette & M. P. Friedman (Eds.), Handbook of perception, Vol.VIII: Perceptual Coding (pp. 343–373). New York: Academic Press.
Daneman, M., & Carpenter, P. A. (1980). Individual differences in working memory and reading. Journal of Verbal Learning and Verbal Behavior, 19, 450–466.
Dell, G. S. (1986). A spreading-activation theory of retrieval in sentence production. Psychological Review, 93(3), 283–321.
Duncan, J. (1985). Visual search and visual attention. In M. I. Posner & O. S. Marin (Eds.), Attention and performance XI (pp. 85–104). Hillsdale, NJ: Lawrence Erlbaum.
Ebbinghaus, H. (1885). Über das Gedächtnis. Leipzig: Veith.von Eckardt, B., Potter, M. C. (1985). Clauses and the semantic representation of words. Memory and Cognition, 13(4), 371–376.
Engelkamp, J. (1987). Modalitätsspezifische Gedächtnissysteme im Kontext sprachlicher Informationsverarbeitung. Zeitschrift für Psychologie, 195, 1–28.

Engelkamp, J. (1988). Images and actions in verbal learning. In M. Denis, J. Engelkamp & J. Richardson (Eds.), Cognitive and neuropsychological approaches to mental imagery. Amsterdam: Martinus Nijhoff (in press).
Erdelyi, M. H. (1982). A note on the level of recall, level of processing, and imagery hypotheses of hypermnesia. Journal of Verbal Learning and Verbal Behavior, 21, 656-661.
Erdelyi, M. H., & Becker, J. (1974). Hypermnesia for pictures: Incremental memory for pictures but not words in multiple recall trials. Cognitive Psychology, 6, 159-171.
Erdelyi, M. H., & Kleinbard, J. (1978). Has Ebbinghaus decayed with time? The growth of recall (hypermnesia) over days. Journal of Experimental Psychology: Human Learning and Memory, 4(4), 275-289.
Erdelyi, M., Buschke, H., & Finkelstein, S. (1977). Hypermnesia for socratic stimuli: The growth of recall for an internally generated memory list abstracted from a series of riddles. Memory and Cognition, 5, 283-286.
Erdelyi, M. H., Finkelstein, S., Herrell, N., Miller, B., & Thomas, J. (1976). Coding modality versus input modality in hypermnesia: Is a rose a rose a rose? Cognition, 4, 311-319.
Evans, S. H. (1967). A brief statement of schema theory. Psychonomic Science, 8, 87-88.
Evans, S. H., & Arnoult, M. D. (1967). Schematic concept formation: Demonstration in a free sorting task. Psychonomic Science, 9, 221-222.
Evans, S. H., & Edmonds, E. M. (1966). Schema discrimination as a function of training. Psychonomic Science, 5, 303-304.
Finke, R. A. (1980). Levels of equivalence in imagery and perception. Psychological Review, 87, 113-132.
Finke, R. A. (1986). Mental imagery and the visual system. Scientific American, 254(3), 76-83.
Flores d'Arcais, G. B., & Schreuder, R. (1987). Semantic activation during object naming. Psychological Research, 49, 153-159.
Flugel, J. C. (ohne Jahresang.). Probleme und Ergebnisse der Psychologie. Stuttgart: Ernst Klett.
Fodor, J. A., Garrett, M. F., Walker, E. C. T., & Parkes, C. H. (1980). Against definitions. Cognition, 8, 263-367.
Fodor, J. A., Pylyshyn, Z. W. (1988). Connectionism and cognitive architecture: A critical analysis. Cognition, 28, 3-72.
Gabriel, R. G. (1986). Massively parallel computers: The connection machine and non-von. Science, 231(4741), 975-978.
Garner, W. R. (1962). Uncertainty and structure as psychological concepts. New York: John Wiley.
Gentner, D. (1975). Evidence for the psychological reality of semantic components: The verbs of possession. In D. A. Norman & D. E. Rumelhart (Eds.), Explorations in cognition (pp. 211-246). San Francisco, CA: Freeman.
Gentner, D. (1981). Verb semantic structures in memory for sentences: Evidence for componential representation. Cognitive Psychology, 13, 56-83.
Glass, A. L., & Holyoak, K.J. (1975). Alternative conceptions of semantic theory. Cognition, 3, 313-339.
Graumann, C. F. (1983). Theorie und Geschichte. In G. Lüer (Hrsg.), Bericht über den 33. Kongreß der Deutschen Gesellschaft für Psychology in Mainz 1982, Band 1 (pp. 64-75). Göttingen: Hogrefe
Guenther, R. K., & Klatzky, R. L. (1977). Semantic classification of pictures and words. Journal of Experimental Psychology: Human Learning and Memory, 3, 498-514.
Hayes-Roth, B. (1977). Evaluation of cognitive structures and processes. Psychological Review, 84, 260-278.
Hillis, W. D. (1985). The connection machine. Cambridge: MITPress Hintzman, D. L. (1986). « Schema Abstraction » in a multiple-trace memory model. Psychological Review, 93(4), 411-428.
Hintzman, D. L., & Ludlam, G. (1980). Differential forgetting of prototypes and old instances: Simultan by an exemplar-based classification model. Memory and Cognition, 8, 378-382.
Hoffmann, J. (1982). Representation of concepts and the classification of objects. In F. Klix, J. Hoffmann & E. van der Meer (Eds.), Cognitive research in psychology (pp. 72-89). Berlin: VEB Deutscher Verlag der Wissenschaften.
Hoffmann, J. (1986). Die Welt der Begriffe. Berlin: VEB Deutscher Verlag der Wissenschaften.
Hoffmann, J., & Zießler, M. (1982). Begriffe und ihre Merkmale. Zeitschrift für Psychologie, 190, 46-77.
Hoffmann, J., & Klimesch, W. (1984). Die semantische Kodierung von Worten und Bildern. Sprache und Kognition, 3, 1-25.
Hoffmann, J., & Zießler, M. (1986). The integration of visual and functional classifications in concept formation. Psychological Research, 48, 69-78.
Hoffmann, J., Zießler, M., & Grosser, U. (1984). Psychologische Gesetzmässigkeiten der begrifflichen Klassifikation von Objekten. In F. Klix (Hrsg.), Gedächtnis, Wissen, Wissensnutzung. Berlin: 1984.

Hollan, J. D. (1975). Features and semantic memory: Set-theoretic or network model? Psychological Research, 82, 154–155.
Homa, D., & Cultice, J. (1984). Role of feedback, category size, and stimulus distortion on the acquisition and utilization of ill-defined categories. Journal of Experimental Psychology: Learning, Memory, and Cognition, 10(1), 83–94.
Hubel, D. H., Wiesel, T. N., & Stryker, M. P. (1978). Anatomical demonstration of orientation columns in Macaque monkey. Journal of Comparative Neurology, 177, 361–379.
Humphrey, G. (1963). Thinking: An introduction to its experimental psychology. New York: John Wiley.
Johnson, M. K., & Hasher, L. (1987). Human learning and memory. Annual Review of Psychology, 38, 631–656.
Johnson-Laird, P. N. (1987). The mental representation of the meaning of words. Cognition, 25, 189–212.
Johnson-Laird, P. N., Gibbs, G., & de Mowbray, J. (1978). Meaning, amount of processing, and memory for words. Memory and Cognition, 6, 372–375.
Johnson-Laird, P. N., Herrmann, D. J., & Chaffin, R. (1984). Only connections: A critic of semantic networks. Psychological Bulletin, 96(2), 292–315.
Jolicoeur, P., Gluck, M. A., & Kosslyn, S. M. (1984). Pictures and names: Making the connection. Cognitive Psychology, 16,243–275.
Jones, G. V. (1979). Multirate forgetting. Journal of Experimental Psychology: Human learning and Memory, 5(2), 98–114.
Jost, A. (1897). Die Assoziationsfestigkeit in ihrer Abhängigkeit von der Verteilung der Wiederholungen. Zeitschrift für Psychology, 14, 436–472.
Kahneman, D., Treisman, A., & Burkell, J. (1983). The cost of visual filtering. Journal of Experimental Psychology: Human Perception and Performance, 9, 510–522.
Katz, J. J., & Fodor, J. A. (1963). The structure of a semantic theory. Language, 39(2), 170–210.
Keppel, G., & Underwood, B. J. (1962). Proactive inhibition in shortterm retention of single items. Journal of Verbal Learning and Verbal Behavior, 1, 153–161.
King, D. R. W., & Anderson, J. R. (1976). Long-term memory search: An intersecting activation process. Journal of Verbal Learning and Verbal Behavior, 15, 587–606.
Kintsch, W. (1974). The representation of meaning in memory. Hillsdale, NJ: Lawrence Erlbaum.
Kintsch, W. (1980). Semantic memory: A tutorial. In R. S. Nickerson (Hrsg.), Attention and performance: Vol. VII(pp. 595–620). Hillsdale, NJ: Lawrence Erlbaum.
Kintsch, W. (1985). Reflections on Ebbinghaus. Journal of Experimental Psychology: Learning, Memory, and Cognition, 11(3), 461–463.
Kirkpatrick, E. A. (1894). An experimental study of memory. Psychological Review, 1, 602–609.
Klatzky, R. L., & Stoy, A. M. (1978). Semantic information and visual information processing. In: J. W. Cotton & R. Klatzky (Hrsg.), Semantic Factors in cognition (pp. 71–101). New York: John Wiley.
Klimesch, W. (1974). Informationstheoretische Indikatoren der Intelligenz. Salzburg: Unveröffentlichte Dissertation.
Klimesch, W. (1979a). Vergessen: Interferenz oder Zerfall? Über neuere Entwicklungen der Gedächtnispsychologie. Psychologische Rundschau, 30(2), 100–131.
Klimesch, W. (1979b). Ansätze zu einer Theorie des Vergessens. In H. Ueckert & D. Rhenius (Hrsg.), Komplexe menschliche Informationsverarbeitung, Beiträge zur Tagung « Kognitive Psychologie » in Hamburg 1978. Bern: Hans Huber.
Klimesch, W. (1979c). Reminiszenz bei visuellen Merkaufgaben: Implikationen für die Art des Vergessensprozesses. Psychologische Beiträge, 21, 40–48.
Klimesch, W. (1981). Die Encodierung von Begriffen auf der Basis von Merkmalsstrukturen. Zeitschrift für Experimentelle und Angewandte Psychologie, 28, 609–636.
Klimesch, W. (1982a). Die semantische Encodierung von Bildern. Zeitschrift für Experimentelle und Angewandte Psychologie, 29, 472–504.
Klimesch, W. (1982b). Visual coding processes and semantic classification. In F. Klix, J. Hoffmann, & E. van der Meer (Hrsg.), Cognitive Research in Psychology (pp. 90–97). Amsterdam: North Holland Publ. Co..
Klimesch, W. (1982c). Verbal processes in visual short- and long-term memory: Evidence against the hypothesis of independent visual and verbal codes? International Journal of Psychology, 17, 9–17.
Klimesch, W. (1986a). Codierung und cognitive Struktur: Das Repräsentationsproblem. In K. Daumenlang & J. Sauer (Hrsg.), Aspekte psychologischer Forschung (pp. 277–292). Zürich: Hogrefe.
Klimesch, W. (1986b). The structure of memory codes. In F. Klix & H. Hagendorf (Eds.), Human memory and cognitive capabilities (pp. 245–252). North-Holland: Elsevier Science Publishers.

Klimesch, W. (1987). A connectivity model for semantic processing. Psychological Research, 49, 53-61.
Klimesch, W. (1988). Bewußtsein und Gedächtnis: Zur Neuropsychologie kognitiver und emotionaler Kontrollprozesse. In E. Roth (Hrsg.), Denken und Fühlen. Heidelberg: Springer (in Druck).
Klimesch, W., Pfurtscheller, G., & Lindinger, G. (1986). Das corticale Aktivierungsmuster bei verbalen Gedächtnisaufgaben. Sprache und Kognition, 3, 140-154.
Klimesch, W., Pfurtscheller, G., & Mohl, W. (1988). ERD mapping and long-term memory: The temporal and topographical pattern of cortical activation. In G. Pfurtscheller & F. H. Lopes da Silva (Eds.), Functional brain imaging. Toronto: Huber (in press).
Klimesch, W., Schimke, H., & Ladurner, G. (1988). Die Suchzeit für episodische und semantische Information. Sprache und Kognition (in Druck).
Klix, F. (1977a). Strukturelle und funktionelle Komponenten des Gedächtnisses. In F. Klix & H. Sydow (Hrsg.), Zur Psychology des Gedächtnisses (pp. 59-80). Bern: Hans Huber.
Klix, F. (1977b). Über die Repräsentation von Bedeutungsträgern im menschlichen Gedächtnis. In W. Reulecke (Hrsg.), Strukturelles Lernen (pp. 162-176). Hamburg: Hoffmann und Kampe.
Klix, F., Kukla, F., & Klein, R. (1976). Über die Unterscheidbarkeit von Klassen semantischer Relationen im menschlichen Gedächtnis. In F. Klix (Hrsg.), Psychologische Beiträge zur Analyse kognitiver Prozesse (pp. 302-314). München: Kindler.
Knapp, A. G., & Anderson, J. A. (1984). Theory of categorization based on distributed memory storage. Journal of Experimental Psychology: Learning, Memory, and Cognition, 10(4), 616-637.
Kosslyn, St. M. (1981). The medium and the message in mental imagery: A theory. Psychological Review, 88(1), 46-66.
Kosslyn, St. M., & Shwartz, St. P. (1981). Empirical constraints on theories of visual mental imagery. In J. Long & A. Baddeley (Eds.), Attention and performance IX (pp. 241-259). Hillsdale, NJ: Lawrence Erlbaum.
Kroll, N., & Klimesch, W. (1988). Semantic memory: Complexity or connectivity? Submitted paper.
Kroll, N., & Ramskov, Ch. B. (1984). Visual Memory as measured by classification and comparison tasks. Journal of Experimental Psychology: Learning, Memory, and Cognition, 10(3), 395-420.
Kroll, N., Bee, J., & Gurski, G. (1973). Release of proactive interference as a result of changing presentation modality. Journal of Experimental Psychology, 98(1), 131-137.
Külpe, O. (1904). Versuche über Abstraktion. In F. Schuhmann (Hrsg.), Bericht über den 1.Kongreß für experimentelle Psychology, Gießen 1904. Leipzig: Barth.
LaBerge, D. (1981). Automatic information processing: A review. In J. Long & A. Baddeley (Eds.), Attention and performance IX (pp. 173-186). Hillsdale, NJ: Lawrence Erlbaum.
Lindsay, P. H, Norman, D. A. (1972). Human information processing. New York: Academic Press.
Loftus, G. R. (1985). Observations: Evaluating forgetting curves. Journal of Experimental Psychology: Learning, Memory, and Cognition, 11(2), 397-406.
Loftus, G. R., & Loftus, E. F. (1976). Human memory: The processing of information. Hillsdale, NJ: Lawrence Erlbaum.
Long, G. M. (1980). Iconic memory: A review and critique of the study of short-term visual storage. Psychological Bulletin, 88(3), 785-820.
Lück, H. E., Miller, R., & Rechtien, W. (Hrsg.) (1984). Geschichte der Psychology. Ein Handbuch in Schlüsselbegriffen. München: Urban & Schwarzenberg.
Madigan, St. (1976). Reminiscence and item recovery in free recall. Memory and Cognition, 4, 233-236.
Madigan, St. (1983). Picture memory. In J. C. Yuille (Ed.), Imagery, memory and cognition (pp. 65-89). Hillsdale, NJ: Lawrence Erlbaum.
Malt, B. C., & Smith, E. E. (1984). Correlated properties in natural categories. Journal of Verbal Learning and Verbal Behavior, 23, 260-269.
Mandler, J. M., & Johnson, N. S. (1976). Some of the thousand words a picture is worth. Journal of Experimental Psychology: Human Learning and Memory, 2(5), 529-540.
Mandler, G. (1975). Mind and emotion. New York: John Wiley.
Mandler, G. (1985). Cognitive psychology: An essay in cognitive science. Hillsdale, N.J: Lawrence Erlbaum.
Marr, D. (1982). Vision. San Francisco: Freeman.
Massaro, M. (1975). Experimental psychology and information processing. Chicago: Rand McNally College Publishing Company.
McClelland, J. L., & Rumelhart, D.E. (1985). Distributed memory and the representation of general and specific information. Journal of Experimental Psychology: General, 114(2), 159-188.
McCloskey, M., & Bigler, K. (1980). Focused memory search in fact retrieval. Memory and Cognition, 8, 253-264.

McCloskey, M., & Glucksberg, S. (1978). Natural categories: Well defined or fuzzy sets? Memory and Cognition, 6, 462–472.
McNamara, T. H. P., & Sternberg, R. J. (1983). Mental models of word meaning. Journal of Verbal Learning and Verbal Behavior, 22, 449–474.
McGeoch, J. A. (1932). Forgetting and the law of disuse. Psychological Review, 39, 352–370.
McGeoch, J. A. (1942). The psychology of human learning. New York: Longmans.
McGregor, J. N. (1987). Short-term memory capacity: Limitation or optimization? Psychological Review, 94(1), 107–108.
Medin, D. L., & Smith, E. E. (1984). Concepts and concept formation. Annual Review of Psychology, 35, 113–138.
Medin, D. L., Altom, M. W., & Murphy T. D. (1984). Given versus induced category representations: Use of prototype and exemplar information in classification. Journal of Experimental Psychology: Learning, Memory, and Cognition, 10(3), 333–352.
Medin, D. L., Wattenmaker, W. D., Hampson, S. E. (1987). Family resemblance, conceptual cohesiveness, and category construction. Cognitive Psychology, 19, 242–279.
Melton, A. W. (1963). Implications of short-term memory for a general theory of memory. Journal of Verbal Learning and Verbal Behavior, 2, 1–21.
Melton, A. W., & Martin, E. (Eds.). (1972). Coding processes in human memory. Washington, D.C.: Winston.
Mervis, C. B., & Pani, J. R. (1980). Acquisition of basic object categories. Cognitive Psychology, 12, 496–522.
Mervis, C. B., & Rosch, E. (1981). Categorization of natural objects. Annual Review of Psychology, 32, 89–115.
Messer, A. (1924). Empfindung und Denken. Leipzig: Quelle & Meyer.
Miller, G. (1956). The magical number seven, plus or minus two: Some limits on our capacity for processing information. Psychological Review, 63(2), 91–97.
Moeser, S. D. (1977). Recognition processes in episodic memory. Canadian Journal of Psychology, 31, 41–70.
Moeser, S. D. (1979). The role of experimental design in investigations of the fan effect. Journal of Experimental Psychology: Human Learning and Memory, 5, 125–134.
Moyer, R. S. (1973). Comparing objects in memory: Evidence suggesting an internal psychophysics. Perception & Psychophysics, 13, 180–184.
Moyer, R. S., & Landauer, T. K. (1967). Time required of judgements of numerical inequality. Nature, 215, 1519–1520.
Müller, G. E., & Pilzecker, A. (1900). Experimentelle Beiträge zur Lehre vom Gedächtnis. Leipzig: Johann Ambrosius Barth.
Munzert, R. (1984). Würzburger Schule. In H. E. Lück, R. Miller, & W. Rechtien (Hrsg.), Geschichte der Psychologie. Ein Handbuch in Schlüsselbegriffen (pp. 82–87). München: Urban & Schwarzenberg.
Murdock, B. B., Jr. (1964). Proactive inhibition in short-term memory. Journal of Experimental Psychology, 68, 184–189.
Murdock, B. B., Jr. (1974). Human memory: Theory and data. Potomac, Md.: Lawrence Erlbaum Associates.
Murdock, B. B., Jr. (1980). Short-term recognition memory. In R. S. Nickerson (Ed.), Attention and performance VIII (pp. 497–519). Hillsdale, NJ: Lawrence Erlbaum.
Murphy, G. L., & Medin, D. L. (1985). The role of theories in conceptual coherence. Psychological Review, 92, 289–316.
Myers, J. L., O'Brian, E. J., Balota, D. A., & Toyofuku, M. L. (1984). Memory search without interference: The role of integration. Cognitive Psychology, 16, 217–242.
Neisser, U. (1967). Cognitive Psychology. New York: Appleton-Century-Crofts.
Nelson, D. L. (1979). Remembering pictures and words: Appearance, significance, and name (pp. 45–76). In L. S. Cermak & F. I. M. Craik (Eds.), Levels of processing in human memory. Hillsdale, NJ: Lawrence Erlbaum.
Nelson, D. L., Reed, V. S., & McEvoy, C. L. (1977). Learning to order pictures and words: A model of sensory and semantic encoding. Journal of Experimental Psychology: Human Learning and Memory, 3, 485–497.
Nelson, D. L., Reed, U. S., & Walling, J. R. (1976). Picture superiority effect. Journal of Experimental Psychology: Human Learning and Memory, 2, 523–528.

Nelson, T. O. (1978). Detecting small amounts of information in memory: Savings for nonrecognized items. Journal of Experimental Psychology: Human Learning and Memory, 4, 453–468.
Nelson, T. O., Metzler, J., & Reed, D. (1974). Role of details in the long-term recognition of pictures and verbal descriptions. Journal of Experimental Psychology, 102, 184–186.
Newell, A., & Simon, H. (1972). Human problem solving. Englewood Cliffs, NJ: Prentice-Hall.
Norman, D. A., & Rumelhart, D. E. (1975). Explorations in cognition. San Francisco: Freeman.
Paivio, A. (1971). Imagery and verbal processes. New York: Holt, Rinehart, & Winston.
Paivio, A. (1976). Imagery in recall and recognition. In J. Brown (Ed.), Recall and recognition. New York: John Wiley.
Paivio, A., & Csapo, K. (1973). Picture superiority in free recall: Imagery or dual coding? Cognitive Psychology, 5, 176–206.
Palmer, St. E. (1977). Hierarchical structure in perceptual representation. Cognitive Psychology, 9, 441–474.
Payne, D. G. (1986). Hypermnesia for pictures and words: Testing the recall level hypothesis. Journal of Experimental Psychology: Learning, Memory, and Cognition, 12(1), 16–29.
Payne, D. G. (1987). Hypermnesia and reminiscence in recall: A historical and empirical review. Psychological Bulletin, 101 (1), 5–27.
Pellegrino, J. W., Rosinski, R. R., Chiesi, H. L., & Siegel, A. (1977). Picture-words differences in decision latency: An analysis of single and dual memory models. Memory and Cognition, 5, 383–396.
Peterson, L. R., & Peterson, M. G. (1959). Short term retention of individual items. Journal of Experimental Psychology, 58, 193–198.
Pinker, S., & Prince, A. (1988). On language and connectionism: Analysis of a parallel distributed processing model of language acquisition. Cognition, 28, 73–193.
Poetzl, O. (1917). Experimentell erregte Traumbilder in ihren Beziehungen zum indirekten Sehen. Zeitschrift für Neurologie & Psychiatrie, 37, 278–349.
Posner, M. (1978). Chronometric explorations of mind. Hillsdale, NJ: Lawrence Erlbaum.
Posner, M. I., Boies, S. J., Eichelman, W. H., & Taylor, R. L. (1969). Retention of visual and name codes of single letters. Journal of Experimental Psychology Monograph, 79, 1–16.
Postman, L., & Underwood, B. J. (1973). Critical issues in interference theory. Memory and Cognition, 1, 19–40.
Potter, M. C., & Faulconer, B. A. (1975). Time to understand pictures and words. Nature, 253, 437–438.
Potter, M. C., So, K., von Eckardt, B., & Feldman, L. B. (1984). Lexical and conceptual representation in beginning and proficient bilinguals. Journal of Verbal Learning and Verbal Behavior, 23, 23–38.
Pylyshyn, Z. W. (1981). The imagery debate: Analogue media versus tacit knowledge. Psychological Review, 88(1), 16–45.
Ratcliff, R., & McKoon, G. (1981). Does activation really spread? Psychological Review, 88(5), 454–462.
Reder, L. M. (1987). Strategy selection in question answering. Cognitive Psychology, 19, 90–138.
Reder, L. M., & Anderson, J. R. (1980). A partial resolution of the paradox of interference: The role of integrated knowledge. Cognitive Psychology, 12, 447–472.
Reder, L. M., & Ross, B. H. (1983). Integrated knowledge in different tasks: The role of retrieval strategy on fan effects. Journal of Experimental Psychology: Learning, Memory, and cognition, 9, 55–72.
Reder, L. R., & Wible, C. (1984). Strategy use in question-answering: Memory strength and task contraints on fan effects. Memory and Cognition, 12, 411–419.
Reitman, J. S. (1971). Mechanisms of forgetting in short-term memory. Cognitive Psychology, 2, 185–195.
Reitman, J. S. (1974). Without surreptitious rehearsal, information in short-term memory decays. Journal of Verbal Learning and Verbal Behavior, 13, 365–377.
Rips, L. J., Shoben, E. J., & Smith, E. E. (1973). Semantic distance and the verification of semantic relations. Journal of Verbal Learning and Verbal Behavior, 12, 1–20.
Roediger, H. L. (1974). Inhibiting effects of recall. Memory and Cognition, 2, 261–269.
Roediger, H. L. (1982). Rejoinder. Hypermnesia: The importance of recall time and asymptotic level of recall. Journal of Verbal Learning and Verbal Behavior, 21, 662–665.
Roediger, H. L., & Payne, D. P. (1982). Hypermnesia: The role of repeated testing. Journal of Experimental Psychology: Learning, Memory, and Cognition, 8, 66–72.
Roediger, H. L, & Payne, D. G. (1985). Recall criterion does not affect recall level or hypermnesia: A puzzle for generate/recognize theories. Memory and cognition, 13(1), 1–7.
Roediger, H. L., & Thorpe, L. A. (1978). The roll of recall time in producing hypermnesia. Memory and Cognition, 6, 296–305.
Roediger, H. L., Knight, J. L., & Kantowitz, B. H. (1977). Inferring decay in short-term memory: The issue of capacity. Memory and Cognition, 5(2), 167–176.

Rolfes, E. (1918). Aristoteles: Topik. Leipzig: Verlag Meiner.

Rosch, E. (1975). Cognitive representations of semantic categories. Journal of Experimental Psychology: General, 104, 192–233.

Rosch, E. (1978). Principles of categorization. In E. Rosch & B. Lloyd (Hrsg.), Cognition and categorization (pp. 27–48). Hillsdale, NJ: Lawrence Erlbaum.

Rosch, E., & Mervis, C. B. (1975). Family resemblances: Studies in the internal structure of categories. Cognitive Psychology, 7, 573–605.

Rosch, E., Mervis, C. B., Gray, W. D., Johnson, D. M., & Boyes-Braem, P. (1976). Basic objects in natural categories. Cognitive Psychology, 8, 382–439.

Rubin, D. C. (1980). 51 properties of 125 words: A unit analysis of verbal behavior. Journal of Verbal Learning and Verbal Behavior, 19, 736–755.

Rumelhart, D. E., & McClelland, J. L. (1986a). PDP models and general issues in cognitive science. In D. E. Rumelhart, J. L. McClelland, and the PDP Research group (Eds.). Parallel distributed processing: Explorations in the microstructure of cognition. Volume 1: Foundations. Cambridge, MA: Bradford Books/ MIT Press.

Rumelhart, D. E., & McClelland, J. L. (1986b). On learning the past tenses of English verbs. In J. L. McClelland, D. E. Rumelhart, and the PDP Research group, Parallel distributed processing: Explorations in the microstructure of cognition. Volume 2: Psychological and biological models. Cambridge, MA: Bradford Books/ MIT Press.

Rumelhart, D. L., & McClelland, J. L. (1987). Learning the past tenses of English verbs: Implicit rules or parallel distributed processing? In B. MacWhinney (Ed.), Mechanism of language acquisition. Hillsdale, NJ: Erlbaum.

Runquist, W. N. (1983). Some effects of remembering on forgetting. Memory and Cognition, 11(6), 641–650.

Sanders, A. F. (1971). Psychologie der Informationsverarbeitung. Bern: Hans Huber.

Sattath, S., & Tversky, A. (1987). On the relation between common and distinctive feature models. Psychological Review, 94(1), 16–22.

Schneider, W., & Shiffrin, R. W. (1977). Controlled and automatic human information processing: I. Detection, search, and attention. Psychological Review, 84(1), 1–66.

Shepard, R. N. (1967). Recognition memory of words, sentences, and pictures. Journal of Verbal Learning and Verbal Behavior, 6, 156–163.

Shepard, R. N., & Podgorny, P. (1978). Cognitive processes that resemble perceptual processes. In W. K. Estes (Ed.), Handbook of learning and cognitive processes (pp. 189–237). Hillsdale, NJ: Lawrence Erlbaum.

Shiffrin, R. M. (1970a). Memory search. In D. A. Norman (Ed.), Models of human memory (pp. 375–447). New York: Academic Press.

Shiffrin, R. M. (1970b). Forgetting: Trace erosion or retrieval failure? Science, 168, 1601–1603.

Shiffrin, R. M. (1973). Information persistence in short-term memory. Journal of Experimental Psychology, 100, 39–49.

Shiffrin, R. M., & Geisler, W. S. (1973). Visual recognition in a theory of information processing (pp. 53–101). In R. L. Solso (Ed.), Contemporary issues in cognitive psychology. Washington: The Loyola Symposium.

Shiffrin, R. M, & Schneider, W. (1977). Controlled and automatic human information processing: II. Perceptual learning, automatic attending, and a general theory. Psychological Review, 84, 127–190.

Shiffrin, R. M., & Schneider, W. (1984). Theoretical note: Automatic and controlled processing revisited. Psychological Review, 91(2), 269–276.

Slamecka, N. J. (1985a). Ebbinghaus: Some associations.Journal of Experimental Psychology: Learning, Memory, and Cognition, 11(3), 414–435.

Slamecka, N. J. (1985b). Ebbinghaus: Some rejoinders. Journal of Experimental Psychology: Learning, Memory, and Cognition, 11(3), 496–500.

Slamecka, N. J. (1985c). Observations: On comparing rates of forgetting: Comment on Loftus (1985). Journal of Experimental Psychology: Learning, Memory, and Cognition, 11(4), 812–816.

Slamecka, N. J., & McElree, B. (1983). Normal forgetting of verbal lists as a function of their degree of learning. Journal of Experimental Psychology: Learning, Memory, and Cognition, 9, 384–397.

Smith, E. E. (1978). Theories of semantic memory. In W. K. Estes (Ed.), Handbook of learning and cognitive processes: Vol. 1 (pp. 1–56). Hillsdale, NJ: Lawrence Erlbaum.

Smith, E. E., & Medin, D. L. (1981). Categories and concepts. Cambridge, MA: Harvard University Press.

Smith, E. E., Adams, N., & Schorr, D. (1978). Fact retrieval and the paradox of interference. Cognitive Psychology, 10, 438–464.

Smith, E. E., Balzano, G. J., & Walker, J. (1978). Nominal, perceptual, and semantic codes in picture categorization (pp. 137-168). In J. W. Cotton & R. L. Klatzky (Eds.), Semantic factors in cognition. Hillsdale, NJ: Lawrence Erlbaum.
Smith, E. E., Shoben, J., & Rips, L. J. (1974). Structure and process in semantic memory: A featural model for semantic decisions. Psychological Review, 81, 214-241.
Smith, S. M. (1982). Enhancement of recall using multiple environmental contexts during learning. Memory and Cognition, 10, 405-412.
Smith, S. M. (1984). A comparison of two techniques for reducing context-dependent forgetting. Memory and Cognition, 12(5), 477-482.
Smith, S. M., Glenberg, A. M., & Bjork, R. A. (1978). Environmental context and human memory. Memory and Cognition, 6, 342-353.
Snodgrass, J. G. (1984). Concepts and their surface representations. Journal of Verbal Learning and Verbal Behavior, 23, 3-22.
Sperling, G. (1960). The information available in brief visual presentations. Psychological Monographs, 74, 498,1-29.
Spring, C. (1968). Decay and interference theories of short-term forgetting. Psychonomic Sciences, 12(8), 373-374.
Standing, L. (1973). Learning 10 000 pictures. Quarterly Journal of Experimental Psychology, 25, 207-222.
Stern, L. D. (1981). A review of theories of human amnesia. Memory and Cognition, 9(3), 247-262.
Sternberg, S. (1969). Memory scanning: Mental processes revealed by reaction-time experiments. American Scientist, 57, 421-457.
Tabossi, P., & Johnson-Laird, P. N. (1980). Linguistic context and the priming of semantic information. Quarterly Journal of Experimental Psychology, 32, 595-603.
Tanenhaus, M. K., & Lucas, M. M. (1987). Context effects in lexical priming. Cognition, 25, 213-234.
Te Linde, D. J. (1982). Picture-word differences in decision latency: A test of commoncoding assumptions. Journal of Experimental Psychology: Learning, Memory, and Cognition, 8, 584-598.
Toglia, M. P., & Battig, W. F. (1978). Handbook of semantic word norms. Hillsdale, NJ: Lawrence Erlbaum.
Treisman, A. (1986a). Features and objects in visual processing. Scientific American, 255(5),106-115.
Treisman, A. (1986b). Properties, parts and objects. In K. Boff, L. Kaufman, & J. Thomas (Eds.), Handbook of perception and performance: Vol.2. New York: John Wiley.
Treisman, A., & Gelade, G. (1980). A feature-integration theory of attention. Cognitive Psychology, 12, 97-136.
Treisman, A., & Kahneman, D. (1985). Addendum: A reply to Duncan. In M. I. Posner & O. S. Marin (Eds.), Attention and performance XI (pp. 105-106). Hillsdale, NJ: Lawrence Erlbaum.
Treisman, A., & Paterson, R. (1984). Emergent features, attention, and object perception. Journal of Experimental Psychology: Human Perception and Performance, 10(1), 12-31.
Tulving, E. (1972). Episodic and semantic memory. In E. Tulving & W. Donaldson (Eds.), Organization of memory (pp. 381-403). New York: Academic Press.
Tulving, E. (1974). Cue-dependent forgetting. American Scientist, 62, 74-82.
Tulving, E. (1983). Elements of episodic memory. New York: Oxford University Press.
Tulving, E. (1984). Precis of elements of episodic memory. Behavioral and Brain Sciences, 7, 223-268.
Tulving, E. (1986). What kind of hypothesis is the distinction between episodic and semantic memory. Journal of Experimental Psychology: Learning, Memory, and Cognition, 2, 307-311.
Tulving, E., & Pearlstone, Z. (1966). Availability versus accessibility of information in memory forwards. Journal of Verbal Learning and Verbal Behavior, 5, 381-391.
Turvey, M. T. (1973). On peripheral and central processes in vision: Inferences from an information-processing analysis of masking with patterned stimuli.
Tversky, A. (1977). Features of similarity. Psychological Review, 84, 327-352.
Tversky, B., & Hemenway, K. (1984). Objects, Parts, and Categories. Journal of Experimental Psychology: General, 113 (2), 169-193.
Underwood, B. J. (1964). Forgetting. Scientific American, 210, 91-99.
Watkins, M. J., Watkins, O. C., Craik, F. I. M., & Mazuryk, G. (1974). Effect of nonverbal distraction on short-term storage. Journal of Experimental Psychology, 101, 296-300.
Weber, R. J., Hochhaus, L., & Brown, W. D. (1981). Equivalence of perceptual and imaginal representation: Developmental changes. In J. Long & A. Baddeley (Eds.), Attention and performance IX (pp. 295-309). Hillsdale, NJ: Lawrence Erlbaum.

Welford, A. T. (1960). The measurement of sensory-motor performance: Survey and reappraisal of twelve years' progress. Ergonomics, 3, 189–230.
Wellek, A. (1955). Ganzheitspsychologie und Strukturtheorie. Bern: Francke.
Wender, K. F., Colonius, H., Schulze, H. H. (1980). Modelle des menschlichen Gedächtnisses. Stuttgart: Kohlhammer.
Wickens, D. D. (1970). Encoding categories of words: An empirical approach to meaning. Psychological Review, 77, 1–15.
Wickens, D. D. (1972). Characteristics of word encoding. In A. W. Melton & E. Martin (Eds.), Coding processes in human memory. Washington, D.C.: Winston.
Wiener, N. (1968). Kybernetik. Reinbek/Hamburg: Rowohlt.
Wimmer, H., & Perner, J. (1979). Kognitionspsychologie. Stuttgart: Kohlhammer.
Whitney, P., & Kellas, G. (1984). Processing category terms in context: Instantiation and the structure of semantic categories. Journal of Experimental Psychology: Learning, Memory, and Cognition, 10(1), 95–103.
Yuille, J. C. (Ed.). (1983). Imagery, memory and cognition. Hillsdale, NJ: Lawrence Erlbaum.
Zießler, M., & Hoffmann, J. (1985). Continuous information processing in conceptual identifications. Psychological Research, 47, 109–118.

Sachregister